Judith C. Enders · Mandy Schulze · Bianca Ely (Hg.)

Wie war das für euch?

Judith C. ENDERS
Mandy SCHULZE
Bianca ELY (Hg.)

WIE *war das für* EUCH?

Die Dritte Generation Ost im Gespräch mit ihren Eltern

CH. LINKS VERLAG, BERLIN

Editorische Notiz
Wo es erforderlich war, die Anonymität eines Gesprächspartners, seiner Angehörigen oder Freunde zu wahren, wurde ein Pseudonym verwendet. Autorinnen und Autoren, die unter einem Pseudonym schreiben, sind mit einem * gekennzeichnet.

Die Deutsche Nationalbibliothek verzeichnet diese Publikation in der Deutschen Nationalbibliografie; detaillierte bibliografische Angaben sind im Internet über www.dnb.de abrufbar.

1. Auflage, September 2016

Schönhauser Allee 36, 10435 Berlin, Tel.: (030) 44 02 32-0
www.christoph-links-verlag.de; mail@christoph-links-verlag.de
Umschlaggestaltung: Stephanie Raubach, Berlin
Satz: Stephanie Raubach, Ch. Links Verlag
Druck und Bindung: Druckerei F. Pustet, Regensburg

ISBN 978-3-86153-916-2

Für unsere Kinder und unsere Eltern

Inhalt

Vom Sprechen und Schweigen

Wie war das Leben für euch in der DDR? Wie habt ihr den Alltag erlebt? Welche Einschränkungen ergaben sich für euch und welche Freiräume habt ihr gehabt? Was vermisst ihr heute und was ist wirklich besser geworden? Diese und viele weitere Fragen stehen im Raum, wenn die Wendekinder mit ihren Eltern oder mit Angehörigen ihrer Elterngeneration ins Gespräch kommen.

Vor fast fünf Jahren lud die damalige Initiative Dritte Generation Ost zu einer Konferenz nach Berlin ein, die den Dialog mit den Eltern sowie der Elterngeneration in den Mittelpunkt stellte. Der Zulauf, der Gesprächsbedarf und der Wunsch, sich auszutauschen waren damals sehr groß. Seitdem ist viel Zeit vergangenen. Für viele, die ihre Kindheit in der DDR verbracht, die Wende und die Nachwendezeit als Jugendliche erlebt haben, ist die Dritte Generation Ost zu einem wichtigen Streitraum und Bezugsrahmen geworden, um die eigene Herkunft zu reflektieren. Dabei bewegte sich die Initiative immer schon in einem Spannungsfeld: Während die Bezeichnung nahelegt, es handele sich um eine Generation im soziologischen Sinne, gab es von Beginn an ein Bewusstsein dafür, dass die Initiative weder für eine gesamte Generation sprechen kann – noch will. Sie schuf vielmehr einen Ort zur Selbstvergewisserung, die Möglichkeit, Fragen zu geteilten Erfahrungen der Wende und Nachwendezeit zu stellen, die für viele bis heute von Bedeutung sind. Weil sie gar nicht wissen, wie ihre Eltern den Alltag in der DDR, die politische Wende und Nachwendezeit tatsächlich erlebt haben. Aber auch weil diese Fragen Teil des eigenen Selbstverständnisses sind und das Gefühl besteht, dass vieles unausgesprochen blieb oder verdrängt wurde.

Konflikte und Sprachlosigkeit zwischen den Generationen und gegenseitiges Unverständnis für die jeweiligen Sicht- und Lebensweisen sind gewiss keine Phänomene, die die Dritte Generation Ost allein betreffen. Der Dialog mit ihrer Elterngeneration ist jedoch in einer spezifischen Weise von den Erfahrungen in der DDR, während der Wende und der sich anschließenden Umbruchsphase geprägt. Aus vielen Gesprächen wissen wir, dass der Austausch mit den eigenen Eltern über diese Zeitspanne fruchtbar und spannend ist, aber auch in einer Sackgasse enden kann. Oft werden die Fragen der Jungen als Konfrontation oder Vorwurf aufgefasst. Das ist im Austausch innerhalb der Dritten Generation Ost deutlich geworden.

Politische Verortung, gesellschaftlicher Auftrag – zu all diesen Fragen gab und gibt es kontroverse und auch spaltende Ansichten. Weitgehende Einigkeit besteht hingegen in einem wesentlichen Punkt: Die Auseinandersetzung mit der eigenen Herkunft und Familiengeschichte hat bei vielen zu einer neuen Selbstwahrnehmung geführt und ist eine wichtige Voraussetzung dafür, die eigene Identität verorten zu können. Das daraus resultierende Selbstbewusstsein ist nicht nur für die zukünftige Entwicklung in den ostdeutschen Bundesländern von Bedeutung. Mit welchem Selbstbild wird die junge Generation im Osten gesellschaftliche Gestaltungsaufgaben und Partizipationsprozesse mittragen und prägen sowie zukünftige Herausforderungen vom demographischen Wandel bis zur sozial-ökologischen Krise meistern?

Dieses Buch zeigt den gelungenen und weniger gelungenen Austausch mit der ostdeutschen Elterngeneration in seiner individuellen Bandbreite auf und möchte dazu ermutigen, auf ein Neues den Dialog mit den eigenen Eltern oder der Elterngeneration zu suchen.

Dieser dialogische Prozess als Brücke zur eigenen Selbstverortung ist seit Neuestem auch im privaten Umfeld auf eine aktuelle Weise relevant geworden. Rechtskonservative Strömungen finden dieser Tage großen Zulauf. Nicht nur in Ostdeutschland, aber eben auch dort, befindet sich die demokratische Kultur vielerorts in der Krise. Rassistische Hetze und Angriffe gegen Unterkünfte von Geflüchteten rufen die Welle der rassistischen Gewalt Anfang der 1990er Jahre schmerzlich ins Gedächtnis. Diese Entwicklungen werfen neben vielen anderen auch Fragen nach dem Erbe der DDR und der Nachwendezeit auf, nach den Versäumnissen und Sprachlosigkeiten angesichts von Gewalt und Ausgrenzung. Insbesondere vor diesem Hintergrund betont die Dritte Generation Ost die Notwendigkeit, den Dialog mit den Eltern zu suchen und zivilgesellschaftliches, an Menschenrechten orientiertes Handeln zu unterstützen.

Der vorliegende Band will bisherige Erfahrungen mit dem herausfordernden Gespräch zwischen der Dritten Generation Ost und der Elterngeneration in seiner Vielfalt darstellen. In Briefen, Interviews, Erinnerungen, Reflexionen, Erzählungen und Blitzlichtern, die einen kurzen Einblick in den möglichen Dialog geben, kommen beide Seiten zu Wort. Die Verschiedenheit der Texte soll inspirieren und unterhalten, aber vor allen Dingen eins: zum Dialog ermutigen!

Judith C. Enders, Mandy Schulze und Bianca Ely
Berlin, im Frühjahr 2016

»Wir sollten reden!«

© Johanna Enders

Warum und wozu soll ein Dialog zwischen Kindern und Eltern über die DDR-Vergangenheit gut sein? In diesem Kapitel werden der gesellschaftspolitische Rahmen und die Herangehensweise an einen Generationendialog beschrieben. Ausgangspunkt ist ein Gespräch zwischen Lydia Heller und Hans-Joachim Maaz darüber, warum noch eine ganze Menge DDR in der Dritten Generation Ost steckt, und warum es sich lohnt, danach zu suchen.

Die Chancen und Schwierigkeiten eines gemeinsamen Dialogs reflektiert Anja Staemmler und fordert zum Generationsgespräch auf. Dies setzt die Beantwortung der Frage voraus, worum es in einem solchen Gespräch überhaupt gehen kann. Thomas Schubert geht in seinem Beitrag Konflikten aufgrund widerstreitender Loyalitäten nach. Das Gespräch mit den Eltern und eigene Kindheitserlebnisse stehen dabei im Mittelpunkt.

Mutter, Vater, Staat, Kind

Ein Gespräch zwischen Hans-Joachim Maaz, 1943 in Niedereinsiedel/Böhmen geboren, und Lydia Heller, 1973 in Schwerin geboren

Ich sitze im Auto, auf dem Weg nach Halle. In zwei Stunden bin ich dort mit Hans-Joachim Maaz, dem Psychoanalytiker und Kenner ostdeutscher Befindlichkeiten, zu einem Interview verabredet. Worin sieht er das Potenzial meiner Generation, also derer, die zwischen Anfang der 1970er bis Mitte der 1980er Jahre in der DDR geboren worden sind? Darüber möchte ich mit ihm sprechen. Auch darüber, inwiefern dafür ein Blick in die eigene Biografie und die der Eltern notwendig ist. Ich bin Journalistin, ich bin vorbereitet. Hinter mir liegt ein halbes Jahr großer Erschöpfung, unbefriedigend erfüllter Aufträge, finanzieller Schwierigkeiten und nur gelegentlicher Telefonate mit meiner Mutter. Eine Trennung vom Vater meines Sohnes und Streit über dessen Erziehung. Ich will jetzt nicht hören, dass das vielleicht alles zusammenhängt. Ich werde ein Interview mit professioneller Distanz führen. Gerade allerdings stehe ich im Stau. Ich werde zu spät kommen.

Hans-Joachim Maaz begrüßt mich in einem großen, hellen Praxisraum in einer Villa in Halle-Giebichenstein. Mit festem Händedruck und so freundlich, als wären wir jetzt und nicht schon vor einer Stunde verabredet gewesen. Wir setzen uns an einen Tisch, holen unsere Notizen hervor, ich stelle das Aufnahmegerät an.

Vor Ihnen sitzt eine Vertreterin der Dritten Generation Ost, in die Sie in den letzten Jahren immer wieder große Hoffnungen gesetzt haben. Warum eigentlich?
Ich hatte die Hoffnung, dass diese Generation eine Auseinandersetzung führen wird, die ich für wichtig halte. Ich hab mal den Vergleich mit den 68ern gewagt: Es hat diese Studentenrevolte von 1968 gebraucht, um die autoritären Verhältnisse, die noch aus dem Dritten Reich wirkten, aufzubrechen und kritisch zu hinterfragen. Ich hab immer damit gerechnet, dass es etwas Ähnliches auch nach der Wende geben muss.

Bisher kommen aber noch nicht so viele kritische Impulse aus dem Osten Deutschlands, oder?
Vielleicht ist es noch nicht so weit. Aber – das war jedenfalls immer meine Erwartung – die Auseinandersetzung, die die Dritte Generation Ost in die Öffentlichkeit bringen kann, könnte dazu beitragen. Im Grunde genommen ist es für mich auch die Frage nach einem potenziellen dritten Weg. Der ist ja in der Wendezeit sofort grundsätzlich abgeschmettert worden. Aber heute stehen wir wieder vor der Frage, ob es nicht einen dritten Weg geben muss, angesichts der Umwelt- und Finanzprobleme und einer zunehmenden Spaltung von Arm und Reich, angesichts neuer Kriege und so weiter. Die Auseinandersetzung mit der eigenen Biografie und mit der der Eltern kann dazu anregen oder ermutigen, sich auch solchen großen Fragen zu stellen.

Warum soll ausgerechnet die Beschäftigung mit der privaten Familiengeschichte dabei hilfreich sein können?
Weil der Erziehungs- oder der Beziehungseinfluss der Eltern prägende Wirkungen auf die Persönlichkeitsentwicklung hat, die für unser Verhalten als Erwachsene die Grundlage bildet. Erwachsene sollten daher schon fragen, was sie von ihren Eltern mitbekommen haben. Was davon taugt für die Ewigkeit? Was taugt nur situativ und vorübergehend? Und was taugt auch nicht mehr, weil ich eine neue Generation und ein anderer Mensch bin als meine Eltern. Eltern haben ja oft eine Vorstellung davon, wie ihre Kinder sein sollten und gehen entsprechend mit ihnen um. Aber das muss nicht immer mit den Möglichkeiten und Wünschen der Kinder übereinstimmen. Also diese Auseinandersetzung mit der Frage, was man Gutes und Schlechtes von den Eltern mitbekommen hat und welche Lasten man mit sich herumträgt, die braucht eigentlich jeder Mensch, wenn er erwachsen geworden ist und sein Leben leben will.

Und bei den Leuten, die ungefähr zwischen 1975 und 1989 in der DDR geboren und aufgewachsen sind, kommt jetzt noch eine politische Dimension dazu?
Diese Generation hat zwei grundsätzlich verschiedene So-

zialisationsformen miterlebt. Anders als meine Generation, ich bin Jahrgang 1943. Oder die Generation Ihrer Eltern, die waren zur Wendezeit 40 oder 50 Jahre alt, die waren in ihrer Entwicklung im Wesentlichen festgelegt, da gab es keine großen Chancen mehr für Veränderungen. Die Dritte Generation Ost ist in der DDR aufgewachsen und wurde dort nach den damaligen Werten und Normen sozialisiert. Ihre Generation muss sich mit dem auseinandersetzen, was damals von den Eltern in der DDR vermittelt worden ist und was heute gar keine Gültigkeit mehr hat. Oder was gefehlt hat. Oder aber auch, was besonders wertvoll und erhaltenswert ist. Das ist ja im Vereinigungsprozess vernachlässigt oder zumindest ziemlich einseitig abgehandelt worden nach dem Motto: Im Westen alles besser, im Osten alles schlechter. Das war ein Fehler. Und im Dialog, in der Auseinandersetzung mit den Eltern könnte man erörtern, was das Leben in der DDR uns mitgegeben hat, Gutes und Schlechtes. Und was das Leben im Westen, im Kapitalismus, an Vorteilen und Schwierigkeiten mit sich bringt. Denn die Einseitigkeit verhindert ja eine differenzierte, kritische Sicht auf die Verhältnisse.

Der Dritten Generation Ost trauen Sie diese kritische Sicht in besonderem Maße zu?

Ich habe die Hoffnung, dass sie diese Auseinandersetzung führt. Und auch in einer besonderen Weise kritisch, denn man kann von ehemaligen DDR-Bürgern eher erwarten, dass sie aufgrund ihrer anderen Lebenserfahrung auch manches im Westen kritischer sehen, was der Westdeutsche betriebsblind als gegeben hinnimmt. Und wir leben heute nun mal in diesem vereinten Deutschland, in diesem vereinten Europa und stehen ganz erheblichen Problemen gegenüber: Klimawandel, Umweltzerstörung, Finanzkrise, Migration, zunehmende Armut und so weiter. Wir müssen uns darüber verständigen, wie wir weiterleben wollen. Nach welchen Regeln? Nach welchem Gesellschaftsmodell? Denn das jetzige stößt ja offenbar an seine Grenzen, steuert auf eine Krise zu.

An welche Erfahrungen denken Sie da zum Beispiel?
Ich meine, dass wir unter anderem soziale Werte, die in der DDR wichtig waren, im Zuge des Vereinigungsprozesses von Ost und West voreilig aufgegeben haben. Oder missachtet oder schlecht bewertet haben, in der naiven Vorstellung, dass jetzt alles nur besser werden kann. Dann mussten wir feststellen, dass vieles nicht nur anders, sondern manches auch schlechter geworden ist. Gerade was menschliche, soziale Beziehungen betrifft. Mit diesem Konflikt ist die Dritte Generation Ost zwangsläufig belastet und daher muss sie sich geradezu mit den Werten auseinandersetzen, die von Eltern und Schule damals vermittelt worden sind. Sie muss fragen, was davon noch Gültigkeit hat oder was verworfen werden sollte. Außerdem ist sie die Generation, von der man einen kritischen Blick auf das Leben im Westen, auf die Sozialisationsbedingungen hier und jetzt erwarten kann. Weil sie ja hier zurechtkommen muss mit den alten Erfahrungen.

Was hat man als in der DDR sozialisiertes Kind an Erfahrungen und Werten mitbekommen, die jetzt nicht mehr passen?
Ich fange mal mit dem Negativen an, weil das ja in den Medien am meisten diskutiert wird. Die DDR-Verhältnisse waren so, dass man eingeschüchtert wurde, dass man in seiner Entwicklung oft gehemmt oder in eine bestimmte Richtung gepresst wurde. Dass man möglichst viel im Kollektiv leben sollte, wenig Individualität entwickeln konnte. Und vor allen Dingen: man durfte nicht wirklich kritisch sein, keine Fragen stellen, die die Ideologie des Systems in Zweifel gezogen hätten. Die Einengung, die Einschüchterung, die Unterdrückung, die einseitige ideologische Orientierung – das sind alles sehr negative Wirkungen, die oft eben auch den unsicheren, gehemmten Menschen hervorgebracht haben, der wenig Selbstvertrauen hat, der sich schlecht selbst vertreten und behaupten kann.

Und im Gegenteil dazu: Welche Eigenschaften, die aus der Sozialisation Ost herrühren, finden Sie erhaltenswert?
Entscheidend finde ich zum Beispiel, dass die Menschen in der

DDR mit viel weniger zurechtgekommen sind. Wir haben auch gelitten darunter, wenn es mal wieder etwas nicht gab, wenn man sich klar gemacht hat, was man unter diesen Bedingungen nicht erreichen konnte und so weiter. Aber wir haben damit gelebt und das subjektiv mitunter auch sehr gut. Mangel erzeugt ja auch die Kraft zu improvisieren und Beziehungen höher zu schätzen als materielles Wachstum. Beziehungskultur ist für mich der höhere Wert. Wenn Menschen beziehungsmäßig in guten Verhältnissen leben, wenn sie sich verstanden fühlen, sich austauschen können, Hilfe erfahren, selbst helfen können, dann hat das einen subjektiv höheren Wert, als wenn man sich wieder etwas Neues kaufen kann. Davon bin ich überzeugt. Außerdem hat ja auch die ideologische Enge des Systems nahezu gefordert, dass man Bereiche findet, in denen man anders leben kann als vorgeschrieben. Das waren die Freundeskreise, die Nachbarschaften, in denen man sich geholfen hat und natürlich auch zusammen geschimpft und geklagt hat. Allgemein gab es ein Interesse, mit Menschen persönlicher vertraut zu sein und sich mitzuteilen.

Aber dieses »Freiräumesuchen«, das »Sicheinrichten mit dem Mangel und in der Enge« – ist das nicht oft schlicht Opportunismus gewesen?

Natürlich konnte man Karriere machen, als Mitläufer, wenn man die Einstellung oder die Lebensweise übernommen hat, die die Partei vorgeschrieben hatte. Aber das war für viele ja auch ein Druck, eine Belastung. Man spürte die Entfremdung. Und deshalb hat man nach Lebensformen gesucht, die nicht vorgeschrieben waren. Die Leute haben sich gefragt, wie sie trotz der Beschränkungen in der DDR gut leben können. Und so etwas zu finden und zu gestalten halte ich für etwas sehr Wertvolles. Denn man musste sich ja immer auch bewähren! Es wurde viel und mit Recht darüber geschimpft, dass ungefähr drei Prozent der DDR-Bürger in irgendeiner Form etwas mit der Stasi zu tun hatten. Aber man muss auch sagen: 97 Prozent der Bevölkerung hatten nichts damit zu tun. Viele, und das würde ich auch für mich in Anspruch nehmen, haben der Versuchung widerstanden, sich der Partei oder der Stasi anzudienen. Und diese Würde zu wahren ist ein Wert! Dafür bin ich nahezu froh, in der DDR gelebt zu haben. Weil ich mich da bewähren musste. Weil ich um meine Würde kämpfen musste.

Und die Beschäftigung mit unserer Biografie und der unserer Eltern schärft den Blick für die Unterschiede?
Das kann dazu beitragen. Denn entscheidend sind die Fragen nach den inneren Werten der Menschen. Also: Wie sehr ist jemand davon abhängig, all das zu machen, was man machen soll? Wie groß ist der innere Freiraum eines Menschen, eigene Wege zu gehen, eigene Positionen zu haben, sich selbst gut verstehen und vertreten zu können? Und da wage ich kein Urteil darüber, ob es in der Hinsicht im Westen besser war als im Osten. Es war nur anders. Aber die Freiheit, die ein Mensch durch seine frühen Erziehungs- oder besser Beziehungsverhältnisse bekommt, die ist ganz wesentlich. Die Frage, wie sehr sich jemand angenommen, verstanden, bestätigt gefühlt hat. Wie gut er sagen kann: So bin ich. Das bin ich. Das bin ich nicht. Das will ich auch nicht. Wie sehr jemand gelernt hat, so etwas vielleicht auch zu verbergen. Wobei wichtig ist: Man muss nicht immer und überall zeigen, was man denkt. Aber man muss verantworten, was man zeigt und sagt und was man nicht zeigt und sagt. Je nachdem wie die jeweiligen politischen oder sozialen Verhältnisse sind.

Welche Fragen sollte man stellen, um diese Antworten zu bekommen?
Es ist hinreichend wissenschaftlich belegt, dass die frühen Erfahrungen in den ersten Lebensjahren entscheidend sind für die Prägung der Persönlichkeit, vor allem die Qualität der ersten Beziehungserfahrungen. Wir wissen auch, dass eine frühe Prägung nicht so einfach abgelegt werden kann, und wer mit einer spezifischen Prägung später in Verhältnissen leben muss, die andere Fähigkeiten und Eigenschaften erfordern, der kommt unweigerlich in Konflikte. Fragen müsste man also Mutter und Vater oder eben die nächsten Beziehungspersonen unter ande-

rem: War ich wirklich gewollt? Wurde ich ausreichend geliebt? In welchen Bereichen und wie sehr musste ich mich anpassen? Durfte ich mich entfalten? Wurde ich hinreichend gefördert? Wurde ich in meinen Begrenzungen und Unfähigkeiten akzeptiert? Wichtig ist, nicht gleich umfassende und befriedigende Antworten zu erwarten. Viele Eltern sagen natürlich, dass sie ihre Kinder lieben und sind überzeugt, immer das Beste getan zu haben. Aber das muss beim Kind nicht unbedingt immer so angekommen sein.

Das sind jetzt alles sehr persönliche Fragen. Inwiefern können die Antworten darauf auch ein Licht auf gesellschaftliche Verhältnisse und Prägungen werfen?
Es ist schon so, dass in der DDR die Frage, ob ein Kind sich hinreichend geliebt gefühlt hat, durch die oft zu frühe Trennung von der Mutter belastet ist. Dass das Kind das Gefühl hatte, nicht so viel Liebe und Bestätigung bekommen zu haben, wie es gebraucht hätte. Und es gab einen sehr starken autoritären Einfluss durch die Vorgabe, eine bestimmte Persönlichkeit werden zu sollen, etwas Bestimmtes denken und wollen zu sollen. Für die westliche Erziehung dagegen ist der Leistungsanspruch typisch: Du musst dich entfalten! Du musst etwas Besonderes sein! Also diese individuelle und leistungsbetonte Herausforderung, bei der Grenzen eines Kindes oft nicht akzeptiert wurden. Auch da spielt mangelhafte Liebe eine Rolle, allerdings in anderer Ausprägung. Während zu DDR-Zeiten die zu frühe Trennung von Mutter und Kind oft ein Problem gewesen ist, sind im Westen die Mütter zu Hause geblieben, was nicht heißt, dass das automatisch gut für ihre Kinder war. Viele Frauen waren unglücklich, frustriert oder fühlten sich in ihrer Rolle nicht wohl. Und das überträgt sich auch auf das Kind. Nicht die reale Anwesenheit der Mutter ist entscheidend, sondern die Qualität ihrer Anwesenheit. Wie sehr sie selbst mit sich zufrieden ist, das geht auf das Kind über, das erlebt das Kind.

Die Tür geht auf, eine Frau weist uns freundlich darauf hin, dass dieser Raum gleich für eine Gruppensitzung gebraucht wird. Wir wechseln in ein Zimmer nebenan, nehmen Platz auf einer opulenten Couch, eine Box mit Kleenextüchern zu meinen Füßen. »Wie passend«, denke ich, belustigt und verärgert zugleich, »jetzt sitzt du also wirklich auf der Couch, jetzt gehts ans Eingemachte«. Wir haben eine knappe halbe Stunde geredet, und ich habe mich zunehmend persönlich angesprochen gefühlt. Ich bin angestrengt und angespannt, ich spüre, dass ich den Faden verliere, dass ich das Interview nicht entlang meiner Vorbereitungen weiterdenke, sondern in private Gedanken abdrifte: Das Kinderbetreuungsthema, meine Güte, wie sehr mich das nervt! Es gehörte zu den ersten Dingen, über die ich überhaupt in Streit geraten bin, kurz nach der Wende, mit meinen West-Mitschülern in der Berufsschule, in die ich damals ging. Noch vor den Reizthema-Dauerbrennern Charakterschwäche, Freiheit und FKK. Wie konsterniert war ich, von gleichaltrigen Frauen zu hören, dass ich mich später entscheiden müsse zwischen Kind und Karriere. Diese Ansicht hatte ich bis dahin der Generation meiner Oma zugeordnet. Wie wütend war ich über einen Ausbilder, der mir – ohne mich zu kennen, dafür umso leidenschaftlicher – erläuterte, wie ich vom Staat erzogen worden sei. Dass mein Sohn früh in eine Kita gehen wird und ich natürlich arbeiten werde, das war für mich klar, noch bevor er geboren wurde. Es hat mir schließlich auch nicht geschadet! Oder war es, denke ich jetzt, gar keine nach bestem Wissen und Gewissen abgewogene Entscheidung? Ich sitze hier auf der Couch. Ich erzähle. Und frage.

War der Entschluss, meinen Sohn früh in eine Kita zu geben, vielleicht eine Art Trotzreaktion von mir gegenüber einem Umfeld, in dem so eine frühe Kita-Erziehung lange Zeit als Ost-Erbe diskreditiert war? Weil ich eher meine Kindheit und Entwicklung in der DDR und mich selbst als deren Ergebnis bestätigen wollte, als danach zu fragen, was für mein Kind heute das Beste ist? Gibt man Erfahrungen weiter, aber aus den falschen Gründen? Ist es deshalb gut, das Gespräch mit den Eltern zu suchen?
Nun gut, zunächst einmal wissen wir: Es sollte keinen Streit geben, ob Familien- oder Fremdbetreuung, sondern es geht um die Qualität der Betreuung. Es gibt schlechte Eltern, und es gibt

gute Krippen, so kann man es auch sagen. Aber auf jeden Fall muss man wissen, dass diese erste Lebensphase für ein Kind entscheidend ist dafür, welche Beziehungserfahrungen es mitbekommt. Ich bin schon einigermaßen erschrocken darüber, wie selbstverständlich inzwischen die Fremdbetreuung auch in der Krippe ist, wie wir uns da in ganz Deutschland praktisch immer mehr an DDR-Verhältnisse annähern. Für meine Begriffe wird da nicht ausreichend diskutiert, was für das Wohl eines Kindes wichtig ist. Die Frage darf nicht lauten: Familie oder Karriere?, sondern: Was braucht ein Kind, damit es sich gut entwickeln kann? Und das ist in erster Linie: echte Elternliebe! Was das ist, sollte vermittelt und geklärt werden, und wenn diese Liebe, aus welchen Gründen auch immer, nicht möglich ist, muss die Fremdbetreuung optimal auf das Wohl des Kindes abgestimmt werden.

Und was ist mit dem Trotz?
Natürlich verteidigt man trotzig etwas Belastendes, ebenso eigene Fehler und Schwächen, um sich vor unangenehmen Erkenntnissen und Gefühlen zu schützen. Dabei wird übersehen, dass man einen Schaden subjektiv gar nicht gleich erleben muss. Aber die Art und Weise, in der man sein Leben gestaltet, führt oft doch nach vielen Jahren in eine Krise. Man hat mit Depressionen oder Ängsten zu kämpfen, bekommt psychosomatische Beschwerden oder Burn-out. Deshalb gehen Erwachsene in Behandlung. Weil die Ursachen oft in diesen frühen Bedingungen liegen.

Vielleicht habe ich auch einfach – und damals ganz unbewusst – eine Ansicht von vornherein abgelehnt, weil ich sie als Bevormundung oder Besserwisserei empfunden habe?
Ja, aber das will ich auch noch einmal betonen: Es gibt auch einen berechtigten Trotz gegen eine westliche, westdeutsche Vormundschaft oder Abwertung. Die kenne ich auch, bei mir persönlich und bei vielen anderen. Diese Abwehrreaktion auf das Gönnerhafte »Wie könnt Ihr da nur gelebt haben?«, auf das Unverständnis, das einem oft begegnet, wenn man darauf hin-

weist, dass man auch in der DDR gut gelebt haben kann. Gerade indem man bemüht war, Werte zu leben, die nicht ideologisiert und politisiert waren. Also, so einer allgemeinen, nicht um Verstehen bemühten Abwertung des ostdeutschen Lebens muss man schon etwas entgegen halten. Trotz ist da vielleicht nicht die allerbeste Reaktion, aber man muss dagegen halten.

Aber zurück zu den Eltern-Kind-Gesprächen. Bleiben wir bei der Kinderbetreuung: Ich frage also meine Mutter, ob ich gewollt und geliebt wurde und höre, dass sie mich nicht nur früh in eine Kinderkrippe gegeben hat, weil das in der DDR so üblich war, sondern auch, weil sie froh darüber war, sich nicht den ganzen Tag mit mir beschäftigen zu müssen. Hilft mir denn dieses Wissen irgendwie weiter?

Wenn es so ehrlich gesagt wird, wie Sie es jetzt sagen, dann ja. Und zwar aus folgendem Grund: Kinder können nicht immer nur das Beste erfahren. Selbst wenn wir das wollen als Eltern, es ist uns nicht möglich. Wir haben die Kraft dafür nicht oder die Bedingungen unseres Lebens sind nicht so, dass wir uns jederzeit gut auf die Kinder einstellen und deren Bedürfnisse immer erkennen können. Ein kleines Kind will seine Mutter 24 Stunden um sich haben, aber die Mutter ist eben auch Frau und Partnerin, ist an ihrer Beziehung, an Sexualität, an ihrem Beruf und so weiter interessiert. Das Kind kann also die Mutter gar nicht hundertprozentig in Anspruch nehmen.

Das heißt, es ist alles in Ordnung gewesen, und ich sollte es einfach akzeptieren?

Diese Situation, die Sie schildern, war in der DDR weit verbreitet. Die Kinder wurden in die Krippe gegeben und das war häufig ein Problem. Die Kinder haben geweint, fühlten sich doch irgendwie verlassen und den Müttern tat es oft weh. Aber die Frage ist, wie mit dieser Begrenzung der kindlichen Bedürfnisse umgegangen wurde. Wenn man dem Kind ehrlich gesagt hat, dass man gerade nicht kann oder nicht mag, dass man mit sich selbst beschäftigt ist oder etwas anderes vorhat, und dass einem das leid tut, wenn das Kind eine ehrliche Auskunft bekommen hat, weshalb die Mutter oder der Vater sich ihm jetzt nicht so zugewandt hat, wie es sich das gewünscht hat, dann hat das Kind etwas erfahren, das zum Leben dazu gehört: die prinzipielle Begrenzung. Und darüber kann es traurig sein. Es bekommt schon früh die Möglichkeit, Begrenzungen gefühlsmäßig zu verarbeiten. Es kann enttäuscht, traurig und auch wütend sein. Eine emotionale Abreaktion hilft einem Kind, gesund zu bleiben und ein wichtiges Lebensprinzip einzuüben, nämlich das der Begrenzung. Eltern, die diese, ihre Begrenzungen klar kommunizieren und erklären, die werden immer etwas Gutes tun, etwas Ehrliches. Und ihrem Kind helfen.

Inwiefern?
Dann weiß der Mensch, wenn er als Erwachsener manchmal seine Sehnsucht, seine innere Bedürftigkeit nach Zuwendung spürt, dass das auch die Folge eines frühen Mangels ist. Und man kann damit auch verantwortlicher, bewusster umgehen. Eine Störung entsteht ja daraus, dass man zwar dieses Bedürfnis nach Zuwendung und Bestätigung hat, das aber nicht so reflektiert, sondern anderen Menschen gegenüber mit dem Anspruch, mit der Erwartung auftritt, dass sie einem beides entgegenbringen müssen. Dem Partner gegenüber zum Beispiel. Da erwartet der Mann oder die Frau: »Du musst mich doch jetzt so lieben oder verstehen, wie ich es brauche!« Und dabei wird verwechselt, dass kein Partner das so vermag, wie ich es brauche. Eine gute Beziehung besteht darin, dass ich diesen Wunsch äußern und der Partner sagen kann: »Okay, das kann ich jetzt erfüllen oder eben leider nicht«. Weil das die Realität ist. Und ein Problem entsteht, wenn aus der frühen Geschichte wenig bekannt und reflektiert ist, dass man solche Bedürftigkeiten unreflektiert und unbewusst in die Partnerschaft trägt. Und dann vom Partner etwas erwartet, was der nicht erfüllen kann. Der kann keine Mutter ersetzen. Daraus können tragische Enttäuschungen entstehen, die nicht sein müssten, wenn man die Wahrheit, auch die bittere oder traurige Wahrheit auszuhalten lernt.

Ein solches Reflexionsniveau kann man aber wahrscheinlich gar nicht erwarten, wenn man seine Eltern mal beim Kaffee auf die frühen Jahre mit den Kindern anspricht? Wird da nicht viel verschwiegen, aus Scham oder aus Unvermögen?
Niemand hat die Antworten auf die Fragen, über die wir uns unterhalten, einfach so parat. Damit muss man sich wirklich befassen. Wenn wir bei Ihrem Beispiel mit der Mutter und der Kinderkrippe bleiben, kann es auch sein, dass sie erstmal antwortet: »Es war eben so, ich musste arbeiten gehen«. Das ist natürlich eine Wahrheit. Und man kann vielleicht auch noch dazu sagen: »Es tat mir leid, ich hab das bedauert, aber ich konnte nicht anders«. Aber die entscheidende Frage ist jetzt: Ist das denn wirklich schon die ganze Wahrheit? Musste die Frau wirklich schon wieder arbeiten gehen, um ihren Lebensunterhalt zu verdienen? Oder hätte sie vielleicht noch ein halbes Jahr zu Hause bleiben können? War die Mutter vielleicht, wie in Ihrem Beispiel, doch auch froh, das Kind mal für ein paar Stunden wegzugeben und dann nicht mehr in der Verantwortung zu sein? Was ja auch normal ist. Aber wenn das verborgen bleibt, wenn diese Ehrlichkeit verweigert wird, vielleicht eben aus Scham oder aus dem Unwillen heraus, sich damit zu befassen, dann kann das zu einem Problem werden.

Mit welchen Folgen?
Wenn zum Beispiel so was gesagt wird wie: »Das habe ich doch alles aus Liebe gemacht!« oder »Du musst doch dankbar sein!« oder »Ich habe dabei doch nur an dich gedacht!« Was so nicht stimmen kann. Oder wenn dem Kind etwas vorgeworfen wird: »Was du immer verlangst!«, »Wie kannst du dir nur so was wünschen?« oder »Du bist so anstrengend«. Wenn man als Mutter oder Vater etwas zu anstrengend findet, dann kann man sagen: »Mir ist das jetzt zu anstrengend«. Das ist etwas ganz anderes, als: »Du bist anstrengend«. Wenn man sagt: »Ich kann jetzt nicht, mir ist das gerade zu viel«, dann kann das Kind traurig sein. Und wenn es traurig ist, bleibt es gesund. Wenn es aber gesagt bekommt: »Du musst dich anders verhalten, du bist falsch mit dem, was du willst«, dann hat es das Gefühl, nicht

richtig zu sein und fängt vielleicht an, alles besser machen zu wollen und das ist der erste Schritt in ein falsches Leben. Dann fängt man an, darauf zu achten, was von einem erwartet wird, wie man sein soll und damit beginnt im Grunde genommen das Unglück des Lebens.

Inwiefern aber ist eine solche Auseinandersetzung in Ost-Familien dringlicher?
Weil es, wie ich schon sagte, hier noch die Dimension der Anpassung gibt, die Frage danach, wie sehr jemand gelernt hat, sich anzupassen. Hinzu kommt die Frage nach der Schuld, nach Mitläufertum und Mittäterschaft. Wie war die Einstellung zum politischen System, wie sehr waren die Eltern, die Familien da involviert oder haben vielleicht doch Dinge mitgemacht, die real oder moralisch nicht in Ordnung waren? Das ist eine erneute Auflage der Auseinandersetzung, die auch nach 1945 nicht stattgefunden hat. Also bis vielleicht 1968, aber das ist ja dann auch rasch eher in Richtung Terrorismus abgeglitten. Gut, es waren nicht so viele aktiv politisch am DDR-System beteiligt, aber sehr viele waren doch Mitläufer. Oder haben bestimmte Ansichten mitvertreten.

Die Dritte Generation Ost sollte sich mit der Frage auseinandersetzen, wie sehr die Eltern mit dem politischen, ideologischen System der DDR verbunden waren. Waren sie Mitläufer, und wenn ja, aufgrund welcher eigenen Entwicklungsgeschichte sind sie zu Mitläufern geworden? Waren sie vielleicht sogar doch auch selbst an Verbrechen beteiligt, die in der DDR stattgefunden haben oder haben sie zumindest davon gewusst? Haben sie solche Dinge toleriert und wenn ja, warum? Und andersherum, wenn die Eltern nicht mit dem DDR-System verbunden waren, ist interessant zu erfahren, in welchen Bereichen sie sich wie herausgemogelt haben oder wie sie sich verhalten haben, um ihre Würde zu bewahren. Und damit in Zusammenhang steht schließlich auch die Frage, wie die Eltern zu den westlichen Verhältnissen standen. Eher verklärend und idealisierend? Oder besonders kritisch?

Und das zu erfahren, ist deshalb wichtig, weil es letztlich auch Spuren hinterlassen hat in unserem Verhalten hier und heute?
Mit Sicherheit hat sich das Verhalten, das unter DDR-Bedingungen bei den Eltern gefragt war, auch auf die Kinder übertragen. Ein Beispiel dafür ist, das habe ich tausendfach gehört, der Konflikt zwischen dem öffentlichen und dem privaten Leben in der DDR. Wie ist das gestaltet worden in der Familie? Wieviel Offenheit wurde zugelassen? Oft hieß es ja: Das hier sagen wir jetzt aber nur hier in der Familie, das darf nicht nach außen dringen oder nur zu bestimmten Leuten und so weiter. Und das ist einerseits eine Kunst, nämlich differenzieren zu können, birgt aber andererseits natürlich das Risiko, dass man diese Spannung gar nicht aushalten kann oder will. Und sich dann besonders vehement auf eine Seite schlägt und diese versucht zu verteidigen.

Hinter jeder Lebensweise finden sich oft tiefere, versteckte Motive. Und nach denen kann man fragen: Warum toleriere ich Dinge, die ich nicht richtig finde, warum schaue ich weg? Wann und warum sage ich nicht wirklich meine Meinung, obwohl ich weiß, dass es richtig wäre?

Was passiert eigentlich, wenn wir nicht über diese Dinge reden?
Das Gespräch mit den Eltern ist nicht zwingend. Es ist empfehlenswert für das Verständnis der eigenen Entwicklung, für die familiären Verhältnisse. Aber natürlich gibt es Eltern, die würden ein solches Gespräch niemals wünschen oder die leben schon nicht mehr, mit denen kann man gar nicht mehr reden. Entscheidend ist, dass ich die Antworten in mir finde. Wenn ich merke, dass ich nicht zufrieden bin, nicht zurechtkomme, Zweifel habe und Krankheitssymptome entwickle, dann muss ich mich fragen, wie ich da hingekommen bin. Welchen Einfluss hatten meine Eltern? Was haben sie mir Gutes und weniger Gutes mitgegeben? Was hat gefehlt? Welche anerzogenen Eigenschaften muss ich über Bord werfen und was kann ich übernehmen? Diese Fragen können wir uns unabhängig vom Gespräch mit den eigenen Eltern stellen.

Was steckt Ihrer Erfahrung nach dahinter, wenn sich Eltern einem solchen Gespräch verweigern?
Ein Riesenproblem kann sein, dass Eltern es ihren Kindern in gewisser Weise übelnehmen, wenn diese sich im heutigen System besser zurechtfinden als sie selbst. Einige Eltern fühlen sich dadurch abgewertet, gedemütigt. Es gab schon zu DDR-Zeiten ein spezifisches Konfliktfeld, das ich hin und wieder erlebt habe. Wenn etwa Pfarrerskinder in die SED eingetreten oder Kinder von offiziellen Stasi-Mitarbeitern zur Kirche gegangen sind. Da wurde schon deutlich, dass sie mit dieser Haltung etwas demonstrieren wollten, was sie als Protest gegen die Eltern vielleicht nicht anders zum Ausdruck bringen konnten. Die Elterngeneration, die in der DDR gelebt hat, ist entweder schuldig beteiligt oder eben stolz, in der DDR gut zurechtgekommen zu sein, ohne sich verkauft zu haben. Und jetzt kommt sozusagen der Westen über uns alle und wir stellen fest: Neben vielen guten Möglichkeiten bringt der auch ganz erhebliche, neue Schwierigkeiten mit sich. Und wenn nun die eigenen Kinder besonders hervorheben, wie glücklich und erfolgreich sie jetzt sind, was sie alles erreichen und tun können, kann das eine Kränkung für die Eltern sein. Eine solche Kränkung deutet jedoch auf einen bisher ungelösten Eltern-Kind-Konflikt. In einer guten Beziehung wären die Eltern froh, wenn die Kinder gut zurechtkommen.

Das heißt, man sollte sich ehrlich fragen, warum und mit welchem Ziel man ein solches Gespräch mit den Eltern führen will? Und wenn die Eltern sich dem Gespräch verweigern, dann sollte man das akzeptieren?
Ja, ich würde nicht den Anspruch haben, dass so ein Gespräch unbedingt zustande kommen muss. Ich halte es für wesentlich wichtiger – und insofern bin ich auch ein Unterstützer der Dritten Generation Ost –, dass es eben solche Plattformen und Kontakte gibt, über die sich diese Generation untereinander austauschen und mitteilen kann. Es ist wichtig, dass über Eltern-Kind-Beziehungen in der DDR gesprochen wird, dass es Bücher, Filme und Berichte gibt. Sie regen Gespräche in den Familien an. Und hilfreich sind sie durchaus, auch für das Ver-

ständnis unserer gesamten gesellschaftlichen Entwicklung. Es ist ja immer ein Wechselspiel, die individuellen Verhältnisse wirken in die Gesellschaft und die gesellschaftlichen Verhältnisse beeinflussen wiederum die individuellen Möglichkeiten. Aber: wo ein Gespräch nicht ohne großen Konflikt möglich ist, da würde ich es auch nicht erzwingen wollen.

Eine gute Stunde ist vorbei, meine Zeit ist um. Ich schalte das Aufnahmegerät aus, wir verabschieden uns. Wie üblich lasse ich auf dem Weg zum Auto das Gespräch noch einmal Revue passieren: War ich aufmerksam genug? Habe ich alles gefragt, was ich fragen wollte? Habe ich alle Antworten bekommen? Und warum eigentlich interessiert mich genau das so sehr? Warum zweifle ich ständig an dem, was ich tue? Warum ist es mir so wichtig zu wissen, was andere über meine Arbeit denken? Warum wollte ich überhaupt so gern etwas beitragen zu diesem Buch, obwohl ich doch gerade so viele andere Dinge im Kopf habe? Ich sitze im Auto, auf dem Weg zurück nach Berlin. Die Straße ist frei. »Mutti, Papa«, denke ich, »ich glaube, wir müssen reden«.

Ein ostdeutsches 68?

Anja Staemmler, 1982 in Ost-Berlin geboren, über die Voraussetzungen für ein offenes Gespräch mit den eigenen Eltern

Jungen Ostdeutschen und ihren Eltern, so der Psychotherapeut Hans-Joachim Maaz, fehlt eine Auseinandersetzung über die DDR-Zeit, ein ausführliches Gespräch darüber, wie die ältere Generation in der DDR gelebt hat.[1] In Anlehnung an die konfrontative Aufarbeitung der Nazizeit wäre ein ostdeutsches 68 nötig, das von Fragen nach der (Mit-)Verantwortung der Älteren für während der DDR-Zeit geschehenes Unrecht gekennzeichnet wäre. In einem solchen Gespräch würde ein kritischer Anfangsimpuls mitschwingen, die Vermutung nämlich, dass das Leben in der DDR mit größerer Anpassung, möglicherweise sogar Anbiederung, einherging, einhergehen musste als etwa in der BRD.

Auch mir leuchtet zunächst die Forderung nach einem konfrontativen Gespräch mit der Elterngeneration ein. Ich fühlte schmerzhaft eine Mauer zwischen Kindern und Eltern in Bezug auf die Bewertung der DDR-Zeit und der Nachwendezeit. Dass diese Mauer überwunden werden muss, glaube ich auch heute noch, und sei es nur, um die eigene Interpretation der historischen Ereignisse mit dem Wissen von Zeitzeugen abzugleichen. Ich zweifle jedoch mittlerweile daran, dass es bei dieser Auseinandersetzung diskursiv revolutionär zugehen muss. Kann ein Gespräch, das 25 Jahre lang vermieden wurde, wirklich gut begonnen werden mit Fragen nach Anpassung und Verheimlichung?

Sicher, das schablonenhafte Erinnern an das Leben in der DDR und das Wiederkäuen oft gehörter Anekdoten durch die Altvorderen nerven weiterhin. Es ist schwierig, von älteren Ostdeutschen etwas über das Leben in der DDR zu erfahren, ohne

---

1 Siehe http://www.zeit.de/2013/03/Wendekinder-Hans-Joachim-Maaz oder http://www.sueddeutsche.de/politik/fluechtlinge-heimatkunde-1.2574224

dass diese ihre Erzählung gleich einordnen, rechtfertigen, vorauseilend erklären. Ältere Ostdeutsche wirken häufig unzufrieden mit der gegenwärtigen Gesellschaftsordnung und tendieren dazu, Fragen und Kritik an der DDR sofort mit Gegenfragen und Kritik an der heutigen Gesellschaft zu beantworten. Natürlich war die DDR nicht perfekt, sagen sie dann, aber heute ist es das ja auch nicht. Aus Sicht der Jüngeren geht das aber einen Schritt zu schnell: Wir wollen erst einmal verstehen, was war, bevor wir voreilige Vergleiche anstellen. Auch verwirrt die Unzufriedenheit mit dem heutigen System zumindest auf den ersten Blick. Gerade, da man sie auch bei jenen älteren Ostdeutschen beobachten kann, denen es eigentlich sehr gut zu gehen scheint.

Einen ausführlichen Blick auf das Leben unserer Eltern oder anderer älterer Ostdeutscher in der DDR zu erhalten ist mühsam. Nach einigen Anläufen resignieren die meisten Jungen und lassen die Dinge auf sich beruhen. Hier geht ein großes Potential der menschlichen Annäherung zwischen Kindern, Eltern und Großeltern verloren. Doch welche Eingangsfragen helfen, um den Austausch zu beginnen und nicht die Türen gleich zu verschließen? Ist die Frage nach der Stasi-Akte und SED-Mitgliedschaft wirklich geeignet, ein solches Gespräch zu beginnen? Muss unser Gegenüber dann nicht damit rechnen, einsortiert zu werden in vorgefertigte Schubkästen? Mit wie vielen Personen haben wir es wirklich versucht? Zwei, drei, vier?

Womöglich sind manche ältere Ostdeutsche zugänglicher als andere, es müssen nicht immer die eigenen Eltern sein, mit denen man das Gespräch sucht. Doch warum haben junge Ostdeutsche überhaupt so ein großes Interesse an den Lebensgeschichten ihrer Eltern? Zunächst sind oder waren junge Ostdeutsche – zumindest jene, die noch in der DDR geboren wurden – mit zwei verschiedenen Sozialisationen konfrontiert. Je nachdem wie viele Jahre man in der DDR gelebt hat, ist dieser Effekt stärker oder schwächer. Wir, in den späten 1970er und 1980er Jahren in der DDR geboren, aber im wiedervereinigten Deutschland aufgewachsen, haben unsere Eltern für unsere Ost-Sozialisation verantwortlich gemacht und waren mitunter enttäuscht, dass wir von ihnen Dinge gelernt haben, die uns im neuen System nicht weiterhalfen. Schwieriger noch für die Eltern-Kind-Beziehung waren Situationen, in denen wir Jüngeren schneller Fähigkeiten erlernen konnten, die im neuen System gefragt waren und wir unsere Eltern in entscheidenden Phasen unseres Lebens als schwach erlebten. Das ist insbesondere während der Pubertät, die viele von uns in den 1990er Jahren durchlebten, problematisch. In dieser Zeit waren selbstbewusste, starke Eltern, an denen man sich produktiv abarbeiten konnte, selten.

Schließlich kam für viele noch ein weiteres Gefühl dazu: die Scham über unsere ostdeutsche Herkunft. Mir persönlich war es in den 1990er Jahren wichtig, nicht als Ostdeutsche erkannt zu werden. Ich versuchte, in Sprache und Habitus gleichaltrige Westdeutsche nachzuahmen. Unsere Eltern waren aus unserer Perspektive natürlich viel zu langsam in diesem Anpassungsprozess. Dass sie vielleicht gar keine Lust hatten, wie die Westdeutschen zu werden, auf diese Idee kamen wir damals nicht. Mir hingegen war zu dieser Zeit völlig klar, welche Seite Deutschlands aufzuholen hatte und welche den Ton vorgab, wessen Gesetze und Lebenseinstellungen angesagt waren und wer umgekehrt am besten sein bisheriges Leben abhakte und noch einmal neu, und diesmal richtig, anfing. Damals, in den 1990er Jahren, glaubte ich der offiziellen Version der Geschichte. Ich verbrachte die folgenden Jahre damit, möglichst nicht mit dem Ort meines Aufwachsens, dem Plattenbauviertel Berlin-Marzahn, in Verbindung gebracht zu werden. Diese Scham ist erst in den letzten Jahren verschwunden.

Wir lernten also in den 1990er Jahren mitunter Dinge von unseren Eltern, die uns in der neuen Zeit nicht weiterhalfen und wurden für unsere ostdeutsche Herkunft verspottet. Den Frust darüber ließen wir aber damals nicht an unseren Eltern aus, weil wir sie nicht noch zusätzlich belasten wollten. So erklärt sich zumindest mir meine eigene anfängliche Sympathie für die 68er-Idee: Endlich können wir den angestauten Ärger aus den 1990er Jahren loswerden, indem wir lautstark unsere Eltern anklagen. Meine Erfahrung mit diesem konfrontativen Ansatz ist jedoch, dass die Türen, die wir öffnen wollen, geschlossen bleiben. Wenn wir wirklich etwas über das Leben in der DDR und unsere Eltern erfahren wollen, sollten wir das Gespräch offener gestalten.

Ich habe daher in den letzten Jahren versucht, mir ein etwas komplexeres Bild der Seelenlage der Elterngeneration zu machen. Anfangs hatte ich die oben skizzierten mühseligen, rechtfertigenden Gespräche und die Unzufriedenheit älterer Ostdeutsche als Kritik gedeutet am Kapitalismus und als Verteidigung des Sozialismus. Ich vermutete daher die Lösung des Konfliktes in einer analytischen Aufarbeitung der Vor- und Nachteile der Gesellschaftssysteme Kapitalismus und Sozialismus[2]. Angesichts so offensichtlicher Repression wie sie in der DDR ausgeübt wurde, schien mir der Kapitalismus mühelos dem real existierenden Sozialismus überlegen. Ich verstand nicht, warum die Älteren so mürrisch waren. Und ich vermisste ein klares Bekenntnis zur neuen Zeit, eine grundsätzliche Begrüßung der Tatsache, wie viele Möglichkeiten sich gerade uns Jungen durch die Wende eröffneten.

Der Systemvergleich klingt noch oft in Gesprächen an, doch auf der analytischen Ebene ist er nicht zielführend. Es ist also Zeit für einen weiteren Versuch: Wie wäre es, wenn wir das Gespräch über die Vergangenheit nicht entlang von Kategorien wie Schuld, Anpassung, Verantwortung, sondern entlang des Zeitverlaufs führen würden? Während ein konfrontativer Zugang den Fokus auf die Zeit vor 1989 legen würde, erscheint es sinnvoll und zum Erzählen einladend, zwischen der Bewertung des Lebens in der DDR vor 1989, der Einschätzung der Ereignisse um die friedliche Revolution 1989 und der Beurteilung der Zeit nach 1990 zu unterscheiden. Den älteren Ostdeutschen scheint der Blick auf die Zeit nach 1989 sehr wichtig zu sein, er prägt ihren Blick auf das Leben in der DDR. Es mag sein, dass solch ein

---

2 Siehe Anja Görnitz: Kommunismus und Identität: Über die Schwierigkeit, mit den Eltern ins Gespräch zu kommen, in: Michael Hacker/ Stephanie Maiwald/Johannes Staemmler u. a. (2012): Dritte Generation Ost. Wer wir sind, was wir wollen, Berlin.

Ansatz von der Frage nach Schuld und Verantwortung ablenkt, doch womöglich hilft er, die Situation unserer Eltern besser zu verstehen.

Ich möchte hier skizzieren, was ich in Bezug auf diese drei Phasen in Gesprächen herausgehört habe. Diese Skizze ist als alternatives Gesprächsangebot gemeint. Als ein Versuch, das 25 Jahre lang vor sich hin dorrende Gespräche neu zu beleben.

Das Leben in der DDR vor 1989, so hörte ich es in Gesprächen heraus, war vielschichtig. Eine Reduktion von Jahrzehnten gelebten Lebens auf Stasi, manipulierte Wahlen und Mauertote kränkt und lädt nicht zum Erzählen ein. Mich überraschte zu hören, dass man zumindest in der späten DDR Mahnwachen abhalten, in begrenztem Umfang und mit einiger Kreativität Reisen unternehmen, Psychotherapien durchführen und Briefkontakt ins nichtsozialistische Ausland halten konnte. In meiner Vorstellung der DDR hatte ich das nicht für möglich gehalten. Interessant war auch: Viele Aspekte des öffentlichen und kulturellen Lebens waren wohl existentieller, intensiver als heute. Man beobachtete genau, wer sich traute, welche Andeutung zu machen. Es war wichtig, wer ein begehrtes Buch aus dem Westen bekommen konnte. Für viele entstand aus dem Engen, Begrenzenden der DDR ein größeres Gefühl der Sozialität und Verbundenheit, eine Wertschätzung des kreativen Umgangs mit Mangel und Repression. Zudem gab es einen offensichtlichen Adressaten, der für eigenes Unwohlsein verantwortlich gemacht werden konnte: der Staat, die Funktionäre. Heutzutage, da das Glück in der Hand des Einzelnen zu liegen scheint, fällt diese entlastende Funktion weg. Man muss sich für sein Glück und Unglück selbst verantwortlich fühlen.

Die Revolution im Herbst 1989 wurde unterschiedlich wahrgenommen. Ältere Ostdeutsche beschreiben die wenigen Revolutionsmonate bis zum 9. November als Zeit großer Gefühle: Euphorie, Hoffnung, Angst, Momente großer persönlicher Gefahr wechselten sich ab. Viele hofften auf eine Besserung der Verhältnisse in der DDR, aber, so verstand ich später, nur wenige wollten das, was dann kam, nämlich eine Kopie der westlichen

Bedingungen einhergehend mit dem Gefühl, nichts in die Gestaltung des neuen Systems einbringen zu können. Stattdessen hofften viele Ostdeutsche auf einen Weg zwischen DDR-Sozialismus und BRD-Marktwirtschaft: Noch am 18. Dezember 1989 waren laut *Spiegel*-Umfrage 71 Prozent der DDR-Bürger dafür, die DDR als souveränen Staat zu erhalten. Dies ist ein weiterer Punkt, der mich überrascht hat: Viele DDR-Bürger glaubten an die Möglichkeit, ihr Land reformieren und erhalten zu können.

Was nach der Revolution kam, hat für viele die Euphorie und Hoffnung schnell gedämpft, Ernüchterung stellte sich ein. Schnell wurde klar, wer nun Lehrling, wer Lehrmeister war. Die bereits erwachsenen Bürger der DDR hatten in ihrem bisherigen Leben alle Fähigkeiten für das Zurechtkommen in der DDR gelernt. Nun mussten sie in vielerlei Hinsicht neu anfangen, wussten oft nicht mehr als ihre Kinder. Man musste sich mit Versicherungsabschlüssen, Bürokratien, Anerkennungsverfahren von Berufsabschlüssen auseinandersetzen. Hinzu kam die Angst vor dem oder der tatsächliche Arbeitsplatzverlust, eine große Verunsicherung über die eigene Zukunft. Im gesellschaftlichen Diskurs schien festgeschrieben, dass der Westen sich nicht ändern, nichts dazulernen musste. Der Westen blieb wie er war und sollte dem Osten helfen, auch so zu werden. Die DDR wurde abgewickelt, das Staatsgebiet trat der BRD bei und die Treuhand verwaltete das noch bestehende Volkseigentum. Die Gegenwart wurde für viele zur andauernden Kränkung. Hatten sie nicht ihr Leben bisher unter schwierigen Bedingungen ganz gut gemeistert? Warum sollten sie nun genau dieses Leben zu einem bedauerlichen und glücklicherweise überwundenen Irrtum der Geschichte erklären?

Dies sind nur Stichworte, die erst einmal nicht erklären, inwiefern ältere Ostdeutsche in das während der DDR-Zeit begangene Unrecht verstrickt waren. Stattdessen helfen sie, die Interpretationen der Geschichte, wie sie unsere Eltern vorbringen würden (wenn sie es denn täten), zu beleuchten. Sie zeigen, dass ältere Ostdeutsche auf die Entwertung ihrer Lebensläufe reagieren mussten. Manche entwickelten nach vorn gerichteten Trotz, einige blieben gelassen, viele zogen sich verbittert zurück.

Andere wandten ihren Zorn gegen noch Schwächere, gegen Asylbewerber zum Beispiel. Vielen ist ein erstaunlicher Anpassungsprozess gelungen. Statt Anerkennung für diesen Kraftakt zu erhalten, sehen sie sich Fragen nach SED und Stasi ausgesetzt, vorgetragen nun auch durch ihre Kinder. Für ältere Ostdeutsche scheint aber ein Gespräch über die Zeit nach der Wiedervereinigung genauso wichtig. Ein offeneres Gespräch würde Raum schaffen für die unterschiedlichen Aspekte des Lebens in der DDR und könnte sowohl die Zeit der friedlichen Revolution als auch die Wahrnehmung der 1990er Jahre mit einschließen. Womöglich könnte die obige erste Annäherung an die Seelenlage älterer Ostdeutscher als komplexerer Ausgangspunkt für ein solches Gespräch dienen.

Doch warum sollten junge Ostdeutsche überhaupt das Gespräch mit der Elterngeneration suchen, wenn doch die schwierigen Aspekte vielleicht wieder ausgespart werden? Einerseits kann ein solches Gespräch auf der individuellen Ebene mehr Klarheit über das Erleben der Eltern verschaffen und somit das Verstehen der eigenen Biografie und Identität ermöglichen. Doch auch für die gesellschaftliche Ebene scheint mir diese Auseinandersetzung relevant: Eine komplexere öffentliche Wiedervereinigungserzählung könnte entstehen. Das öffentliche Gedächtnis kennt heute vor allem Jubel über die wiedergewonnene Einheit Deutschlands und die Überwindung der Unfreiheit in der DDR. Was im öffentlichen Diskurs weitgehend fehlt, ist zum Beispiel eine ernsthafte Beschäftigung mit der Frage, welche Wege nach dem November 1989 noch möglich gewesen wären. Welche Alternativen zum Beitritt der ostdeutschen Gebiete zur BRD, zur schnellen Einführung der D-Mark, zum Vorgehen der Treuhandanstalt hat es gegeben und warum konnten sich diese nicht durchsetzen? Neben der Freude über die Überwindung von Unterdrückung sollte es auch öffentlich Raum geben für Trauer über die möglicherweise verpasste Chance, die Wiedervereinigung gleichberechtigter zu gestalten.

Vor dem Hintergrund eines komplexeren Wiedervereinigungsnarrativs stünde dann allerdings immer noch die Frage im Raum, wie ein diktatorisches Regime wie das der DDR durch individuelles Handeln gestützt wurde. Diese Frage verliert nichts an ihrer Relevanz, wenn klar wird, wie schwierig und enttäuschend die 1990er Jahre für viele junge und ältere Ostdeutsche waren. Doch möglicherweise ist es ja so: Geben wir unseren Eltern die Gelegenheit, im Zusammenhang aus ihrem Leben zu berichten, erfahren wir vielleicht überhaupt erst etwas. Wenn sie merken, dass wir informierte Zuhörer sind, deren vorrangiges Anliegen es nicht ist, die eigene moralische Überlegenheit zu demonstrieren, sind sie vielleicht eher bereit, auch Schwieriges zu erzählen.

Von der Ohrfeige, die ich mir verdiente

Thomas Schubert, 1970 in Ost-Berlin geboren, über die Suche nach den richtigen Worten

Einleitung

Der Psychoanalytiker Hans-Joachim Maaz beschreibt die aus seiner Sicht »unglückliche Einheit« von DDR und Bundesrepublik. Dabei will er nicht nur erklären, sondern auch Rat geben, wie die aus der Erfahrung der Teilung erwachsende gegenseitige Sprachlosigkeit zu überwinden sei. Um die Sprachlosigkeit im Umgang mit den eigenen und mit den Familienerinnerungen soll es im Folgenden gehen. Maaz charakterisiert nicht nur das deutsch-deutsche Verhältnis als ein von sprachlichen Missverständnissen geprägtes. Auch sei die Bevölkerung der DDR nicht in der Lage, miteinander über die erlebte Geschichte zu sprechen. Die Sprache selbst, der Maaz sich bei der Formulierung seiner Thesen bedient, stößt bei seinen Lesern sowohl auf begeisterte Zustimmung wie auf schroffe Ablehnung. Das gesprochene Idiom ist eine Mischung aus Psychoanalyse, humanistischer Psychologie à la Margarete und Alexander Mitscherlich und Frommscher Tiefenpsychologie, versetzt mit etwas Zeitgeschichte. Es ist von Übertragung und Abspaltung beziehungsweise Neurose und Verdrängung die Rede. Maaz spricht von Trieben, von Entfremdung, von natürlichen und kompensatorischen Bedürfnissen, von Verlusterfahrungen und diesbezüglichen Ängsten. Auch ist von einem entfremdeten Selbst oder Kernselbst die Rede, das wiederzugewinnen oder erst zu entdecken sei. Das Besondere an seinem Erklärungsversuch für die DDR und das deutsch-deutsche Verhältnis erwuchs allerdings nicht allein aus der gewählten psychoanalytischen Perspektive. Vielmehr versuchte er die DDR als Teil einer deutschen Gesamtgeschichte zu begreifen, was Anfang der 1990er Jahre noch alles andere als selbstverständlich war. Hierzu passte er seine Beobachtungen und Thesen in ein kulturkritisches Modell ein, vor dessen Hintergrund sich letztlich auch die alte Bundesrepublik als ein kritikwürdiges System abheben sollte. Zentral scheint mir dabei der Begriff der Trauer und der Trauerarbeit zu sein.

Was wäre an der DDR zu betrauern?

Von Margarete und Alexander Mitscherlich stammt die These, dass ein wesentlicher Grund für das Fortbestehen autoritärer Strukturen in der Bundesrepublik nach 1945 aus einer »Unfähigkeit zu trauern« resultiert. Entwickelt wurde diese These anhand der Erfahrungen des Schuldigseins sowie des Opferwerdens während und durch das Dritte Reich. Insbesondere die erlittenen und begangenen Gewalterfahrungen seien dabei verdrängt worden und bildeten den seelischen Untergrund Deutschlands nach 1945. Auf psychologischer Ebene heißt das: konkrete Verlusterfahrungen und diffuse Ängste sollten auch für die Gestaltung der Zukunft bestimmend bleiben. Ein Mangel an affektgeladener Trauer lässt demnach das Vergangene nicht vergehen und behindert den Einzelnen, soziale Gruppen oder ganze Generationen, in neue Erfahrungswelten vorzustoßen. Während das Gefühl der Trauer einen wie auch immer gearteten Verlust anerkennt und objektiviert, verweigert das Gefühl der Melancholie diesen Schritt. Das Vergangene wird in der melancholischen Einstellung nicht als vergangen begriffen. Vielmehr bleibt der eigene Selbstwert und das Selbstbild weiterhin an das verlorene Objekt gebunden. Man kann auch sagen: Während die empfundene Trauer in die Freiheit gegenüber dem eigenen Schicksal führt, hält die Melancholie das Subjekt in der Verzweiflung über das Geschehene gefangen.

Diese These der Mitscherlichs wandte Maaz auf den Umgang mit der DDR an. Hierfür nahm er zunächst den individuellen Umgang mit aus der DDR stammenden Erfahrungswelten in den Blick. Nach 1989/90, nach der Erfahrung von Wende, Revolution und/oder Zusammenbruch hätten sich die allerwenigsten die Zeit für eine individuelle Bestandsaufnahme oder für so etwas wie Trauerarbeit genommen oder nehmen können. Die schnelle Einheit und die daraus resultierenden Anpassungsleistungen bargen zudem einen oftmals willkommenen Anlass, den Blick nicht zurück und auf sich selbst richten zu müssen. Bei dem überstürzten Ausstieg aus der DDR und dem Beitritt zur Bundesrepublik wurde nach Maaz jedoch das menschliche Bedürfnis nach Abschied von dem bisherigen Leben übergangen. Erst Jahre später und auf paradoxe Weise trat das verdrängte Bedürfnis in DDR-Ostalgiepartys, PDS-Wahlerfolgen und anderen Auffälligkeiten im Beitrittsgebiet wieder zu Tage. Maaz folgend könnte man auch von einer nachträglichen Identifizierung mit der DDR beziehungsweise einer Überidentifizierung mit dem eigenen Leben in der DDR sprechen, ganz gleich wie man bis 1989 dazu gestanden haben mag. Da eine solche Gefühlslage sich in den weiterhin alt-bundesdeutsch geprägten und orientierten Medien kaum ausdrücken konnte, setzte deren Reflexion und Auflösung wiederum verspätet und äußerst ungenügend ein. Aus ganz verschiedenen Gründen sei somit für die meisten weder vor 1989 noch nach 1990 ein klärendes Gespräch über ihr Leben in der DDR möglich gewesen.

Nach Maaz hatte diese Entwicklung eine emotionale Überforderung zur Folge, wobei sich ein vereinigungsbedingter Gefühlsstau über einen bereits in der DDR verursachten legte und diesen noch verstärkte. Ein Konglomerat schwer auszudrückender Emotionen das eigene Leben und die erlebte Geschichte betreffend war die Folge.

Mitscherlichs waren mit ihren Thesen Stichwortgeber der 68er. In Anlehnung daran spricht Maaz heute von einem »68 Ost«. Auch wenn diese Analogie eine schiefe ist, so kommt darin doch eine berechtigte Hoffnung zum Ausdruck. Die Hoffnung auf den Beginn eines noch ausstehenden Generationengespräches. Für dieses Gespräch scheinen mir die Überlegungen von Maaz und Mitscherlichs zu dem Zusammenhang von Verlusterfahrungen, Trauer und Abschied von bleibender Aktualität zu sein. Das Konzept der Trauerarbeit birgt die Möglichkeit, sowohl kritische als auch unkritische Identifizierungen mit dem gewalttätigen politischen System der DDR zu beschreiben, damit umzugehen und diese gegebenenfalls auch zu lösen.

Da die DDR nicht zuletzt als ein Gegenstand der Liebe und des Hasses in die Seelen der Menschen eingegangen ist und darin aufbewahrt bleibt, stellt deren Untergang für den Einzelnen auch eine Verlusterfahrung dar. Die DDR war eine Ordnung, in der sich die Mächtigen ständig ob ihrer Macht bedroht fühlten und sich in ihrer Staatlichkeit als nicht anerkannt ansehen mussten. Ein diffuses Gefühl der äußeren Bedrohung und der Unsicherheit gegenüber der eigenen Bevölkerung übertrug sich auf das alltägliche Leben in einer Weise, die es zugleich bestimmte und ob der langen Dauer und Gewöhnung daran in seiner Wirkung vergessen machte. Der Versuch, die Menschen in der DDR in einem ständigen Zustand der Mobilisierung und der Alarmbereitschaft zu halten, war Ausdruck dieser Unsicherheit und selbst Mittel zur Aufrechterhaltung der Herrschaft im Land. Das Verhältnis zwischen Macht und Menschen sollte zwar Bündnischarakter tragen, doch es war immer ein einseitiges und als solches ein Zwangsverhältnis. Gezwungen wurden die Menschen in einen Krieg, der als Klassenkrieg oder Kalter Krieg nur unzureichend und vage bezeichnet ist.

Die DDR ist zwar Geschichte, doch die in ihr ausgeprägten inneren Feindschaften und Identitäten überdauerten sie. Die Fokussierung auf die Unrechtsgeschichte der DDR darf jedoch nicht dazu führen, Menschen ihre Trauer, zum Beispiel über den Verlust der DDR, abzusprechen. Auch für dieses Gefühl gibt es jeweils individuelle Gründe. Die Möglichkeit der Trauer um die DDR, ob als Idee oder als Lebenswelt, ist als Möglichkeit des Abschiednehmens und eines Ankommens in der Gegenwart nach 1990 nahezu ausgeblendet worden. Ängste, den Erwartungen einer neuen politischen Rechtsgläubigkeit entsprechen zu müssen, ließen so manches Gespräch in der Nachwendegesellschaft nur hinter vorgehaltener Hand oder gar nicht erst stattfinden. Ein bewusstes Abschiednehmen von der DDR fiel flächendeckend aus. Daraufhin führte die DDR ein merkwürdiges Schattendasein, das sich in halbbewussten Erinnerungen sowie kleinen, fast zwanghaften und für Außenstehende kaum verständlichen Verweigerungen immer wieder Aufmerksamkeit verschaffte und sich zu verschaffen sucht.

Von der Freiheit der Sprache und der Erinnerungen

Die Frage nach dem Gelingen oder Scheitern eines Generationengesprächs stellt sich auch als ein sprachliches Problem dar. So wie wir als Kinder ein zweites Mal zur Welt kommen, indem wir die Fähigkeit entwickeln, Erinnerungen im Medium der Sprache zu bilden, so halten wir uns auch als Erwachsene in der Welt durch das erzählerische Ordnen und wiederholte Aussprechen unserer Erinnerungen. Wir fallen vor allem nicht aus der Welt, da die daraus erwachsende Kontinuität unserer Erinnerungen unsere Kontinuität als Person verbürgt. Doch schwierig wird es spätestens, wenn ein radikaler Bruch zu erinnern ist und die Erinnerungen aus der Zeit vor dem Bruch in die Sprache des Heute zu übersetzen sind. Erinnerungen unterliegen dabei nicht nur dem Wandel durch Vergessen, Verdrängen, logisches Glätten oder Beschönigen. Sie wandeln sich auch, weil die Sprache sich wandelt, in der sie sinnvoll und verstehbar für andere ausdrückbar sind. Dies führt zu einer Reihe von Paradoxien. So ist es eine sprachliche und intellektuelle Herausforderung, etwas das heute auch für einen selbst als moralisch falsch und ablehnenswert erscheint, auf historisch zutreffende Weise zu erinnern. Damalige Urteile müssen kenntlich gemacht und als Bestandteil der eigenen Geschichte ausgewiesen werden, selbst dann, wenn sie zu den heute vertretenen im krassen Widerspruch stehen.

Die DDR oder etwas an ihr einmal für eine gute Idee gehalten zu haben, heißt nicht, dies heute immer noch zu tun oder tun zu müssen. Der öffentliche Druck, am besten immer schon gegen dieses System gewesen zu sein, steht allerdings der Forderung nach einem möglichst authentischen Erinnern entgegen. In einem Klima erinnerungskultureller Erwartungen tritt nicht selten die Situation ein, dass die Person ihre Integrität nur zu wahren versteht, indem sie die Erinnerung verweigert, selbst wenn Anteile der Persönlichkeit zu diesem Zwecke abgespalten und verdrängt werden müssen.

Weniger das Nicht-erinnern-Wollen ist hier das Problem,

sondern das heutzutage Selbstverständlichkeit beanspruchende Gebot des Sich-erinnern-Sollens. Die Behauptung persönlicher Kontinuität durch das Beschweigen ehemaliger Werthaltungen oder das Beharren auf deren Gültigkeit macht die Person jedoch gleichermaßen unfrei. Der Einzelne legt sich dabei auf eine möglicherweise längst überholte oder entfremdete Version seiner selbst fest. Man könnte auch sagen, er glaubt jemand anderes sein zu müssen, als er ist oder sein könnte. Die individuelle Unfreiheit bemisst sich dabei am Festhalten an einer konkreten Version der eigenen überlebten Vergangenheit. Das gilt es zu bedenken, wenn heute gelegentlich eine ganze Generation aufgefordert wird sich zu erinnern und sich gegenüber anderen Generationen darüber mitzuteilen. Es gibt viele gute Gründe sich zu erinnern, es gibt aber auch schwerwiegende Gründe dies nicht zu tun. Ungeduld ist hier der falsche Ratgeber.

Was für ein Gespräch der Generationen vor allem zu leisten wäre, ist die Unterscheidung der jetzigen Person und ihrer damaligen Werturteile. Die Kontinuität des Einen bedarf gerade nicht der Kontinuität des Anderen. Das heißt zum Beispiel: Der ehemalige Grenztruppenoffizier muss nicht die Mauer und das damalige Grenzregime verteidigen, bloß um eine fortlaufende Existenz zu rechtfertigen, die ihm von außen beigemessen wird. Was damals aus bestimmten Gründen von ihm als richtig erachtet wurde, kann er heute aus besseren Gründen als falsch ansehen. Das heißt nicht automatisch, dass er damals anders hätte handeln müssen. Viel wichtiger ist doch die Einsicht, dass man anders hätte handeln können und heute in vergleichbarer Situation wünschte anders zu handeln. Es verlangt zwar Courage, sich dieser Frage zu stellen und eine Antwort darauf ist nicht jedem ehemaligen IM, Offizier oder Genossen in Leitungsfunktion abzuverlangen, aber sie ist ihnen zumutbar.

So darf heute auch keine Person auf ihre damaligen Handlungen festgelegt werden, wie es in Stasioutings häufig zu beobachten war. Der Wunsch, damals anders gehandelt zu haben oder heute anders zu handeln, ist eine säkulare Form der Reue und neben der Trauer eine Möglichkeit des Abschiednehmens. Beides benötigt Entgegenkommen und beides lässt sich nicht erzwingen. Das gelingende Generationengespräch hat neben einem gemeinsamen sprachlichen Rahmen auch ein grundlegendes Maß an Vertrauen und gegenseitiger Sympathie zur Voraussetzung. Die Generationen trennenden historischen Zeiträume und biografischen Brüche werden dadurch zwar überbrückbar, doch wird nie alles erinnert oder mitgeteilt werden können. Das Wichtigste an einem Generationengespräch ist daher auch nicht dessen Vollständigkeit, sondern das Aufsuchen eines Mediums, in dem historische Erfahrung überhaupt weitergegeben werden kann. Die darin mitgeteilten Erfahrungen können durchaus streitbar sein, wobei man auch nicht vergessen sollte, dass im Streit um die Vergangenheit weniger um diese gestritten wird, als um unsere gegenwärtigen und somit wandelbaren Meinungen über sie.

Die Ohrfeige, die ich mir verdiente

Schließen möchte ich mit zwei persönlichen Beispielen für die Schwierigkeiten eines solchen Gespräches und für dessen vorläufiges Scheitern. Ende der 1990er Jahre sprachen meine Eltern und ich bei einem feiertäglichen Zusammensein über unsere vergangenen Urlaube in Ungarn. Dabei erzählten sie mir, dass sie sich im Sommer 1989 dort auch nach Fluchtmöglichkeiten umgesehen hätten. Vor 1989 hatten wir nie über dieses Thema gesprochen, dennoch war immer irgendwie klar, dass sie wenig in der DDR hielt. Im Sommer 1989 war in Ungarn die Möglichkeit zur Flucht gegeben und ich fragte sie nun, warum sie damals eigentlich nicht gegangen sind. Dass die Antwort auf die Frage irgendetwas mit mir zu tun haben könnte, überraschte mich sehr. Sie lautete: »Wegen dir, du warst doch bei der Armee«. Ob dann noch der folgende Satz wirklich gefallen ist, kann ich nicht mehr sagen. Aber es hörte sich an, als hätte jemand gesagt: »Wärst du nicht gewesen, dann hätten wir vielleicht schon früher versucht abzuhauen.« Ich wollte noch fragen, warum sie mir das damals nicht gesagt haben. Um meinetwillen hätten sie jedenfalls nicht bleiben müssen. Auch war ich zu diesem

Zeitpunkt noch gar nicht bei der Armee, sondern erst Wochen später. Dieser Einwand wurde aber überhört und das Gespräch mit der Bemerkung beendet: »Als Kind warst du zu klein und später zu rot. Mit dir konnte man ja nicht reden und du wärst doch sowieso nie mitgegangen. Du hast doch diesen Staat geliebt!« Diese Mischung aus Vorwürfen und Ängsten machte mich sprachlos. Auch hatte ich meine Eltern selten so sehr einer Meinung gesehen. Dass ich in dieser heiklen Frage nicht ins Vertrauen gezogen wurde, ist verständlich. Was ich nicht verstand ist, warum ich der Grund gewesen sein sollte, dass meine Eltern in der DDR geblieben sind. Was hatte diese Entscheidung mit mir zu tun, wo ich doch gar keinen Anteil daran hatte? Ich wollte diese Verantwortung nicht übernehmen. Auch die Feststellung, dass ich angeblich zu rot gewesen sei und man mir darum nicht vertrauen konnte, empfand ich als ungerecht. Es war grotesk, da wollte ich etwas über meine Eltern erfahren und stand plötzlich als Fluchtverhinderer und Kommunistenfreund da. Und ja, ich hatte die DDR geliebt, aber doch nicht blind und vor allem nicht mehr als meine Eltern. Dass daran womöglich Zweifel bestanden hatten, irritierte mich. Am Ende sollte ich vielleicht noch von Glück reden, dass man mir keine weiteren Fragen stellte. Inzwischen kann ich über die Absurdität der Situation lachen, aber es ist kein gelöstes Lachen. Sie zeigt, wie wenig wir damals voneinander wussten und wie viel wir noch immer nicht wissen.

Darauf wollte ich es jedoch nicht beruhen lassen, und ich versuchte ein paar Monate später noch einmal, mit meiner Mutter allein ins Gespräch zu kommen. Als sich die Gelegenheit bot, sprach ich eine Begebenheit aus meiner Kindheit an, von der nur sie und ich wissen konnten.

Anfang der 1980er Jahre wurde ich von der Pionierleiterin meiner Schule gebeten, auf dem Nachhauseweg ein paar in der Schule gebastelte Aufrufe für irgendeine Wahl in den Hausfluren der Mietshäuser aufzuhängen. Ich war ein wenig verliebt in sie, hätte diesen Auftrag aber auch sonst übernommen. Immerhin war ich auch der Schulagitator und so etwas wie der dritte Mann der Pionierorganisation an unserer Schule. Ich war aber auch der Sohn meiner Eltern, besuchte einen christlichen Schulhort und hatte zu Hause und in der Christenlehre manches über Menschenrechte, Demokratie und staatliche Gewaltenteilung gehört, was ich mit meinen Aufgaben als Schulagitator in Einklang zu bringen versuchte.

Auf den Plakaten wurde dazu aufgerufen, die Kandidaten der Nationalen Front zu wählen. Alle zur Wahl stehenden Parteien und Personen waren aufgeführt und es sollten auch alle gewählt werden. Ich verstand, bei dieser Wahl würde es keine Auswahl geben. Auch konnte man nicht einfach mit »Nein« stimmen, da es dafür keine Ankreuzmöglichkeit gab. Es musste der ganze Zettel durchkreuzt werden oder man strich zur Sicherheit und in einer aufwendigen Prozedur alle aufgeführten Namen einzeln durch – so hatte es mir jedenfalls meine Mutter erklärt. Gepeinigt von Gewissensbissen, der falschen Sache zu dienen, schrieb ich über das letzte Plakat mit einem Marker »Für freie Wahlen!« und hing es in unserem Hauseingang auf. Da bei uns im Haus auch mehrere Genossen und ein Polizist wohnten, war es recht wahrscheinlich, dass das Ganze nicht lange unentdeckt bleiben würde. Dabei dachte ich, dass der Verdacht nicht auf mich fallen könne, da ich ja glaubhaft machen konnte, auch die anderen Plakate angebracht zu haben. Warum sollte ich dann ausgerechnet das in meinem Haus hängende mit solchen »Schmähungen« versehen.

Sicher unterschätzte ich damals die Genossen von der unsichtbaren Front, aber was wusste ich mit meinen elf oder zwölf Jahren schon von deren Fähigkeiten, die »Wahrheit« zu ermitteln. Zum Glück kam es dann doch nicht zum Äußersten. Irgendwann am Nachmittag stand meine Mutter in der Tür, sie kam vom Frühdienst und hielt mir das Plakat vor die Nase. »Warst du das?«, war das einzige, was sie dazu sagte. Ich war ja vorbereitet und antwortete überzeugend: »Nein.« Sie sagte: »Gut.« Einige wenige Augenblicke später kam sie wieder in mein Zimmer und haute mir wortlos eine runter. Dann drehte sie sich um und ging. Im Wohnzimmer hatte noch der grüne Filzstift gelegen, ich glaube die Marke hieß »Markant«, ein unhandlicher dicker Stift, in den man vorn ein wenig Essig hineintröpfeln musste, wenn er mal wieder eingetrocknet war. Ich hatte »Nein« gesagt, ich hatte gelogen, dabei wollte ich doch die Wahrheit sagen. Und hatte ich sie nicht gesagt? Die Situation war verwirrend. Aber so wie sie mich gefragt hatte »Hast du das gemacht?« ging es gar nicht mehr um Wahrheit und Lüge. Es ging nur noch um die Angst, die ich in ihren Augen sah, die Angst dass ich das gemacht haben könnte. Was das jedoch war, davon hatte ich nur eine verschwommene Vorstellung und darüber wurde auch nicht gesprochen.

20 Jahre nach diesem Vorfall dachte ich, es wäre vielleicht an der Zeit, meine Mutter zu fragen, warum sie damals so reagiert hatte. Ich fragte mich, war es meine Lüge oder ihre Angst um mich, die sie so reagieren lies? Über die Jahre hat mich diese Frage immer wieder beschäftigt, und ich hielt sie für einen guten Einstieg in ein Gespräch. Worüber ich eigentlich sprechen wollte, war der Zwiespalt zwischen verschiedenen Loyalitäten, der meine ganze Schulzeit prägte, und mich letztlich auch diesen Satz auf das Plakat hatte schreiben lassen.

Die Antwort meiner Mutter war für mich noch überraschender, als jene zu den möglichen Fluchtabsichten meiner Eltern. Sie stellte kategorisch klar, dass sie nicht wüsste, wovon ich sprach. »Dieses Plakat hat es nie gegeben!« Ich widersprach und insistierte. Darauf redete sie auf mich ein: Ob ich mich über eine Ohrfeige beschweren wolle? So schlecht sei es mir bei ihnen ja wohl nicht ergangen. Und überhaupt, ich soll mich jetzt bloß nicht als Widerständler aufspielen! Da gebe es ganz andere Leute, die wirklich etwas gegen diesen Staat getan haben – im Gegensatz zu mir. Überhaupt solle ich sie mit solchen Sachen in Ruhe lassen, sie habe wirklich keine Kraft mehr dafür.

So wie ich jetzt die Luft anhalte, wenn ich diesen Wortschwall aufschreibe, so nahm ich diesen geballten Vorwurf damals wortlos in mich auf. Was sollte ich auch erwidern? Es war nicht die Situation für spitzfindige Nachfragen. Sie sagte, dass sie keine Kraft mehr habe, und ich glaubte ihr. Zum Zeitpunkt dieses Gesprächs war ich um die 30 und machte, was ich auch als Kind in solchen Fällen tat, ich machte es mit mir selbst aus. Es war nicht meine Absicht ihr oder meinen Eltern einen Vorwurf zu machen. Aber wie sollte ich auf ihre in meinen Augen ungerechten und absurden Reaktionen reagieren, ohne dass dabei nicht doch noch dieser Eindruck entstehen musste?

Vielleicht kann ich es so zusammenfassen: Meine Eltern machten auf meine Nachfragen hin einen gequälten Eindruck, und ich wollte sie nicht weiter quälen. Vielleicht habe ich sie damit aber auch zu leicht davon kommen lassen? Davon wohin? Die Fragen blieben offen und ein wirkliches Gespräch über unsere Leben in der DDR fand bis heute nicht statt.

Der Text ist eine seitens der Herausgeberinnen gekürzte Fassung des Originalmanuskriptes.

Literatur

Maaz, Hans-Joachim (1990): Der Gefühlsstau. Ein Psychogramm der DDR, Berlin.

Maaz, Hans-Joachim (1992): Die Entrüstung. Deutschland, Deutschland, Stasi, Schuld und Sündenbock, Berlin.

Mitscherlich, Margarete (1983): Erinnerungsarbeit. Zur Psychoanalyse der Unfähigkeit zu trauern, Frankfurt am Main.

»Wie war das damals?«

© Familie Groschke

Wie gelingt der Dialog über das, was damals war? Wie kommen die Generationen miteinander ins Gespräch? Bianca Ely und Ingrid Miethe tauschen sich in einem Briefwechsel über Verletzungen und Zuschreibungen im Dialog der Dritten Generation Ost und der Elterngeneration aus. Dabei stellt die Erziehungswissenschaftlerin Ingrid Miethe ihren innerlichen Zwiespalt in den Mittelpunkt: Auf der einen Seite steht die Ahnung und das Wissen, wie wichtig und heilsam der Dialog sein kann. Dem gegenüber jedoch tiefe Verletzungen und gut eingeübte Mechanismen des Ausweichens und Vermeidens.

Claudia Liebenberg unterhält sich mit ihrem Vater Wolfgang Neumann über den Arbeitsalltag in der DDR, über die verschiedenen Strategien im täglichen Leben zu bestehen.

Axel Watzke hat sich mit seinen Eltern an den Küchentisch gesetzt und spricht mit ihnen über ihren Arbeitsalltag, den Zusammenhalt zwischen Nachbarn und was davon geblieben ist. Sie reflektieren gemeinsam darüber, welche Werte sie heute vermissen und welche Freiräume sie genießen.

Amanda Groschke nimmt im Gespräch mit ihrer Mutter weibliche Identitäten in den Blick. Sie sprechen über die Rolle der Frauen und Mütter in der DDR, über den Wegzug der Eltern aus Cottbus in den Westen und ihr Leben dort.

Franziska Olm verarbeitet angeregt durch ein Gespräch mit ihrer Mutter die Erwartungen und Projektionen von Vergangenheit, Gegenwart, Sozialismus und Kapitalismus in einem lyrischen Text und kombiniert das Ganze mit einem gesellschaftskritischen Blick auf ihre Lebensrealität.

Ausgehend von Briefen zwischen Vater und Sohn in den späten 1980er Jahren nimmt Jakob Prings* den gedanklichen Dialog mit seinem Vater wieder auf. Der eigenen Ostidentität auf der Spur schreibt er über eine neue Sprache für sein Erinnern und eine andere Sicht auf seinen Vater und dessen Biografie.

Die Blitzlichter von Andreas Wolf, Kathrin Bahr, Daniel Kubiak und Marie G. geben kurze Einblicke in die Gespräche mit ihren Eltern.

»Ihr stellt die Fragen der Westdeutschen«

Ein Briefwechsel zwischen zwei Generationen: Ingrid Miethe, 1962 in Plauen geboren, und Bianca Ely, 1979 in Ost-Berlin geboren

Der Kontakt zu Ingrid Miethe bestand schon länger, nachdem sie auf einer Konferenz 2011 einen ermutigenden Vortrag gehalten hatte. Sie bestärkte uns darin, diesen Prozess der Selbstverständigung zu führen und kontextualisierte ihn in innerdeutschen Machtverhältnissen zwischen Ost und West. Wie gelingt der Dialog der Dritten Generation Ost mit der Elterngeneration? Welche gesellschaftlichen Rahmenbedingungen und Prozesse aufseiten der Eltern stellen ihn auf die Probe? Wieso ist der Dialog dennoch so wichtig? Oder ist das nur Einbildung und Wunschdenken? Und wenn der Dialog zur Selbstverständigung und zur eigenen Verortung beiträgt: Inwiefern ist der Dialog der Dritten Generation Ost mit der Elterngeneration eine Voraussetzung für einen Dialog auf Augenhöhe zwischen Ost und West? Mit diesen Fragen wandte ich mich an Ingrid. Sie fand das Thema spannend und äußerte dennoch Zweifel. Einen Beitrag wollte sie nicht schreiben und zeigte sich zugleich sehr interessiert an unseren Überlegungen zu dem Buch. Wir waren beide etwas ratlos, wie wir aus der Nummer wieder rauskommen sollten. Am Ende bat sie mich, ihr ein paar Fragen schriftlich zu schicken. Danach monatelang Funkstille. Ich rechnete schon nicht mehr mit einem Beitrag von ihr. Bis ein Brief in meinem Postfach landete.

Liebe Bianca,
ich habe Dich darum gebeten, die Fragen an mich schriftlich zu formulieren. Du hast mich als Wissenschaftlerin angefragt, die auf der vorigen Konferenz das Konzept der Dominanzkultur auf die Beziehung zwischen Ost- und Westdeutschland übertragen hat und meintest, dieses Konzept müsse doch auch tragfähig sein für die Kommunikation zwischen der Dritten Generation und ihren Eltern. Ich war eher skeptisch und meinte, ein inter-

generativer Dialog sei komplexer und das Konzept nur bedingt hilfreich. Ich hatte wenig Lust, mich dazu interviewen zu lassen und habe vorgeschlagen, das bleiben zu lassen. Dann war unser Kompromiss, dass Du mir die Fragen schickst und ich versuche, schriftlich darauf zu antworten. Wenn ich ehrlich bin, dann ist das Problem nicht nur die begrenzte Übertragbarkeit dieses Konzeptes, sondern auch eine Abwehr in mir selbst gegen dieses Thema.

Ich glaube, meine Unlust auf das von Dir geplante Interview trifft bereits mitten in das von Euch angesprochene Problem. Ich kann auf diese Thematik nicht einfach als Wissenschaftlerin antworten, sondern ich fühle mich als zweite Generation angesprochen. Meine eigenen Kinder sind minimal jünger als Ihr. Beide sind vor der Wende geboren, und auch ich hatte zum Zeitpunkt der Wende bereits meine beruflichen Entscheidungen getroffen. Genauso hatte ich meine politischen Entscheidungen getroffen, nämlich die, mich nicht (mehr) in diese DDR einbringen zu wollen. Die DDR hatte mein Leben also schon stark geprägt und genauso stand meine Position zu diesem Land fest. Als dann endlich die Mauer fiel, standen für mich quasi über Nacht völlig neue Lebensoptionen offen. Zum Beispiel die Möglichkeit, doch noch zu studieren – was ich dann auch sofort gemacht habe.

Meine eigenen Kinder sagen zu mir, ich habe nie viel über die DDR erzählt. Und sie spüren meinen inneren Widerstand darüber zu sprechen und fragen nicht mehr. Du merkst, auch ich verhalte mich so wie Ihr Eure Eltern beschreibt.

Liebe Bianca, eine Frage hast Du mir nicht gestellt, die aber für mich die wichtigste ist, nämlich die: Warum schweigen wir? Was macht das Reden über die DDR so schwer? Im Jahr 2005 habe ich einen Artikel zum Thema Dominanz und Differenz publiziert. Darin schrieb ich abschließend:

»Meines Erachtens gibt es – neben der Notwendigkeit der eigenen biografischen Auseinandersetzung sowohl in Ost als auch in West – zwei zentrale Gründe diesem Vereinigungsprozess (wieder) mehr Aufmerksamkeit zu widmen. Zum einen haben diejenigen, die den Prozess der deutschen Vereinigung bewusst miterlebt und mitgestaltet haben, eine Verantwortung gegenüber der nächsten Generation, für die diese Ereignisse nur noch geschichtliche Vorgänge darstellen. Wie in Studien zu generativen Tradierungen […] aufgezeigt wurde, besteht leicht die Gefahr, dass die unbewältigten Themen der Elterngeneration (unbewusst) an die Kinder- und Enkelkinder delegiert werden. Nicht, dass es möglich wäre, derartige Tradierungen, die mitunter durchaus auch produktiv und sinnvoll sein können, völlig zu vermeiden. Aber das, was an Wut, Enttäuschung, Bitterkeit, gegenseitigen Schuldzuschreibungen und Verletzungen bei den in Ost und West an diesem Prozessen bewusst beteiligten Personen vorhanden ist, sollte – soweit möglich - offen besprochen und damit auch einer Bearbeitung und Auseinandersetzung zugänglich gemacht werden, damit es nicht unwissend an die nächste Generation tradiert wird.«[3]

Dieser Artikel war der letzte, den ich zu diesem Thema geschrieben habe. Danach habe ich mich für das Schweigen entschieden. Da ich seit 2002 in den alten Bundesländern lebe, ist es für mich auch leichter geworden dieses Thema einfach auszulassen. Ich habe mich damit aus dieser von mir angesprochenen »Verantwortung für die nächste Generation« herausgeschlichen. Es ist bequemer so für mich und vor allem weniger schmerzvoll. Doch warum ist es so schmerzvoll darüber zu reden? Man müsste doch denken, dass Menschen wie ich, die gegen die DDR aktiv waren und dafür auch einen nicht geringen persönlichen Preis gezahlt haben und für die die Wende die Chance ihres Lebens war, die ich ja auch aktiv ergriffen habe, kein Problem haben, über diese Zeit zu sprechen. Komischerweise ist das aber anders. Warum? Ich möchte versuchen, aus meiner Sicht ein paar Gründe zu formulieren.

---

3 Miethe, Ingrid (2005): Dominanz und Differenz. Verständigungsprozesse zwischen feministischen Akteurinnen aus Ost- und Westdeutschland, in: Schäfer, Eva/Dietzsch, Ina/Drauschke, Petra u. a. (Hg.): Irritation Ostdeutschland. Geschlechterverhältnisse in Deutschland 13 Jahre nach der Wende, Münster, S. 218–234.

Es ist schwierig, weil Ihr die Fragen der Wessis stellt:
Ich weiß, Ihr seid keine Wessis. Auch Kindheit und Jugend in der DDR sind prägende Erfahrungen. Ihr werdet von daher nie so sein wie Eure Altersgefährten in Westdeutschland. Aber trotzdem habt Ihr eine andere Perspektive auf die DDR und habt Erfahrungen auch nicht machen müssen, die ich machen musste beziehungsweise auch machen konnte. Ihr habt die DDR mit den Augen von Kindern und Heranwachsenden gesehen. Diese Perspektive ist genauso richtig wie meine, die der erwachsenen Frau – aber es ist eben auch eine sehr spezifische. Viele für Menschen meiner Generation selbstverständliche Dinge sind Euch nicht bekannt und nicht selbstverständlich. Ihr müsst danach fragen. Und diese Fragen hören sich für mich genauso an wie die der Wessis. Sie zeigen, dass Ihr Selbstverständlichkeiten der DDR-Bürger eben doch nicht kennt und wir in die Rolle kommen, diese erklären zu müssen. Und mit Euren Fragen kommen auch die Erinnerungen an die erlebten Kommentare der Wessis. Regelmäßig endeten meine Versuche, Wessis einiges aus der DDR zu erklären, damit, dass diese irgendwann anfingen, mir erklären zu wollen, wie die DDR eigentlich war. Schließlich waren sie ja mal im Transit oder hatten eine Tante im Osten. Oder aber sie erzählen mir, wie schrecklich diese Grenzkontrollen an der DDR-Grenze immer gewesen seien. Ach, du armer Wessi! Ich weiß nicht, wie oft ich diese Stories schon gehört habe. Ich kann die Geschichten der Grenzkontrollen schon selbst erzählen, obwohl ich diese Grenze vor 1989 nie überschreiten durfte. Ich hätte etwas darum gegeben, diese schrecklichen Grenzkontrollen erleben zu dürfen! Aber was soll ich einem Wessi auf seine Geschichten antworten? Wie schwer ich es hatte? Das interessiert niemanden und zerstört die schöne Small-Talk-Laune. Es ist eben auch schwer, über Themen im Small-Talk-Modus zu sprechen, die für uns existentiell waren und sind.

Ich habe inzwischen gelernt, jedes Gespräch über die DDR frühzeitig abzublocken. Lässt es sich doch nicht verhindern, verhalte ich mich wie beim Zahnarzt: Augen zu und warten bis es vorbei ist. Ich weiß, Ihr würdet nicht so antworten. Aber emotional reagiere ich auf Eure Fragen oft, also ob Ihr so antworten würdet. Ich weiß natürlich, dass dies Übertragungsprozesse sind. Unbewusst übertrage ich meine Erfahrungen mit den Wessis auf Eure Fragen, da sich diese so ähnlich anhören. Ich weiß das, aber es ist trotzdem schwer, da rauszukommen.

Es ist schwierig, weil Diktaturerfahrungen schwer zu vermitteln sind:
Meine Erfahrung ist auch, dass es sehr schwer bis unmöglich ist, Diktaturerfahrungen an Menschen zu vermitteln, die nie unter solchen Bedingungen leben und entscheiden mussten. Und hier glaube ich auch, dass Eure Kinder- und Jugendperspektive diese Diktaturdimension schwer nachvollziehen kann –, auch wenn Ihr noch in diesem Land gelebt habt. Eine westdeutsche Freundin sagte einmal zu mir: »Wenn du über die DDR sprichst, dann ist das für mich so richtig surreal.« Ja, ich glaube ihr das. Ich kann nur leider nicht anders davon erzählen. Für mich war es eben normal, von der Arbeitsstelle zum Verhör der Staatssicherheit abgeholt zu werden. Für mich war es normal, dass Freunde und Kollegen natürlich auch für die Stasi gearbeitet haben. Für mich war es normal, dass Leute wie ich nicht studieren durften. Wenn ich heute meine Eingaben aus DDR-Zeiten lese, überkommt mich das kalte Grauen, wie devot das alles klang und dass es natürlich mit einem »sozialistischem Gruß« endete. Wie auch sonst? Das waren unsere Normalität und unsere Strategie. In der Diktatur muss man sich ein Stückweit der Sprache und der Denkmuster des Systems bedienen, wenn man überhaupt etwas erreichen möchte. Das heißt aber nicht, dass man selbst auch so denkt. Aber das ist schwer zu verstehen für Menschen, die nicht unter solchen Zwängen standen.

Wenn Menschen »von heute« dann zur DDR fragen, dann klingen diese Fragen oft so, dass ich darin einen latenten Vorwurf, eine latente Unterstellung heraushöre. Ich finde diese auch in Euren Statements, die Ihr auf Eurer Tagung gesammelt habt. Dort steht zum Beispiel: »Wut und Scham darüber, dass die Eltern damals sich das Denken und Fühlen vom Staatsapparat haben abnehmen lassen – jetzt möchte man sich mit ihnen darüber austauchen und sie verweigern das Gespräch.« Ja, natürlich verweigern sie das Gespräch, wenn das die Ausgangsposition ist. Wie kommst Du (Schreiber oder Schreiberin) denn darauf, dass sich die Eltern das Denken und Fühlen vom Staat haben abnehmen lassen? Geht so etwas überhaupt? Wessen Meinung erzählst Du hier nach? Die Klischees über den Osten? Eure Eltern waren überwiegend stinknormale Menschen. Die meisten waren keine Helden, aber auch keine Täter, sondern einfach Menschen, die unter schwierigen Bedingungen versucht haben, ihren Alltag zu meistern, sich den massivsten staatlichen Übergriffen teilweise mit viel Phantasie zu entziehen und ihr Leben zu leben. Sie sind Menschen mit Schwächen, Stärken, Träumen, Fehlern, Gefühlen, Liebe und Hass – genau wie Du auch, der es einfach erspart geblieben ist, bestimmte Entscheidungen treffen zu müssen. Das hat noch kein Staat – auch keine Diktatur – vermocht, den Menschen das Fühlen und Denken abzunehmen. »Die Gedanken sind frei, wer kann sie erraten?« Nicht ohne Grund haben wir in der DDR viele Volkslieder gesungen. Diese Lieder hatten oft einen Inhalt, der in unseren Ohren kritisch war (auch wenn das heute banal klingt), ohne dass die Staatsmacht das nachweisen konnte. Es gab in der DDR Angepasstheit und Konformität, aber auch offenen und latenten Widerstand und vor allem gab es einen ganz normalen Alltag. Der Staat hat es nie geschafft, diesen Alltag zu durchdringen. Ausnahmen bestätigen auch hier die Regel. Die Kommunikation mit den Eltern kann nicht funktionieren, wenn Ausgangspunkt die über viele Jahre transportierten Klischees über Ostdeutsche sind. Diese sind bekanntlich ohnehin hoffnungslos für die Demokratie verloren, weil sie zu früh auf das Töpfchen gesetzt wurden … Also plappert doch bitte nicht das nach, was die (West-)Medien Euch vorplappern, sondern seid sensibel gegenüber derartigen Bildern. Ich weiß, das ist schwer, gerade dann, wenn ein Vis-à-vis-Korrektiv für die direkte Kommunikation fehlt. Aber es ist notwendig, wenn der Dialog mit den Eltern wirklich in Gang kommen soll. Ihr könnt fragen, aber die Frage darf nicht schon eine Unterstellung beinhalten. Sonst bleibt nur die Rechtfertigung als Ausweg und damit kommt kein echter Dialog in Gang.

Vieles ist eine Frage der Perspektive. Als ich meine Stasi-Akten gelesen habe, habe ich auch zwei IMs entdeckt, die mich bespitzelt haben, von denen ich das nicht gedacht hätte. Ich hätte nun sagen können: Wie schrecklich, dass mich diese beiden Freunde bespitzelt haben. Was für ein Staat, in dem so etwas möglich ist! Ich habe meine Akten aber anders gelesen, denn in meiner Akte habe ich nicht nur die IMs entdeckt, sondern auch sehr viel mehr Freunde gefunden, die genauso wie ich von der Stasi operativ bearbeitet wurden. Mir waren nicht diese beiden neuen IMs wichtig, sondern ich habe mich darüber gefreut, so viele meiner Freunde in dem gemeinsamen Operativen Vorgang wiederzufinden. Es war richtig, ihnen zu vertrauen. Was für tolle Menschen es doch auch in einem solchen Land gibt! Ich kann mit der Unterstellung der Fehler ins Gespräch gehen. Ich kann dieses aber auch mit der Unterstellung persönlicher Leistung beginnen. Letzteres ist mit Sicherheit Erfolg versprechender.

Es ist schwierig, weil diese Ereignisse für mich selbst stark emotional besetzt sind:
Die Zeit der Wende war die schöne Zeit meines Lebens. Ich hatte das Gefühl, Revolution zu machen. Wir waren so glücklich. Endlich bewegte sich etwas in diesem langweiligen, grauen Land, und die ganze Welt schien uns zu Füßen zu liegen. Wir schmiedeten Nächte hindurch Pläne, wie dieses Land reformiert werden sollte – auch mit Freunden aus West-Berlin zusammen, die uns die ersten Computer und Drucker über die Grenze brachten. Aber es blieb nicht unsere Revolution, sondern es kamen die Westparteien mit ihren Vorstellungen. Mit ihnen kamen aber auch die westlichen Deutungen und die Abwertungen ostdeutschen Lebens. Es entwickelte sich das, was Rommelspacher treffend mit dem Begriff der »Dominanzkultur« bezeichnet hat, nämlich die Deutung unseres Lebens aus einer Westperspektive. Natürlich müssen wir als »defizitäre Wesen« erscheinen, wenn plötzlich ein Maßstab an unser Denken und Handeln angelegt wird, der aus einer völlig anderen Realität resultiert. Ostdeutsche Lebenserfahrungen waren nichts mehr wert. So groß wie meine Freude in der Wendezeit über das Ende der DDR und

die neuen Chancen war, so groß war mein Schmerz erleben zu müssen, dass diese, unsere Revolution uns aus den Händen glitt.

Nach dieser Euphorie folgte die Ernüchterung und das Gefühl, mich ständig verteidigen zu müssen für Dinge, die ich nicht getan habe, weil es in der DDR absolut keinen Sinn gemacht hätte sie zu tun. Warum sollte ich beispielsweise gegen einen Paragraph 218 protestieren, wenn dieser in der DDR schon in den 1970er Jahren abgeschafft wurde? Alle Ossis haben ihre Kinder in der Kinderkrippe auf den Topf gezwungen! Wen interessiert es, dass mein Partner und ich uns im Drei-Schicht-System abgewechselt haben, um die Kinder zu Hause betreuen zu können? Bis heute treten mir die Tränen in die Augen, wenn ich an diese Zeit denke und erst recht, wenn ich versuche darüber zu sprechen. Die Freude und die Verletzungen sitzen noch zu tief. Und wer möchte schon gern über Dinge sprechen, bei denen man Gefahr läuft loszuheulen? Das hat absolut nichts mit Euch zu tun. Aber auch wir als zweite Generation haben nie einen Ort gefunden, an dem wir über unsere Gefühle hätten reden können. Zu schnell mussten wir lernen zu kämpfen, zu überleben und zu funktionieren. Ich persönlich lebte nach der Wende kaum noch in ost-homogenen Zusammenhängen, sondern immer mit Westdeutschen zusammen. Studium und Promotion in West-Berlin, später Professuren in Westdeutschland. Alles im Dauerlauf und mit doppeltem Gepäck (nämlich zwei kleinen Kindern und ständigem Geld- und Zeitmangel) – aber das war die einzige Chance, die ich hatte! Der Austausch mit Ostdeutschen fehlt mir bis heute. Das wäre ein Weg gewesen, auch Gefühle zuzulassen. Aber in dem Überlebenskampf, der nach 1989 begann, waren kein Raum und keine Zeit für Gefühle. Ich musste in Sekundenschnelle funktionieren und immer dreimal so gut sein wie ein Wessi, um überhaupt noch eine Chance zu haben, den Fuß reinzubekommen.

Während der Konferenz, bei dem Vertreterinnen und Vertreter der Dritten Generation Ost zusammenkamen, sind mir einige Forderungen und Kritikpunkte besonders aufgefallen: Ihr kritisiert, dass die Eltern »versuchen, die Ereignisse, den Bruch innerhalb der eigenen Lebensgeschichte, der Familiengeschichte kleinzureden und zu banalisieren«. Ja, natürlich machen wir das. Ich auch. Banalisierung ist ein Schutzmechanismus. Damit schütze ich mich selbst davor, von meinen Gefühlen überwältigt zu werden.

Ihr schreibt über die »Resignation der Eltern, die an Gesprächen kein Interesse mehr haben, weil über die DDR sowieso immer nur negativ berichtet wird«. Ja. Ein Stückweit bin ich auch resigniert. Ihr schreibt, dass Euch das wütend macht. Ja. Das verstehe ich. Wut ist genauso berechtigt wie meine Ohnmacht und Enttäuschung. Das können wir uns wohl nicht abnehmen. Da müssen wir irgendwie – allein oder zusammen – durch. Ich glaube, ein Gespräch zwischen den Generationen kann nicht ohne Tränen abgehen. Wenn wir zusammen über die DDR und die Wendezeit wirklich reden und nicht nur smalltalken wollen, ist diese Emotionalität unvermeidbar. Ihr schreibt: »Gespräche beziehungsweise Gesprächsversuche enden immer in Tränen: Man versucht, seine Eltern zu verstehen und zugleich ist man traurig darüber, dass sie ihre Lebenswege verloren haben.« Ja. So ist das. Wenn wir miteinander reden wollen, müssen wir uns gegenseitig diese Emotionalität zumuten und sie aushalten. Ehrlich gesagt, habe ich Angst davor. Wie geht es Euch damit?

Es ist schwierig, weil ich internalisiert habe, dass es für mich das Beste ist, nicht darüber zu sprechen:
Ich bin inzwischen eine Meisterin darin, mich nicht als Ossi zu erkennen zu geben und sollte das doch nicht zu kaschieren sein, dann Gespräche über die DDR oder den Osten offen oder versteckt, mit Sicherheit aber sehr effektiv abzuwürgen. Das Verstecken der Identität geht inzwischen zunehmend leichter. Von einer Universitätsprofessorin in Westdeutschland vermutet man zumeist nicht, sie könnte ein Ossi sein. Diese gehören ja eher als Packerinnen zu Quelle oder schmarotzen jammernd auf Hartz IV. Wenn Klischees zu dumm sind, kann man sie auch nutzen. Da kommt mir mein ostdeutscher Pragmatismus zugute. Es gibt auch im Westen Dialekte, die sich ein bisschen sächsisch anhören. Und bei vorsichtigen Versuchen herauszubekommen, wo ich denn herkomme, bin ich hochtalentiert, die erhoffte

Antwort nicht zu geben. Manchmal macht mir das richtig Spaß, alle Antworten zu geben, nur nicht die erwünschte, nämlich dass ich halt ursprünglich aus dem Osten komme.

Warum gebe ich mir diese Mühe? Ich gebe sie mir, um nicht immer wieder von anderen erklärt zu bekommen, wie der Osten eigentlich war. Diese Mühe mache ich mir, weil ich nicht riskieren möchte, als Ossi stigmatisiert und abgewertet zu werden. Mit DDR-Geschichte kann man keine Karriere machen, sagte einmal ein Kollege. Eigentlich bin ich inzwischen zum Wessi geworden. Ich weiß, worüber die reden und habe deren Themen zu meinen eigenen gemacht. Ich registriere durchaus noch manche abweichende Position, die aus meinen eigenen Erfahrungen resultiert, aber ich würde mich hüten, diese zu äußern. Das würde nur die gute Stimmung zerstören. Ich gehöre zu denen, die es »geschafft haben«. Ich habe heute eine Position, wie sie nur wenige Wessis – in der Regel unter viel günstigeren Startbedingungen – erreichen. Warum sollte ich diesen Status riskieren, indem ich mich als Ossi oute? Ich wäre ja verrückt, das zu machen! Mein Mann (ein Wessi) kam einmal auf die Idee, einen Skoda kaufen zu wollen. Diese Idee erfüllte mich mit blankem Entsetzen. Wenn ich in einem Skoda zur Arbeit komme, würde ich sofort Bemerkungen zur DDR-Nostalgie bekommen. Er könnte schon damit fahren, aber ich bleibe lieber bei meinem Mercedes. Werden wie die Wessis – das ist die Eintrittskarte zum Erfolg. Und das ist wirklich von mir internalisierte Dominanzkultur, die besagt, dass soziale, politische und ökonomische Hierarchien über internalisierte Normen vermittelt werden und damit in eher unauffälliger Weise Machtverhältnisse der Gesellschaft reproduzieren (Rommelspacher). Natürlich bin ich damit Teil der Dominanzkultur. Genau so funktioniert sie, dass die Angehörigen marginalisierter oder stigmatisierter Gruppen versuchen, die Normen der dominanten Gruppen zu imitieren und damit die eigene Identität verleugnen.

Es ist schwierig, weil Ihr meine Kreise stört:
Und an dieser Stelle merkt Ihr auch, weshalb ich genervt auf

Ost-Fragen reagiere. Sie stören meine Kreise! Ich habe mich eingerichtet im vereinigten Deutschland! Ich habe es geschafft. Und das war schwer genug! Ich bin gerade mit dem Auspolstern meiner Nische beschäftigt, und dann kommt Ihr daher und wollt mich wieder zum Ossi machen. Ich hoffe, Ihr versteht, dass ich – und andere auch – nicht nur glücklich darüber bin. Auch wenn Ihr Recht habt …

Es ist schwierig, weil ich neidisch auf Euch bin:
Und wie! Ihr seid für mich die Generation, für die die Wende genau zum richtigen Zeitpunkt kam. In meinen Augen hattet Ihr alle Chancen der Welt. Die ganze Welt stand Euch offen! Ihr konntet studieren! Und das in einem Alter, in dem man normalerweise studiert und nicht erst im Erwachsenenalter, wie ich das machen musste. Ihr habt Sprachen nicht nur in der Schule gelernt, sondern konntet diese auch praktizieren. Ich quäle mich bis heute mit einem schlechten Englisch durch die internationale akademische Welt, obwohl ich ursprünglich wohl eher sprachbegabt gewesen wäre. Aber keine Chance in der DDR-Schule ohne Sprachpraxis. Das im Erwachsenenalter nachzuholen zeigt leider nicht dieselben Ergebnisse. Ich weiß – nicht zuletzt durch die Arbeit in Eurem Verein –, dass Ihr ganz andere Probleme habt. Aber ich bin trotzdem neidisch auf Euch! Und in meinem Neid liegt natürlich auch die Abwertung der Themen und Probleme, mit denen Ihr Euch auseinandersetzen müsst. Auch das macht die Kommunikation nicht leichter. Und da merkt Ihr schon, dass Dominanzkultur nicht alles erklärt. Die intergenerative Kommunikation ist auch ohne Dominanzkultur nicht leicht. Wahrscheinlich denken die meisten Eltern, dass ihre Kinder es leichter haben.

Liebe Bianca, Du fragst mich, wie der Dialog mit der Dritten Generation gelingen kann. Wenn ich ehrlich bin, müsste ich sagen: keine Ahnung. Und wie Du in meinen Ausführungen oben siehst, bin ich ja auch gar nicht unbedingt daran interessiert, obwohl ich theoretisch weiß, wie wichtig er ist.

Nicht jede Fremdheit zwischen Eltern und Kindern beruht aber auch auf Osterfahrungen. Wenn ich Eure Kommentare lese, habe ich den Eindruck, dass auch andere Dimensionen eine Rolle spielen können. Eine Fremdheit zwischen Eltern und Kindern entsteht beispielsweise auch dadurch, dass Kinder studieren und sich im akademischen Milieu bewegen, während ihre Eltern das nicht gemacht haben. Das ist ein ganz häufiges Phänomen bei Bildungsaufsteigern und hat gar nichts mit Ost-West zu tun. Viele Bildungsaufsteiger der 1970er Jahre in Westdeutschland beschreiben genau dieses Phänomen. Von daher muss man wohl auch vorsichtig damit sein, alle Erfahrungen aus der Ostvergangenheit heraus zu erklären. Es gibt also ganz verschiedene Dimensionen, die für einen intergenerativen Diskus relevant sind. Dass dieser allerdings im Rahmen einer Dominanzkultur stattfindet, erschwert ihn zusätzlich.

Ich habe mich sehr gefreut, als ich von der Gründung Eurer Initiative hörte und dachte: Endlich! Wie gut! Das Tabuisieren der DDR ist nicht gut. Das Thema schwelt unterirdisch weiter und sucht sich eher destruktive Wege des Ausdrucks. Ich glaube, dass Eure Generation das Thema DDR-Vergangenheit sehr viel besser in die Öffentlichkeit bringen kann als meine, die einfach doch emotional sehr viel stärker verletzt und verhaftet ist. Eure Fragen waren für mich jetzt der Anlass dafür, mein Schweigen zu brechen. Ich habe Euch geschrieben, was aus meiner Sicht die Kommunikation zwischen den Generationen erschwert. Und ich kann Euch versichern: Ihr leidet unter keiner Sinnestäuschung! Die zweite Generation möchte wirklich nicht (mehr) reden. Ich wünsche Euch weiterhin die Kraft und den Esprit, den Ihr bisher in Eurer (tollen) Initiative gezeigt habt. Vielleicht kommen wir ja doch noch in Gang miteinander. Zumindest hast Du, Bianca, es geschafft, dass ich doch noch geantwortet habe.

Ingrid

Liebe Ingrid,
Dein Brief hat mich berührt und auch überrascht. Erwartet hatte ich wohl einen wissenschaftlichen Text, in dem Du als Vertreterin der Zweiten Generation Ost und aus sozialwissenschaftlicher

Sicht den Dialog der Generationen im Osten kontextualisierst. Meine Vorstellung war, dass Du aus Deiner Perspektive begründest, unter welchen herausfordernden Bedingungen der Dialog der Dritten Generation Ost mit ihrer Elterngeneration stattfindet. Statt wissenschaftlich begründeter Überlegungen über den Dialog enthält Dein Brief hingegen die direkte Einladung zum Gespräch. Dafür möchte ich Dir danken!

Die ursprüngliche Motivation unseres Buchprojekts war die geteilte Erfahrung, dass der Dialog zwischen den ostdeutschen Generationen oft schwierig ist. Sowohl auf persönlicher Ebene mit den eigenen Eltern als auch auf gesellschaftlicher Ebene. Mir ist bewusst, dass alle am Gespräch beteiligten ihren Anteil daran haben, wenn Kommunikation nicht gelingt. Es ist leicht, dem Irrglauben zu verfallen, von sich selbst größtmögliche Gesprächsbereitschaft anzunehmen. Doch die Widerstände des Gegenübers zu kritisieren, ohne auch nach dem eigenen Beitrag am Nichtzustandekommen eines Gesprächs zu fragen, führt uns offensichtlich in eine Sackgasse.

Du schreibst, dass wir uns – wenn überhaupt – nur schwer in den DDR-Alltag unserer Eltern hineinversetzen können. Stimmt! Aber genau aus dem Grund stellen sich uns doch die Fragen. Ich möchte wissen, wie die Generation meiner Eltern ihren Alltag in der DDR und in der Nachwendezeit erlebt hat. Diese Fragen stellen sich nicht allein aus generellem Interesse. Sie berühren mein Selbstverständnis unmittelbar. Denn diese Geschichte hat nicht nur gesellschaftlich große Veränderungen mit sich gebracht und meinen Eltern allergrößte Anstrengungen abverlangt, sie hat mich geprägt. Deswegen finde ich es hart, wenn Du schreibst, wir würden die Fragen der Wessis stellen. Nach meinem Verständnis bin ich deutlich dichter dran an den Erfahrungen von Irritation, Orientierungslosigkeit und Verwerfungen, die wir vielleicht nicht gemeinsam, aber zur gleichen Zeit gemacht haben. Nach meinem Verständnis habe ich einen leichteren Zugang als Westdeutsche zu den Erfahrungen meiner Elterngeneration in Wende- und Nachwendezeiten. Oder bilde ich mir das nur ein?

Du schreibst, dass Du über die Jahre eine Meisterin darin geworden bist, Deine ostdeutsche Herkunft zu kaschieren. Darin wird für mich deutlich und spürbar, wie unterschiedlich unsere Erfahrungshintergründe offensichtlich sind. Ich war zehn, als die Mauer fiel. Für Lebensentscheidungen aus DDR-Zeiten werden mir für gewöhnlich keine Rechtfertigungen abverlangt. Was an mich persönlich herangetragen wird, spielt sich in etwa in der Größenordnung der Frage ab, ob es denn sehr schlimm gewesen sei, einen Plattenbau zu bewohnen. Die Ignoranz und Überheblichkeit der Fragen, die der Generation meiner Eltern angetragen wird, kann ich nur erahnen … Und dabei hoffen, dass meine Fragen ohne sie auskommen.

Ich erinnere mich an das Gespräch mit einem Bekannten, der mir von den Techniken der Gewaltfreien Kommunikation erzählte. Der Begründer dieser alltagspraktischen Philosophie geht davon aus, dass alle Menschen grundsätzlich an einer gelingenden Kommunikation interessiert sind. Kommunikation wird jedoch durch nicht befriedigte Bedürfnisse (in der Vergangenheit), durch Ängste oder unterschwellige Anschuldigungen erschwert. Diese machen es beinahe unmöglich, Gefühle und Bedürfnisse klar zu kommunizieren. Klar in einer Weise, dass dem Gegenüber die Möglichkeit bleibt, damit zu machen, was ihm oder ihr gerade gut passt. Im Konfliktfall legt die Gewaltfreie Kommunikation deswegen nahe, den Blick zunächst auf die eigenen Gefühle zu richten, ohne dabei den anderen zu kritisieren oder Forderungen an ihn oder sie aufzustellen. Diesen Gedanken finde ich hilfreich. Wie meine Eltern die Fragen an sie verstehen, habe ich nicht in der Hand. Wie ich sie stelle schon.

Das Bild, das ich heute von mir selbst habe, ist nur schwer zusammenzubringen mit meiner vagen Vorstellung vom Leben meiner Eltern in der DDR. Es klafft da eine Lücke. Wie schaffen wir es, vor dem Hintergrund dieser Erfahrungen zu einem Dialog auf Augenhöhe zu kommen? Meine Hoffnung ist, dass der zeitliche Abstand und die Reflexion, die in den vergangenen Jahren stattgefunden hat, dazu beitragen können, das Gespräch erneut aufzunehmen. Nicht nur mit den eigenen Eltern, sondern auch mit der Generation der Elterngeneration. Denn diese

Geschichte ist mehr als nur eine private Erfahrung. Sie hat nicht nur Beziehungen im persönlichen Umfeld geprägt, sondern auch die gesellschaftlichen Rahmenbedingungen, in denen wir heute leben. Auch deswegen erscheint mir der Dialog so wichtig und notwendig. Deine Gesprächseinladung zumindest – trotz der Widerhaken und abwehrenden Gesten – ermutigt mich dazu sehr.

Blitzlicht

Andreas Wolf, 1972 in Halle/Saale geboren

Wie habe ich mit meinen Eltern über die DDR geredet? Sehr intensiv! Und ich habe dabei sehr unterschiedliche Perspektiven auf das Erlebte erfahren.

Mein Vater ist wenig gesprächig, meine Mutter hingegen sehr. Selbst vor der Wende haben wir zu Hause sehr offen über die unterschiedlichen Eindrücke, Konfrontationen und Erfahrungen geredet. Meine Eltern haben das Ende des Zweiten Weltkrieges noch als Kinder erlebt. Ich bin Jahrgang 1972. Dem Erleben nach fühle ich mich der Dritten Generation Ostdeutschland zugehörig. Dieser Umstand beschreibt auch die unterschiedlichen Sichtweisen zwischen meinen Eltern und mir.

Sie sind als Deutsche geboren und durch den Verlauf der Geschichte zu Bürgern der DDR geworden. Sie haben den Bau der Mauer erlebt, wollten an dem Wochenende des 13. August ursprünglich nach West-Berlin zu Verwandten fahren und sind nur durch einen privaten Zufall davon abgehalten worden. Möglicherweise wären sie danach dort geblieben. Für sie war die DDR nicht der »Normalfall«. Sie wuchsen mit Begriffen wie »Vaterland« auf, und meinten Deutschland. Ich bin ein Kind der DDR. Ein paar Tage nach der Wiedervereinigung bin ich 18 Jahre alt geworden. In der Geburtstagskarte von meinen Eltern war auch etwas von Wiedervereinigung unseres »Vaterlandes« zu lesen. Sofern dieser Begriff für mich überhaupt eine Bedeutung hat, hatte es ein paar Tage zuvor aufgehört zu existieren.

Mein Vater war selbstständig, meine Mutter hat die letzten Jahre bis zur Wende in der Kreisverwaltung bei der sogenannten Volksbildung gearbeitet. Sie musste daher auch lernen, mit dem für den Arbeitsalltag üblichen politischen Druck umzugehen. Unrecht anderen Menschen gegenüber ging nicht automatisch vom System aus. Erst falscher Ehrgeiz, Intoleranz und das Fehlen des gesunden Menschenverstandes begünstigten unrechtes Handeln. Unsere Gespräche zu Hause waren daher weder ablehnend noch bestätigend gegenüber den bestehenden Verhältnissen. Vorrangig ging es immer darum, wie die Menschen in unserem Umfeld mit den Ambivalenzen des Alltags umgingen. Zugegeben, auch eine für die DDR-Gesellschaft typische Doppelmoral machte vor unserer Familie nicht halt.

1987 durfte meine Mutter zu Verwandten nach Westdeutschland reisen. Nach ihrer Rückkehr bestand der Gesprächsstoff meiner Eltern überwiegend darin, wie toll dort alles sei. Neben einer Neugier auf das, was meine Mutter von ihren Eindrücken erzählte, verspürte ich aber auch eine gewisse Entfremdung. Ich merkte, es war nicht die Welt, in der ich lebte und leben würde, die hier gerade als erstrebenswert beschrieben wurde. Die überschwängliche Begeisterung für den Westen ging mir ganz schön auf die Nerven.

Trotzdem weckten diese Eindrücke in mir den Wunsch, mehr von der Welt zu sehen. Eine Brieffreundschaft nach Österreich verstärkte das. Meinen Eltern ging es mehr um den Westen Deutschlands. Mir ging es um andere, fremde Länder, die mir zu DDR-Zeiten nicht zugänglich waren. Westdeutschland war nur eins davon. Doch wären meine Eltern nie ein Risiko eingegangen, sich solche Wünsche zu erfüllen und die DDR zu verlassen. So waren sie auch im November 1989 sehr viel ängstlicher und zurückhaltender als ich, als es darum ging, sich in die lange Autoschlange in Richtung Westen einzureihen. Mein Enthusiasmus war jedoch gedämpfter als bei meinen Eltern, was den Beitritt der DDR zur Bundesrepublik betraf.

So offen wir über Eindrücke und Erlebnisse gesprochen haben, so unterschiedlich sind bis heute unsere Perspektiven darauf. Trotzdem habe ich in den letzten 26 Jahren immer wieder gespürt, wie sehr das Leben in der DDR auch meine Eltern geprägt hat. Ihre nachträgliche Beurteilung dieser Zeit schwankt daher zwischen strikter Ablehnung und Schönfärberei mit allen Zwischenstufen. Es ist bei ihnen der Stolz, auch in dieser Zeit gut zurechtgekommen zu sein und etwas geleistet zu haben. Teilweise ist es auch eine Trotzreaktion auf heutige gesellschaftliche Probleme. Diese verdrehte Perspektive schien mir vor der Wende bei ihnen unvorstellbar.

Blitzlicht

Kathrin Bahr, 1979 in Ost-Berlin geboren

Wir lebten damals in einer deutschen Siedlung in Beira, Mosambik. Meine Mutter nahm mich und meine Schwester des Öfteren auf Spaziergänge mit, die unter anderem auch an einer Bananenplantage vorbeiführten, dem gegenüber ein Gefängnis lag. Dieses Gefängnis hatte winzige Fenster, aus denen man die Hände der Gefangenen erkennen konnte, die uns zuwinkten. Als Kinder war es für uns schwer begreiflich, was dort vorging. Wir hatten nie zuvor ein Gefängnis gesehen und fanden es gruselig, Stimmen aus der Ferne zu hören, die uns zuriefen und sich mit uns unterhalten wollten …

Bevor ich 2007 in die USA gegangen bin, habe ich mich eigentlich nie richtig mit meinen Eltern über ihre Zeit in der DDR unterhalten. Meine Familie hat in den 1980er Jahren eine zeitlang in Mosambik, einem der sozialistischen Partnerstaaten in Afrika, gelebt, wo mein Vater mit einer Gruppe von anderen Eisenbahnern Mosambikanern geholfen hat, deren Eisenbahnnetz wieder aufzubauen. Ich war zwar immer an meinen eigenen Erinnerungen aus dieser Zeit interessiert, die ich von meinen Eltern bestätigt oder widerlegt haben wollte, nie aber an ihren Erinnerungen an diese Jahre im Ausland und nach ihrer Rückkehr, besonders die Wiedereingewöhnung in den Alltag.

Erst in den USA begann ich, mich intensiv mit meiner Herkunft zu beschäftigen. Hier waren die Menschen daran interessiert und stellten Fragen, die ich mir vorher nie gestellt hatte oder mir in Deutschland nie gestellt wurden, die mich aber auch, herausgelöst aus meiner deutschen Umgebung, Vieles hinterfragen ließen. So begann ich selbst kritische Fragen zu stellen, nun auch direkt an meine Eltern adressiert. Ich war überrascht, wie gern sie über ihre Zeit in Mosambik erzählten und begannen, mir von Ereignissen und Details zu erzählen, von denen ich vorher noch nie gehört hatte.

Was ich in den Gesprächen mit ihnen sicherlich gelernt habe, ist, dass ich mit meinem akademischen Wissen, aber auch mit Besserwisserei, bei ihnen nicht weit komme, sondern mir die

Zeit nehmen muss, ihnen zuzuhören, egal ob ich nun dieselbe Meinung vertrete oder nicht. Es sind Zeitzeugenberichte, die wir so nicht wieder hören und die nie in den öffentlichen Diskurs gelangen werden. Ich denke, gerade als Tochter oder Sohn hat man die Möglichkeit viel intensiver fragen zu können, denn ich finde in der Generation meiner Eltern viel Frustration und den Verdacht, die Wörter im Mund herumgedreht zu bekommen. Fotos sind eine gute Methode, die Eltern zum Reden zu bekommen, sie können damit ihre Erinnerungen schwelgen lassen. Durch unsere Gespräche habe ich es geschafft, meine Eltern davon zu überzeugen, Einsicht in ihre Stasi-Akten zu nehmen. Die Beantragung war ein großer Schritt in Richtung der eigenen Vergangenheitsbewältigung und wird sicherlich noch einmal spannend, wenn sie die eigentlichen Akten einsehen können. Ich möchte dann dabei sein und ihnen die Möglichkeit geben, darüber reden zu können und mir über den Hintergrund der jeweiligen Observationen zu berichten. Es ist auch meine Geschichte, die ich viel zu lange versucht habe zu vergessen. Nicht weil ich es wollte, sondern weil die Zusammenführung der beiden deutschen Staaten auf mich als Kind hereinstürzte, eine Anpassung und Neufindung mit sich brachte und keine Zeit bot, sich mit Vergangenem auseinanderzusetzen. Mit der gegebenen Ruhe, Interesse und dem räumlichen Abstand habe ich nun die Möglichkeit das aufzuholen.

Über den Arbeitsalltag

Ein Tochter-Vater-Gespräch zwischen Wolfgang Neumann, 1947 in Steinbeck/Mecklenburg geboren, und Claudia Liebenberg, 1976 in Karl-Marx-Stadt (heute Chemnitz) geboren

Ich habe bei euch, meinen Eltern, eine Rollenaufteilung erlebt, die eigentlich in der DDR nicht üblich und eher im Westen verbreitet war: Die Mutter bleibt mehrere Jahre zu Hause und betreut die Kinder, während der Vater morgens zur Arbeit geht und nachmittags wiederkommt. Für mich war das als Kind ganz normal. Während es für mich heute als Mutter normal ist, in Teilzeit berufstätig zu sein. Für mich war es damals kaum nachvollziehbar, was du konkret gemacht hast. Auch heute ist ja die Arbeit der Eltern oft für kleine Kinder etwas Abstraktes. Ich wusste eigentlich nur, dass du als Ingenieur in einem Büro arbeitest. Erzähl mal!

Unser Ingenieurbüro in Karl-Marx-Stadt war Teilbetrieb eines Kombinats, dessen Kombinatsleitung in Berlin saß. Zu dem Kombinat gehörten Betriebe, die über die ganze DDR verteilt waren. Unser Ingenieurbüro erstellte Planungsleistungen für all diese Betriebe. Im Büro waren alle erforderlichen Fachplaner, angefangen von Technologen über Elektroingenieure, Heizungs- und Lüftungsspezialisten sowie die Baugruppe, der ich angehörte. Durch diese verschiedenen Fachkräfte war eine komplexe Bearbeitung der Aufgaben mit hoher Effizienz möglich. So habe ich alles, was erforderlich war, planen können: Tief- und Wasserbauten mit Stützwänden, Maschinenfundamenten, Schornsteinen und Kranbahnen bis hin zu Lagerhallen.

Ich erinnere mich, dass du häufiger für einen Tag eine Dienstreise gemacht hast, öfters nach Berlin. Davon haben wir profitiert, denn in der Hauptstadt gab es Dinge zu kaufen, die in Karl-Marx-Stadt nicht erhältlich waren.

Ja. Wenn ich den Antrag für eine Dienstreise nach Berlin ausfüllte, habe ich grundsätzlich als Reiseziel »Berlin, Hauptstadt der DDR« hineingeschrieben. Ich wurde eines Tages von der

Betriebsleitung angesprochen, ob ich damit provozieren wolle. Dieser Unfug war wohl sogar guten Genossen zu dick aufgetragen. Natürlich wollte ich hier etwas aufmüpfig sein, konnte das aber nicht zugeben und so erklärte ich, dass das doch wohl die korrekte Bezeichnung sei und ich mir nicht unterstellen lassen möchte, dass damit etwa West-Berlin gemeint sei.

Selbst auf dem Ortseingangsschild von Ost-Berlin war diese Albernheit so zu lesen. So etwas gab es in keinem anderen Staat der Welt. Man stelle sich nur ein Ortseingangsschild vor: London, Capital of the United Kingdom!

Nachteilig waren die großen Entfernungen der einzelnen Betriebe, die überwiegend mit öffentlichen Verkehrsmitteln bewältigt werden mussten. Darum wurden die Zielorte aufgeteilt. Ich wurde hauptsächlich nach Berlin geschickt. Das war wegen der Reisezeit von dreieinhalb Stunden Bahnfahrt recht aufwendig. Aber es hatte auch den Vorteil, dass man in Berlin, dem »Schaufenster der Republik«, Waren einkaufen konnte, wenn Zeit dazu blieb, die sonst im ganzen Land nur sehr selten zu finden waren: Südfrüchte, feiner Käse, Kasslerbraten, Heilbutt, Ungarische Salami und vieles mehr. Um sechs Uhr morgens fuhr der Zug nach Berlin-Lichtenberg. Gegen elf Uhr war ich in dem jeweiligen Teilbetrieb. Die Entfernung des Planungsbüros zum jeweiligen Produktionsbetrieb brachte auch andere Schwierigkeiten mit sich. Bevor die Planung erstellt werden konnte, musste genau Maß genommen werden. Man durfte nichts übersehen oder vergessen, sonst blieb einem meist nichts anderes übrig, als noch einmal hinzufahren. Denn einen Kollegen im dortigen Betrieb per Telefon damit zu beauftragen, machte das Durcheinander meist schlimmer.

Einmal konnte ich diesen Umstand auch zu Gunsten unserer Familie nutzen: Deine Mutter rief mich an, dass ihr Kinder starken Durchfall hättet, ich solle doch versuchen irgendwie Bananen zu besorgen, die gequetscht das beste Gegenmittel seien.

Tja, in ganz Karl-Marx-Stadt, außer vielleicht bei den Genossen der SED-Bezirksleitung, gab es aber keine Bananen. Also habe ich meinem Chef erklärt, dass ich dringend für den weiteren Verlauf der Planung ein paar Maße in Berlin aufnehmen müsse. Zustimmung wurde erteilt und so konnte ich am nächsten Tag in der »Acker-Halle« (Großkonsum in der Invalidenstrasse) die exotischen Früchte kaufen. Die Rückreise von Berlin gestaltete sich wie üblich: alle Dienstreisenden bestiegen hochbepackt mit diversen Taschen und Beuteln, gefüllt mit all den begehrten Dingen, die heimfahrenden Züge.

Gleichzeitig waren die Grenze und die Teilung Deutschlands in Berlin viel deutlicher spürbar als zum Beispiel bei uns in Karl-Marx-Stadt. Wie hast du das auf deinen Reisen empfunden?
Einmal musste ich in einem Betrieb direkt an der Mauer eine Planung erarbeiten. Aufgrund dieser Lage brauchte man zum Betreten dieses Betriebes einen Passierschein der heimatlichen Meldestelle. In diesem Betrieb sollten Maschinenumsetzungen erfolgen und daher mussten Maschinenfundamente einschließlich aller Medienleitungen und Abwasseranschlüsse erneuert werden. Direkt nach Betreten des Betriebsgeländes und der Kontrolle durch den Betriebsschutz musste man sich zuerst beim Technischen Direktor vorstellen, der mit seinen Mitarbeitern unser Ansprechpartner war. Ich ging also in sein Büro und konnte ihm gegenüber am Schreibtisch Platz nehmen. Da raschelte es unter dem Tisch und ein großer Hund kam hervor, der mich ausgiebig beschnüffelte. Danach und nach dem Gehabe des Direktors war mir klar, dass er ein ausgedienter Offizier der Volksarmee war, den man an diesem sensiblen Ort an der Staatsgrenze eingesetzt hat.

Nach Besichtigung der Werkräume, in denen die Maschinen aufgestellt werden sollten, fragte ich, wohin denn das Abwasser eingeleitet werden soll. »Nun«, antwortete man mir, »hier ist der Einleitpunkt und dann fließt es irgendwohin nach West-Berlin.«

Im Keller fand ich einen gefangenen Raum, der nur über einen anderen Raum erreicht werden konnte. Das bedeutet, wenn sich jemand in diesem Raum befindet und der Zugang zum anderen Raum aus irgendwelchen Gründen versperrt ist, muss er aus Sicherheitsgründen die Möglichkeit haben, sich selbst zu befreien. Dies teilte ich dem zuständigen Sicherheitsverantwortlichen mit. Dieser ließ in den nächsten Tagen eine Spitzhacke aufhängen. Die Hacke hing noch gar nicht richtig, da wurde er auch schon vor den zuständigen Offizier des dortigen Grenzabschnittes zitiert, ob er etwa mit dieser Hacke Hilfe zur Republikflucht beabsichtige. Schnellstens wurde der alte Zustand wiederhergestellt, denn die globale Sicherheit des Staates und seiner Bürger hatte immer Vorrang vor technischer Sicherheit.

Ist ja verrückt! Und wie hast du insgesamt die Atmosphäre in Berlin erlebt?
Berlin war immer ein bedrückendes Erlebnis. Wenn man mit der S-Bahn in die Stadt fuhr, über die Stationen Plänterwald oder Warschauer Straße, hatte man einen guten Blick nach West-Berlin. Dann fragte man sich unwillkürlich, warum darfst du diese wenigen Meter nicht in den anderen Teil der Stadt zurücklegen? Einfach mal so, bloß um sich mal umzuschauen. Extrem war das auch am Bahnhof Friedrichstraße, wo die beiden Bahnsteige für die DDR-Bürger von denen der Ausreisenden durch eine raumhohe Blechwand abgeteilt waren. Man hörte die Stimmen und Ansagen von der anderen Seite. Aber gefühlt war es weiter als bis zum Mond. Selbst der Stadtplan zeigte nur die Straßen und Gebäude auf dem »demokratischen« Sektor der Stadt. An den Stellen, wo West-Berliner Territorien am Rand erschienen, waren nur grüne Flächen und bestenfalls ein paar unbenannte Hauptstraßen zu erkennen. Also Ödnis? Doch die Leuchtreklamen und Bauwerke, die man in Grenznähe erspähen konnte, widersprachen dem gewaltig.

Sicher hast du eine innere Sehnsucht verspürt zu erleben, wie es drüben so aussieht und zugeht? Das war sogar für mich als Kind ein Thema, als ich ungefähr acht war. Je älter ich wurde, je mehr ich über die DDR und den »goldenen Westen« erfuhr, desto stärker erhärtete sich in mir der Vorsatz, in den Westen auszuwandern, sobald ich 18 Jahre alt sein würde. Ich erinnere mich, dass diese Aussagen meine Mutter sehr betrübten. In meinem jugendlichen Freiheitsdrang hatte ich noch keine Ahnung von den Repres-

salien, die man durchmachte, ehe der Ausreiseantrag genehmigt war und davon, dass man danach seine Eltern und engsten Vertrauten über lange Zeit nicht wiedersehen durfte. Das hatte meine Mutter sehr wohl im Blick. Zum Glück kam kurz vor meinem 13. Geburtstag die Wende und alles wurde anders. Aber du musstest auf die Wende warten, bis du 42 Jahre alt warst.

Was die Reisefreiheit betrifft, war man irgendwie apathisch geworden. Absurderweise zählte man die Jahre, bis man Rentner wurde, weil man dann in den Westen reisen durfte. Ob man es dann auch noch konnte, das stand auf einem anderen Blatt. Rentner erhielten üblicherweise die Genehmigung ins NSW (Nicht Sozialistisches Wirtschaftsgebiet), insbesondere nach Westdeutschland reisen zu dürfen. Man wäre staatlicherseits nicht unglücklich gewesen, wenn sie auch dort geblieben wären, hätte dies doch zur Entlastung der Sozialkassen geführt. Andererseits waren diese Rentnerreisen auch ein wirtschaftlicher Faktor. Es war nicht unbeträchtlich, was die Westreisenden an geschenkten Waren importierten. Zwar konnten die Reisenden bei ihrer Ausreise nur zehn Mark der DDR, immerhin zum Kurswert 1:1 in zehn Westmark umtauschen, ansonsten waren sie aber auf die Großzügigkeit ihrer Verwandten und Bekannten im Westen angewiesen. Bei der Einfuhr dieser Waren gab es natürlich strenge Kontrollen, damit keine Dinge eingeschleust wurden, die dem Selbstverständnis der DDR widersprachen, wie etwa Zeitschriften und andere Druckerzeugnisse oder Tonträger. Die Grenzkontrollen erfolgten in einer Atmosphäre der Angst. Erst wenn der Zug wieder rollte, gab es ein allgemeines Aufatmen und viele redeten sich den Frust von der Seele. Gut erinnerlich sind mir Reisen meiner Mutter nach Westdeutschland. Erschütternd und einfach unvorstellbar war dann für uns ihre zusammenfassende Aussage über die Einkaufsverhältnisse in Westdeutschland: »Es gibt immer alles!«

In der DDR herrschte Vollbeschäftigung. Das bedeutete offenbar aber nicht, dass immer alle voll beschäftigt waren. Zumindest nicht immer nur mit beruflichen Dingen. Ich erinnere mich, dass du manchmal von der Arbeit nach Hause kamst und im Ge-

päck besondere Einkäufe hattest, die du während der Arbeitszeit »ergattern« musstest, weil sie sonst ausverkauft gewesen wären.
Ja, so war das, und auch ich war keine Ausnahme. Wenn sich herumsprach, im Gemüseladen an der nächsten Ecke gibt es Bananen oder Pfirsiche, dann gab es kein Halten.

Überhaupt, die Arbeitsmoral! Die Arbeitszeit betrug 43,75 Stunden die Woche, womit bei der Fünf-Tage-Woche 8,75 Stunden pro Tag entfielen, dazu noch zwei Pausen, 15 Minuten Frühstück und 30 Minuten fürs Mittag. Flexible Arbeitszeiten gab es damals nicht. Arbeitsbeginn in unserem Büro war 6:45 Uhr und Feierabend 16:15 Uhr. Bei uns gab es keine Zeiterfassungsgeräte, und so hatten die Gruppen- und Abteilungsleiter einen täglichen Kampf mit den Mitarbeitern um einen pünktlichen Arbeitsbeginn zu führen. Nur mittwochs kamen alle pünktlich. Grund war die Pausenversorgung, für die die beliebte Frau Fritzsch eingestellt worden war. Sie bereitete exzellent belegte Brötchen und mittwochs briet sie Beefsteaks. Die Bestellung für das Frühstück musste zu Arbeitsbeginn abgegeben werden. Also hatte derjenige Erfolg, einen dieser begehrten Klopse zu ergattern, der am zeitigsten, möglichst noch vor Arbeitsbeginn seine Bestellung abgegeben hatte. Die Betriebsleitung war Frau Fritzsch außerordentlich dankbar für diese erfolgreiche »Disziplinarmaßnahme«!

Vielleicht waren zu DDR-Zeiten Privat- und Arbeitsleben viel stärker vermischt als heute? Man machte während der Arbeitszeit Privatbesorgungen, aber war auch außerhalb der Arbeit stärker verpflichtet, sich für die Gemeinschaft zu engagieren.
Gesellschaftliche Arbeit im Ehrenamt, natürlich größtenteils während der Arbeitszeit, das war ein Muss. Selbstverständlich war die Mitgliedschaft und Zahlung der Beiträge im FDGB (Freier Deutscher Gewerkschaftsbund) sowie in der DSF (Deutsch Sowjetische Freundschaft). Die Parteimitglieder der SED (Sozialistische Einheitspartei Deutschlands) mussten neben den Parteiversammlungen das Parteilehrjahr besuchen, während alle anderen zur »Schule der sozialistischen Arbeit« gehen mussten. Ansonsten wurde erwartet, dass man noch

weitere Pöstchen übernehmen sollte. Auch mich als stellvertretenden Gruppenleiter hat man oft bedrängt, mich doch mehr gesellschaftlich zu engagieren. Also ließ ich mich breitschlagen und wurde zur Gewerkschaftsversammlung als einziger Kandidat in die Betriebsgewerkschaftsleitung als Kulturfunktionär gewählt. Alle anderen atmeten auf, dass es nicht sie erwischt hatte. Ich aber dachte mir, hier kann man unter dem politischen Mäntelchen für die Kollegen doch eine Menge Interessantes und Wertvolles organisieren. Jeder Betrieb hatte in seiner Finanzplanung den sogenannten Kultur- und Sozialfonds. Da es vielen an Ideen fehlte, wurde der Fonds kaum ausgeschöpft. Mir fiel da schon so einiges ein. Als erstes bot ich den Kollegen ein kostenfreies Theateranrecht an.

Die Situation wurde immer schwieriger. Das spürte ich auch als Kind, weniger die materielle Situation, sondern die Spannung, die in der Luft lag. Und auch diese Doppelzüngigkeit, die zum Beispiel in der Schule herrschte. Ich war eine gute Schülerin, wusste dann aber auch, dass ich in der DDR nie hätte studieren dürfen, ohne Pionierin oder FDJlerin gewesen zu sein. Und so war die Wende für mein eigenes Leben auch eine entscheidende persönliche Wende. Ich habe studiert, in England, Österreich und Belgien gelebt, was vorher undenkbar gewesen wäre. Aber du hattest 1989 ja schon eine gesicherte berufliche Existenz, und wir waren eine fünfköpfige Familie. Wie hast du die Wende empfunden – politisch, beruflich und persönlich?

Das zweite Halbjahr 1989 ist für mich immer noch eine Zeit der Unruhe, des Aufbruchs und unendlich vieler nachhaltiger Eindrücke. Es begann mit den Kommunalwahlen am 7. Mai, mit den angeblich 98,85 Prozent Ja-Stimmen, worüber langsam bekannt wurde, dass das Ergebnis gefälscht worden war. Es waren für DDR-Verhältnisse eben doch eine ganze Anzahl Nein-Stimmen abgegeben worden. Wahlen in der DDR waren nur eine Zustimmung zu den auf dem Wahlzettel aufgestellten Kandidaten. Der Zettel wurde einfach in die Wahlurne geworfen und galt damit als Ja-Stimme. Im Volksmund wurde die Wahl deshalb auch als »Zettelfalten« bezeichnet. Eine Nein-Stimme wurde nur erreicht, wenn man alle Kandidaten einzeln auf dem Wahlzettel durchgestrichen hätte. Dazu musste die vorhandene Wahlkabine genutzt werden und schon war allgemein bekannt, wer der Bösewicht war, um den man sich da doch mal kümmern müsste. Im Sommer 1989 war es bedrückend, wie viele die DDR verlassen wollten und die Botschaften der Bundesrepublik in Warschau, vor allem aber in Budapest und Prag aufsuchten, um ihre Ausreise zu erzwingen. Es gab für viele keine Perspektive mehr in ihrem Land.

Ein großer Umbruch kam in der ersten Hälfte des September mit dem Gründungsaufruf »Aufbruch 89 – Neues Forum« vom 10. September 1989. Dieser wurde von vielen vervielfältigt, und ich erinnere mich, dass auch meine Mutter dieses Papier auf der Schreibmaschine abgeschrieben hat. Dieses hing dann auch (von unbekannter Hand …) an der Wandzeitung meines Betriebes. Die Wandzeitung wurde auf einmal interessant. Anstatt Lobhudeleien auf den Sozialismus waren dort nun Artikel mit Problemen zu lesen, die uns allen auf den Nägeln brannten. Keiner traute sich diese Beiträge abzunehmen, und die Betriebsleitung hielt sich auffällig im Hintergrund. Auf Fragen, wie es in unserem Land weitergehen solle, antworteten die führenden Genossen mit einem Achselzucken. Die spätere Ablösung Honeckers durch Egon Krenz am 18. Oktober 1989 brachte die Lage nicht weiter. Allmählich eskalierte die Situation.

Stimmt, das war ja auch die Zeit, als ich am Staffellauf zum Republik-Geburtstag in der Innenstadt von Karl-Marx-Stadt teilnehmen sollte! Kannst du dich daran noch erinnern?

Ja. Am 7. Oktober war der 40. Republik-Geburtstag der DDR. Dazu sollten einige Schüler an einem Staffellauf in der Stadt teilnehmen. Das hatte ich dir verboten und dem Schuldirektor eine entsprechende Entschuldigung geschickt mit folgendem Text: »Infolge der angespannten politischen Lage bin ich als Erziehungsberechtigter um die Sicherheit meiner Kinder besorgt und werde ihnen daher nicht erlauben, an diesem Wochenende an Veranstaltungen in der Innenstadt teilzunehmen.« Und tatsächlich, am 7. Oktober erfolgte ein brutaler Polizeieinsatz mit Helmen, Schilden und Schlagstöcken gegen einen Demonstrationszug. Eine Anzahl wurde auch »zugeführt«, was im Sprachgebrauch der Sicherheitsorgane Verhaftung bedeutete. Danach kamen immer mehr Menschen zu Treffen, vor allem in Kirchen. Die Lutherkirche war überfüllt und auch draußen war eine große Menschenmenge. Die Veranstaltung wurde mit Lautsprechern ins Freie übertragen. Auch wir waren nicht mehr in die Kirche hineingekommen und sahen ringsum zwischen den Mitstreitern die unaufällig-auffälligen Genossen der Stasi, erkennbar an ihren bräunlichen oder grauen Windjacken im Blousonschnitt, ausgerüstet mit Nylonbeuteln in denen sich in Schirmform die teleskopierbaren Schlagstöcke abzeichneten. Zum Glück blieb alles friedlich, und aus diesen Zusammenkünften entwickelten sich Anfang November auch in Karl-Marx-Stadt die Montagsdemos.

Ich erinnere mich an einige Montagsdemos. Die Sprechchöre, die Route, die wir durch die Innenstadt gelaufen sind und dann die langen Reden, die direkt vor dem Karl-Marx-Kopf in der Innenstadt gehalten wurden. Davon verstand ich noch nicht viel, aber ich hatte das Gefühl, Teil einer wichtigen Umbruchzeit zu sein. Ein bisschen Angst hatte ich auch. Stand da vielleicht doch jemand versteckt mit Waffen? Zum Glück blieb in meinem Beisein immer alles ruhig. Wie hast du diese Zeit beruflich erlebt?

Beruflich wurde es für mich eine turbulente Zeit. Ich erkannte, dass das Planungsbüro keine Zukunft mehr hatte. Andere Kollegen hatten schon gekündigt und einer riet mir, mit zum VEB Minol zu kommen. Ich dachte mir, getankt werden muss immer und nun werden sicher nicht mehr nur poplige Tankstellen gebaut, sondern Stationen mit mehreren Tanksäulen, Waschanlagen und Tankshops. Dafür braucht man sicher gute Planer. Also habe ich Ende Oktober 1989 auch gekündigt und im Februar 1990 beim VEB Minol in der Bauplanung begonnen. Die Euphorie war groß. Ich bin gleich zu Beginn nach West-Berlin gefahren und habe dort Tankstellen-Stationen als Vorbilder fotografiert. Als ich den Tankstellenpächter um Erlaubnis bat, seine Tankstelle zu fotografieren, schaute er mich ganz verständnislos an. Ihm war es ziemlich egal. In der DDR hätte man mein Ansinnen bestimmt als Spionage oder Vorbereitung zur Sabotage ausgelegt.

Bald stellte ich fest, dass ich beruflich vom Regen in die Traufe gekommen war. Es zeichnete sich ab, dass auch der VEB Minol bald abgewickelt werden würde und meine Zukunft düster aussah. Auf viele Bewerbungen, die ich damals geschrieben habe, bekam ich – wenn überhaupt – nur Absagen. Im Mai 1990 war ich total demoralisiert und gesundheitlich angeschlagen. Ich meldete mich krank. In dieser Zeit kam auf einmal ein Bekannter auf mich zu und meinte: »Mein Schwager ist Personalchef im künftigen Landratsamt, und sie suchen dort noch einen Baudezernenten. Alle anderen Dezernentenstellen einschließlich des Landrates sind schon besetzt. Du bist doch vom Fach, parteilos und nicht DDR-belastet. Bewirb dich mal!« Als ich mich dort vorstellte, schien man zufrieden mit mir. Auf meine drängende Frage, was ich denn so als Baudezernent zu tun hätte, antwortete man mir: »Tja, so genau wissen wir das auch nicht. Wir sind ja alle Anfänger.« Ich wurde vom Kreistag gewählt und bezog am 1. Juli 1990 mein Arbeitszimmer, das vormalige Büro des DDR-Kreisbaudirektors. Es war ein Start von 0 auf 100 – und er gelang, auch dank der Unterstützung des Partnerlandkreises in Westdeutschland. In den vier Jahren bis zur Kreisreform und der damit verbundenen Auflösung des Landkreises konnten wir neben den Routineaufgaben, wie die Erteilung von Baugenehmigungen, auch große Bauvorhaben realisieren, wie den Bau eines Kreiskrankenhauses, eines Gymnasiums und einer Berufsschule und weitere. In der DDR wurden viele Bauplanungen aus verschiedenen Gründen nie ausgeführt, jetzt aber sah man den Erfolg seiner Arbeit. Das war zutiefst befriedigend.

Du wirktest in der neuen Tätigkeit auch sehr zufrieden. Kurz nach deinem Start hielten in unserem Haushalt auf einmal eine Geschirrspülmaschine und eine Mikrowelle Einzug. Der Westen war bei uns angekommen. In den Geschäften gab es mehr und mehr Westwaren, ich reiste zum ersten Mal mit Mutti über die

Grenze – nach Coburg in den Westen. Und ich war natürlich sehr stolz auf dich, meinen Vater, der nun Baudezernent war. Viele meiner Klassenkameraden hatten Eltern, die arbeitslos geworden waren und viele Sorgen hatten. Das blieb uns erspart, und ich bin sehr froh, wie alles gekommen ist. Die Wende war eine große Erleichterung für uns. Danach ist unsere Familie noch einmal so richtig aufgeblüht.

Blitzlicht

Daniel Kubiak, 1982 in Ost-Berlin geboren

Meine Erfahrungen mit meiner Elterngeneration sind sehr unterschiedlich. Zum einen gibt es meine eigenen Eltern. Meine Gespräche mit ihnen über ihre Erfahrungen in der DDR haben sich in den letzten 25 Jahren stark verändert. Als Kind habe ich an ihrem eher positiven Bild über das Leben in der DDR partizipiert. Gespräche innerhalb der Familie handelten meist davon, dass es viel Schönes in der DDR gab, und meine Eltern hatten eher ein negatives Bild von den Wessis. Auch ich habe wirklich intensiven Kontakt zu Westdeutschen erst durch meine Ausbildung und dann vor allem durch mein Studium herstellen können. Meine Schulzeit war geprägt von ostdeutschen MitschülerInnen und LehrerInnen. Nur der Direktor und die Englischlehrerin waren aus dem Westen. So plump der Satz klingt, kann ich aber heute sagen: Einige meiner besten Freunde sind Westdeutsche. Das war nicht immer selbstverständlich.

Durch diese neuen Kontakte und der verstärkten, objektiveren Beschäftigung mit Geschichte und Gegenwart von Ostdeutschland sowie Mittel- und Osteuropa haben sich auch meine Gespräche mit meinen Eltern verändert. Mittlerweile nehme ich oft die Position des Wessis ein, der sich kritisch mit dem Staats- und Gesellschaftsgefüge der DDR auseinandersetzt und über die Ambivalenzen des Systems immer mehr wissen will. Gleichzeitig bin ich in Gesprächen mit Westdeutschen eher der Ossi, der einfordert, die DDR differenziert und nicht nur als Unrechtsstaat zu betrachten. Ich verteidige dann das Leben der DDR-Bürger und meine damit auch meine Eltern. So ist es aber bisher in meiner Familie allgemein noch nicht zu befriedigenden Gesprächen über die Vergangenheit gekommen. Gleichzeitig habe ich aber mit anderen Vertretern der Elterngeneration, die nicht mit mir verwandt sind, schon sehr anregende und tiefgehende Gespräche über deren Ost-Vergangenheit geführt. Vor allem nach dem Artikel in der *Zeit*, in dem Hans-Joachim Maaz die Dritte Generation aufforderte, endlich mal Fragen an ihre

Elterngeneration zu stellen, kamen einige von ihnen auf mich zu und forderten: »Nun fragt doch endlich mal!« Teilweise fiel es mir aber auch hier nicht leicht, die richtigen Fragen zu stellen oder auf die Antworten wirklich einzugehen, weil das Verhältnis für die intimen Fragen dann doch nicht nah genug war.

Ich bleibe also weiterhin mit einer gewissen Ratlosigkeit zurück, wie ein Gespräch mit meinen Eltern und ihrer Generation gut funktionieren kann. In meiner Wahrnehmung haben meine Eltern in den letzten 20 Jahren erleben müssen, dass einige Ansichten über die DDR nicht ausgesprochen werden dürfen oder sind sie ausgesprochen, falsch verstanden werden. Mein Vater sagte mir schon ganz direkt, dass er sich nicht sicher sei, ob es gut ist, wenn ich bei ihm jetzt häufiger zu seinem Leben in der DDR nachfragen würde. Diese Vorbehalte können ihm sicherlich nur durch eine allgemein behutsamere und differenziertere Beschäftigung mit der DDR genommen werden. Dies sollte ein gesellschaftlicher Mainstream werden. Ich als Sohn allein kann das nicht leisten. Das wird mir mit den Jahren immer bewusster. Das sonderbare Schweigen hält also an.

Am Küchentisch

Axel Watzke, 1975 in Ost-Berlin geboren,
spricht mit seinen Eltern über sozialen Zusammenhalt
und was davon bleibt

Zuerst fiel mir auf, wie wenig über die DDR-Zeit und die Wende in unserer Familie gesprochen wurde. Dabei wird am Esstisch oft leidenschaftlich über Politik und die Welt diskutiert. Aber DDR und Wende sind irgendwie vom Radar verschwunden und tauchen eher anekdotenhaft auf. In meinem Kopf schwirrten immer drei Geschichten herum, die als Paradebeispiele für die Zeit vor 1989 herhalten mussten, wenn das Thema im Freundeskreis aufkam. Die erste Geschichte dreht sich um den Hausbau meiner Eltern. Mein Vater und zwei befreundete Bauingenieure bauten ein Reihenhaus, das so gar nicht nach DDR-Mangelwirtschaft aussah. Ich erzählte immer, wie von der Baustelle für das Bettenhaus der Charité Fenster verschwanden und sich plötzlich im Haus meiner Eltern wiederfanden: Dreifachverglasung, Holz und Messing. Aus Schweden importiert. Und dass die Handwerker in Trabant-Zylinderkopfdichtungen bezahlt wurden, weil die Goldstaub waren. Die zweite Geschichte ging so: Immer kurz vor 19 Uhr klingelte es an der Tür und unser Nachbar aus der Wohnung über uns stand ganz zufällig davor. Wir wohnten in einem Plattenbau, und es war bekannt, dass ganz oben, also über der Wohnung unseres Nachbarn ein Stasi-Mann wohnte. Mein Vater schaute immer die *heute*-Nachrichten, Westfernsehen war in Ost-Berlin Standard. Unser Nachbar wusste, dass der Stasi-Mann horchen würde, denn über die schlecht isolierten Heizungsrohre verteilte sich der Schall in Plattenbauten hervorragend. Also besuchte unser Nachbar uns – wirklich zufällig – jeden Abend. Und gemeinsam wurde ZDF geschaut.

Die dritte Geschichte kreist um die Republik-Flucht der Freundin meines Vaters, bevor er heiratete. Am Vorabend der Flucht wurde gefeiert, und im Rückblick scheint es, dass alle Bescheid wussten, nur mein Vater nicht. Am nächsten Abend kam mein Vater in die Wohnung seiner Freundin: sie war versiegelt.

Die Stasi nahm ihn mit für ein Verhör, denn schließlich muss der Freund der Flüchtigen ja etwas gewusst haben.

Ich interviewte meine Eltern, und es stellte sich heraus, dass keine der drei Geschichten wirklich stimmt. Sie waren über die Jahre umgebaut, dramatisiert und mit anderen Erinnerungen verwoben worden. Dazu später mehr.

Im September 2015 fragte ich das erste Mal meine Eltern nach einem Interview. Meine Mutter erwiderte gleich, da gäbe es nichts Spannendes zu erzählen. Wir wären ja so richtig normale Bürger gewesen. Weder Opposition noch auf der Parteilinie. Keine Kader, keine Verwicklungen. Aber einmal auf dem Tisch, stand das Thema von nun an immer im Raum. Andeutungen wurden gemacht, dass ein Nachbar unerwartet bei der Stasi gewesen war, man dennoch nicht den Kontakt abbrechen wollte. Die Gemeinschaft, eine dörfliche Einheit mitten in Berlin, sei wichtiger als alte Rechnungen zu begleichen.

Meine Mutter übergab mir wenig später eine Art Kollektiv-Protokoll, in dem ihre Kollegen die Leistungen des Übersetzer-Kollektivs dokumentiert hatten. Das Konvolut ließ mich etwas fassungslos ob der Absurdität der Sprache (konterrevolutionäre Elemente etc.) zurück.

Unser Interviewtermin wurde immer wieder verschoben. Bei einer Geburtstagsfeier waren viele Nachbaren anwesend, und die Männer überboten sich mit abenteuerlichen Geschichten vom Bau des Palasts der Republik, des Hiltons am Gendarmenmarkt und der Charité. Ich fühlte mich plötzlich wie der Enkel, der den Zweiten-Weltkriegs-Geschichten seines Opas lauscht. Eine offene Atmosphäre entstand. Einige Nachbarn berichteten vom Schock nach dem Lesen ihrer Stasi-Akten. Und ich wusste nicht einmal, ob meine Eltern eine Akte hatten oder nicht. Hatten sie ihre Akten gelesen? Und wenn ja, was stand drin?

Welcher Unterschied war der größte im Alltag im Vergleich zwischen heute und der DDR-Zeit?

Kurt Watzke: Natürlich die Freiheit, von der wir total überrascht wurden. Man konnte alles neu machen. Musste alles neu lernen, alles neu erfinden. Aber mit der Freiheit kam der Wettbewerb, der Leistungsdruck. Neue Regeln. Auch beim Eigentum. Unser Volkseigentum wurde ja nicht ans Volk verteilt. Im Gegenteil. Das hatte ich irgendwie erwartet. Man musste das Eigentum, das man besaß, erneut erwerben. Wie unser Haus. Wir mussten es zwei Mal kaufen, in der DDR und noch mal nach der Wende. Da kam das Land Berlin auf mich zu und sagte: Du musst das Grundstück noch mal kaufen – zu unseren Bedingungen! Keine Verhandlung, nichts. Die sagten: Wir haben Schiss vor dem Bund, vor Erbengemeinschaften, vor neuen Gesetzen. Und deswegen sichern wir uns ab, damit wir kein Problem kriegen. Wir schreiben dir einfach eine Hypothek ins Grundbuch. Entweder bezahlen zum halben Verkehrswert oder das Grundstück samt Haus geht ans Land. Der Frust war da natürlich riesengroß.

Was ich empfunden habe, war eine Art Ranschmeißen. Plötzlich waren alle immer schon gegen die DDR gewesen. Oft auch Menschen, die sich in der DDR ganz gut eingerichtet hatten. Und aus dem Westen betrachtet – wo ja die meisten dachten, dass 17 Millionen Bürger bei der Stasi oder mindestens in der Partei waren – muss das ja etwas komisch gewirkt haben. Also wurden alle über einen Kamm geschoren.

Cornelia Watzke: Das Gleiche machst du ja jetzt auch, indem du sagst, dass alle aus dem Westen das gedacht hätten …

Kurt Watzke: Ich gebe ja nur das Gefühl von damals wieder.

Cornelia Watzke: Ja, das ist aber immer das große Problem: Es wird kaum differenziert. Im Privaten hat sich eigentlich nicht viel geändert. Der Zusammenhalt blieb, nur im Beruf wurde der Leistungsdruck enorm. Viele verloren ihre Arbeit.

Kurt Watzke: Es gab noch einen Effekt: Wir empfanden die D-Mark als ein Privileg. Plötzlich warst du mehr wert in der Welt. Vorher warst du nur DDR-Bürger, aber als »Deutscher« hast du einen ganz anderen Status.

Gibt es etwas, das hätte bewahrt werden sollen?

Kurt Watzke: Schade ist, dass sich das Denken komplett nach Westen ausgerichtet hat. Bezogen auf die Beziehungen zwischen

Freunden, Nachbarn, Kollegen. Die Marktwirtschaft empfand ich als gut – heute noch. Das da Nebeneffekte eintreten wie Neid und Missgunst ist klar. Nur das Soziale an der Sozialen Marktwirtschaft war uns nicht so klar. Recycling hätte man auch behalten sollen. Die sogenannten Sekundär-Rohstoffe. Das ist ja heute Wahnsinn. Alles ist verpackt, doppelt und dreifach.
Cornelia Watzke: Zugang zu Bildung, freie Kitaplätze für alle.
Kurt Watzke: Was für uns total unverständlich war, war das föderale System. Jedes Bundesland macht seine eigenen Standards. Gerade bei der Bildung. Damit werden Unterschiede nur zementiert.

Das Verständnis von Gleichheit hätte vielleicht bewahrt werden sollen. Bei Besprechungen unter Bauleitern im Westen wurde ich manchmal gefragt: »Welchen Gärtner haben Sie denn?« Oder: »Haben Sie einen Tipp für eine Putzfrau? Meine Frau ist zwar Hausfrau, aber sie braucht da Unterstützung. Im Osten gibts da doch jetzt so viele.« Die Bauleiter aus dem Osten und Westen in dieser Runde waren gleichgestellt – von der Position her und dem Gehalt. Aber uns war das fremd: einen Gärtner haben, eine Putzfrau. Wir haben immer beide gearbeitet, aber sind nie auf den Gedanken gekommen, jemanden dafür zu suchen. Als Bauleiter in der DDR habe ich ja weniger verdient als ein Polier. Das prägt natürlich.
Cornelia Watzke: Auch, dass Frauen arbeiten, scheint mir wichtig. Wir hatten ja die Wahl, aber ich bin bei beiden Kindern nach einem Jahr wieder voll eingestiegen in den Beruf. Ich hätte auch drei Jahre zu Hause bleiben können.
Kurt Watzke: Man hat schon den Eindruck, dass für Kinder heute viel zu wenig getan wird. In der DDR hatte jeder größere Betrieb seine eigene Kita. Das war Standard.
Cornelia Watzke: Das gibt's ja heute auch wieder.
Kurt Watzke: Ja, aber wenn man ehrlich ist, sind das alles Sachen, die heute wieder en vogue sind: Ökologische Kreisläufe, das Recht auf einen Kitaplatz, die Diskussion um Ungleichheit, weniger Hausfrauen.

Die Diskussion um die DDR wird ja beherrscht durch das Stasi-Thema und der Frage, ob Unrechtsstaat oder nicht. Habt ihr persönlich eine Bedrohung durch die Staatsmacht wahrgenommen? Gab es Situationen, die brenzlig waren?

Cornelia Watzke: Eigentlich nicht. Ich wurde mal zu meinem Studium nicht zugelassen, weil ich in der Aufnahmeprüfung die Mauer als »Mauer« und nicht als »Antifaschistischen Schutzwall« bezeichnet hatte. Aber nach einem Brief meines Vaters an die Uni bekam ich den Platz doch.

Kurt Watzke: Selbst nach der Flucht meiner damaligen Freundin passierte eigentlich nichts. Das hat mich auch gewundert. Der Polizist vor der versiegelten Tür ließ mich sogar rein, um meine Latschen zu holen.

Cornelia Watzke: Da wir politisch nicht aktiv waren, haben wir da sehr wenig mitbekommen. Aber in der Nachbarschaft gab es Leute, die kirchlich engagiert waren. Da war klar, die standen unter Beobachtung.

Die Familie eines Freundes engagierte sich in der Kirche. Als Einziger seiner Klassenstufe war er kein Pionier und so faktisch vom Leben ausgeschlossen. Die ganze Familie wurde drangsaliert.

Cornelia Watzke: Insofern ist die Bezeichnung Unrechtsstaat richtig, aber da wird nicht differenziert. Das stört mich immer. Unser Beispiel ist eben auch ein Beispiel.

Kurt Watzke: Es wurde schon versucht, mich als Informant anzuwerben. Einmal bei westdeutschen Monteuren, die bei uns in der Brauerei Maschinen aus dem Westen installierten. Da kam die Kaderleiterin zu mir und fragte: »Warst du denn schon mal abends unterwegs mit denen? Was machen die so? Kannst du da nicht mal nachfragen?« Also ganz beiläufig. Aber das konnte ich abwehren.

Wie habt ihr die Wendezeit empfunden? Für mich war das ja zwiespältig – eine Mischung aus Abenteuerspielplatz und Unsicherheit. Aber ich hatte immer das Gefühl, dass bei uns in der Familie alles okay war, vor allem im Vergleich zu so vielen Familien, wo beide Elternteile plötzlich arbeitslos wurden …

Kurt Watzke: Die ersten zwei Jahre waren gar nicht so einschneidend. Klar, es gab die D-Mark, plötzlich viele neue Dinge zu kaufen … Aber dann kam ein großer Bruch, die sogenannte Treuhandgesellschaft. Und die war auch zuständig für meinen Betrieb, die Baudirektion Berlin. Die war ja das Gegenstück zur Bundesbaudirektion aus dem Westen. Und da ich Betriebsrat war zu dieser Zeit, habe ich die Verhandlungen mitbekommen, weil die Treuhand mit den Betriebsräten sprechen musste. Und da kam ein Jurist, der den Betrieb abwickeln sollte, denn es gab ja staatliche Stellen aus West-Berlin, die unsere Arbeit übernehmen sollten. Als erstes schaute der in die Bücher, was zu holen war. Grundstücke, Vermögenswerte etc. Und dieser Jurist hatte ein Tageshonorar von 30 000 DM! Das weiß ich noch wie heute … Seine erste Amtshandlung war dann, die Hälfte aller Leute zu entlassen, um Kosten zu senken. Als Begründung: Es wurden viele Baustopps verhängt, da die eingebauten Materialien nicht DIN-konform waren. Das war absurd, denn die gleichen Rohre waren in den Westen exportiert worden und bekamen dort einfach das DIN-Zeichen. Das empfanden wir als Sauerei. Wir haben Druck gemacht und auch mit der Presse gedroht. Das hatten wir schnell gelernt. Daraufhin wurde der Jurist abgezogen und ein großes Ingenieurbüro aus Bayern übernahm. Die waren in Ordnung. Als erstes wurden die alten Computer nach Russland verkauft. Sie haben unsere Ausbildung akzeptiert. Plötzlich waren wir den West-Ingenieuren gleichgestellt. Eigentlich wollten wir als Ingenieure ja die Baudirektion übernehmen und als Firma weiterführen. Das wurde uns aber verweigert.

Und die gleiche Frage nochmal an dich, Mama. Ich erinnere mich an eine Szene in diesem kleinen Konsumladen hier. Ich musste irgendwas holen, Brötchen oder so. Das muss 1990 gewesen sein. Und im Laden gabs eine Riesendiskussion darüber, wie es nun weitergehen müsste mit der DDR. Die einen sagten: Beitritt zur BRD, D-Mark olé! Abgehakt. Die anderen fanden das armselig nach all dem Kampf. Es müsse ein eigener, neuer, besserer Staat her. Der dritte Weg also.

Cornelia Watzke: Ich hatte eigentlich keine große Angst. Ich fand es toll, dass ihr, die Jugend, plötzlich alle Möglichkeiten hattet. Alle Möglichkeiten für Neues, aber eben auch alle Möglichkeiten, um auf die Nase zu fallen. Das gehört ja zusammen.
Kurt Watzke: Wir hatten beide nicht das Gefühl, dass es unsicher wird oder schwieriger, oder?
Cornelia Watzke: Das stimmt.
Kurt Watzke: Der einzige Punkt, der mich heute noch ärgert, ist, dass die Treuhand uns keinen Spielraum gelassen hat, etwas Eigenes zu entwickeln … Wir hatten alles probiert. Firmen gegründet, gutes Geld verdient, hatten genug Aufträge. Und wurden dann aufs Kreuz gelegt, weil wir keine Ahnung hatten von juristischen Dingen. Aber trotzdem ging alles gut aus.

Das heißt doch eigentlich, dass dieser gesellschaftliche Umbruch gar nicht so sehr im Alltag zu spüren war?
Kurt Watzke: Ja, aber wir mussten alles neu lernen. DIN-Normen, Weiterbildung, Vorschriften. Wir kannten sogar die Vorschriften besser als die Leute vom Berliner Senat, da wir ja auf dem neuesten Stand waren. Deswegen wurden wir schnell akzeptiert.
Cornelia Watzke: Das war auch in der Nachbarschaft so. Der Zusammenhalt blieb.
Kurt Watzke: Weil wir auch dachten, es muss weitergehen. Egal, ob der eine oder andere nun ein Arsch war oder nicht. Wir versuchten, das, was wir als positiv erkannt hatten, hinüberzuretten.

Meinst du damit auch Stasi-Spitzel? Ein Nachbar hatte mir ja erzählt, dass er einige Einträge von einem anderen Nachbarn in seiner Stasi-Akte fand …
Kurt Watzke: Ja, genau. Trotzdem bleibt es eine Nachbarschaft, damit muss man umgehen. Wir haben schon das Gefühl, dass wir einen sehr viel größeren Freundeskreis haben als unsere westdeutschen Bekannten.

Weil man vielleicht auch ein Haus zusammen gebaut und nicht im Katalog bestellt hat?

Kurt Watzke: (Lacht.) Wahrscheinlich.

Gut. Vielen Dank!
Cornelia Watzke: Da bin ich jetzt aber gespannt, was du daraus machst. So interessant ist das alles ja gar nicht …

Meine Eltern haben inzwischen beschlossen, ihre Stasi-Akten einzusehen.

Blitzlicht

Marie G., 1978 in Ost-Berlin geboren

Ich bin jetzt in dem Alter, in dem meine Eltern waren, als die Mauer fiel. Manchmal versuche ich mir vorzustellen, wie es sein würde, sich so plötzlich auf neue Strukturen, Abläufe und alltägliche Situationen umstellen zu müssen. Ich finde es eine große Leistung der Elterngeneration, und man kann seine Eltern ruhig mal fragen: Wie habt ihr das geschafft? Zum Glück kann ich mit meinen Eltern und anderen Menschen, die in der DDR gelebt haben und aufgewachsen sind, über die DDR und die Wende reden. Meistens ergeben sich die Gespräche aus den unterschiedlichsten Situationen. Die Fragen kommen oft von mir, weil ich die DDR nur als Kind erlebt habe und ich mich an vieles nicht erinnern kann. Ich bin dankbar für jede Information, Erzählungen und Fotos und sauge sie in mich auf, um ein Bild von einem Land zu bekommen, das meine Heimat war, aber das ich kaum kannte. Bei den Gesprächen geht es oft um Alltagsfragen, die eine bestimmte Situation betreffen, in der man selbst gerade steckt. Mich interessiert es, wie das eigentlich damals war, zum Beispiel in Bezug auf den Job, Bewerbungen, Kinder, Einkaufen, Reisen, Wohnung, usw.

Ich habe natürlich auch Fragen zu Ereignissen in meiner Kindheit. Wie haben andere die Dinge erlebt, die ich mit Kinderaugen gesehen und als Kind empfunden habe? Manchmal hat man das Glück und viele aus der Elterngeneration sitzen zusammen, bei Geburtstagen oder so. Wie in jeder Generation wird bei solchen Anlässen viel über Erlebtes geredet. Obwohl oft lustige Anekdoten erzählt werden, erfährt man auch viel über das Leben in der DDR. Ein guter Anknüpfungspunkt sind auch Fotoalben, weil sich dort automatisch Fragen zu Personen, Situationen und Orten ergeben. Wir reden häufig zusammen über Kultur und das gesellschaftliche Leben, und dabei spielen natürlich die Sozialisierung und die Erfahrungen, die in der DDR gemacht wurden, eine Rolle. Dieser Austausch ist aus meiner Sicht unglaublich wichtig, auch wenn er natürlich immer subjektiv ist. Ich denke aber, dass die vielen subjektiven Eindrücke ein komplexeres Bild von der DDR zeigen, als Medien und Politik vermitteln können.

Meine Mutter sagte, sie habe einfach Glück gehabt, in der DDR und in der Wendezeit, und kann deshalb über vieles so offen sprechen. Ich bin für den guten Austausch und die Offenheit sehr dankbar, denn ich weiß, dass es nicht jedem aus dieser Generation so leicht fällt. Ich habe nie das Gefühl gehabt, meine Herkunft verleugnen zu müssen. In der DDR aufgewachsen zu sein ist Teil meiner Identität. Sie ist geprägt von einer glücklichen Kindheit und den Werten und Lebensvorstellungen meiner Eltern.

Die Tochter mit dem anderen Blick

Amanda Groschke, 1978 in Hoyerswerda geboren, im Gespräch mit ihrer Mutter über Arbeit und Alltag in der DDR

Über 25 Jahre ist es her, dass die Mauer fiel. Als Zwölfjährige war mir zu dieser Zeit nicht im Entferntesten bewusst, welche Veränderungen da auf uns zukommen würden. Es war eine aufregende und manchmal angsteinflößende Zeit. Als Kind in solch einer Umbruchzeit groß zu werden, zwingt zum Vertrauen und Loslassen. Vertrauen darauf, das Beste hoffen zu können und durch den Akt des Handelns einen neuen Weg zu beschreiten, auch als Familie. Aus meiner heutigen Perspektive muss der Weg der Veränderung, der Anpassung an das neue politische System mal freiwillig, mal unfreiwillig gegangen worden sein. Inwieweit Altes, Traditionen und Rituale der DDR-Alltagskultur tatsächlich losgelassen werden konnten, um Fremdes oder Neues kennenzulernen, das kann ich nicht einschätzen. Aber ich glaube, dass es für viele sehr schwer war, loszulassen und nach vorn zu blicken. Wie eine Mutter, die irgendwann ihr Kind, wenn es erwachsen wird, ziehen lassen muss.

Vor vielen Jahren habe ich begonnen, mich mit meiner Kindheit in der DDR zu beschäftigen. Mir ist bewusst geworden, wie sehr mich diese Zeit geprägt hat. Ich bin 1978 in Hoyerswerda geboren. Meine Mutter arbeitete wie mein Vater im VEB Gaskombinat Fritz Selbmann in Schwarze Pumpe. Dort haben sich meine Eltern auch kennengelernt. Allerdings führten sie eine komplizierte Beziehung, weil beide mit anderen Partnern verheiratet waren. Mein Vater lebte in dieser Zeit in Cottbus und meine Mutter in Hoyerswerda. Als ich das Licht der Welt erblickte, hat es einige Zeit gedauert, bis mein Vater von mir erfuhr. Keine einfache Zeit. Mein Vater zog dann bei uns ein. Wir wohnten in einem Hochhaus in Hoyerswerda. Später, im November 1982 zogen wir als Familie in den größten Stadtteil von Cottbus, nach Sachsendorf/Madlow. Die Wohnungen in den

Plattenbausiedlungen waren damals sehr begehrt. Anders als in den immer noch meist unsanierten Altbauten gab es in diesen Wohnungen ein Bad, allerdings ohne Fenster, fließend warmes Wasser und eine Fernheizung. Die Küche war klein, auch ohne Fenster, aber dafür voll ausgestattet und mit einer sogenannten Durchreiche. Zu diesen Plattenbausiedlungen gehörten natürlich Kinderkrippen, Kindergärten und Spielplätze, was die Wohnungen insbesondere für junge Familien attraktiv machte. Aber eine große Wohnung als unverheiratetes Paar mit zwei Kindern zu bekommen war schlichtweg unmöglich. In der DDR wurden Wohnungen für Familien durch das Amt für Wohnungswesen zugewiesen. Jeder musste einen Antrag stellen, und der Erhalt eines Bescheides, ob positiv oder negativ, ließ einige Jahre auf sich warten. Zudem wurden junge Verheiratete bevorzugt behandelt. Da meine Eltern nicht verheiratet waren, stellten sie erst gar keinen Antrag. Stattdessen setzte meine Mutter eine Annonce in die Zeitung und rief darin zum Wohnungstausch auf. Eine gängige Praxis. Wir hatten Glück, es meldete sich tatsächlich eine Familie, die nach Hoyerswerda umziehen wollte. Rückblickend vermisse ich den Zusammenhalt, das besondere Gemeinschaftsgefühl, das in unseren Hausgemeinschaften herrschte. Mir ist heute bewusst, dass der SED-Staat sozialistische Gemeinschaften zum Ziel hatte und dass es dem politischen Establishment dabei um die Verwirklichung der Gleichheit aller Menschen ging. Der Status eines jeden Bürgers sollte innerhalb der Gesellschaft nicht an den Wohnverhältnissen ablesbar sein. Aber das war einfach nicht der Fall. Ich habe bereits als Kind Unterschiede in den Wohnungseinrichtungen wahrgenommen, konnte das aber nicht politisch einordnen, dafür war ich noch viel zu jung. Was ich wusste war, dass wir nicht alle gleich waren, wie es behauptet wurde. Das hat mich aber nicht weiter gekümmert. Neidisch sein auf andere, das kenne ich einfach nicht. Unsere Hausgemeinschaft war bunt und laut. Mir kam das nicht ideologisch verordnet vor. Im Gegenteil, ziemlich echt und freiwillig. Innerhalb der Nachbarschaft, aber auch in unserem Haus, herrschte ein starker Gemeinschaftssinn, teilweise fühlte es sich wie Familie an. Wir gingen als Kinder bei unseren Nachbarn ständig ein und aus. Gemeinsame Feste wurden gefeiert, man half sich untereinander, es wurde angepackt, jeder wie er konnte. Die Menschen kümmerten sich einfach umeinander. Ich fühlte mich in Cottbus für eine lange Zeit sehr wohl. Unser Wohnviertel lag gegenüber von einem Hügel, dahinter befand sich ein kleines Wäldchen. Als Kinder haben wir dort sehr oft Cowboy und Indianer oder Verstecken gespielt. In den 1980ern gab es noch richtig kalte Winter mit viel Schnee. Da wurde der Hügel zur Rodelpiste. Etwa vier Kilometer östlich von unserem Wohngebiet erstreckte sich eine herrlich grüne Landschaft direkt an der Spree. Das war Abenteuer pur, zu allen Jahreszeiten. Mit diesen Erinnerungen fühle ich mich bis heute tief verbunden. Am 1. September 1985 wurde ich eingeschult. Zu meinen Lieblingsfächern gehörten Heimatkunde, Schulgartenunterricht, Werken, Sport, Kunsterziehung und Musik. Jede Schule besaß einen solchen Schulgarten, wo Obst und Gemüse für das Schulessen angebaut wurden. Das mochte ich sehr. Insgesamt waren die Unterrichtsfächer stark an der Praxis ausgerichtet, zudem wurde der Sport stark gefördert. In den Schulen bildeten sich Schulsportgemeinschaften, in denen gezielt nach sportlichen Talenten Ausschau gehalten wurde. Meine beste Freundin und ich haben im Grundschulalter Kanu und Kajak fahren trainiert. Leider musste ich diesen Sport mit zehn Jahren aufgeben. Im Juni 1988 haben meine Eltern schließlich doch noch geheiratet, und ein Jahr später, an ihrem ersten Hochzeitstag, zogen wir in eine neue größere Wohnung. Vier Monate später fiel die Mauer. Danach änderte sich alles.

Nach und nach ging der Zusammenhalt, der Gemeinschaftssinn verloren. Es wurde kälter zwischen den Menschen und in der Gesellschaft. Inwiefern die Wiedervereinigung Deutschlands ein Geschenk für die Menschen in der DDR war, kann ich bis heute nicht sagen. Was ich sagen kann, es gab und gibt Verlierer, aber auch Gewinner der Wende wie meine Mutter. Ich als Tochter habe darauf einen anderen Blick. Warum, das zeigt der folgende Mutter-Tochter-Dialog. Meine Mutter war zu DDR-Zeiten eine Frau, die alles wollte, ihre Ideen in die Tat umsetzte und sich nie diskriminiert fühlte – weder als Arbeitnehmerin noch als Mutter, Frau oder Engagierte. 25 Jahre nach dem Mauerfall spreche ich das erste Mal mit ihr über das Leben in der DDR und über das, was nach der Wende folgte.

Meine Mutter initiierte und organisierte Wohngebietsfeste in Madlow/Cottbus (hier 1986)

Meine Mutter wurde 1953 in Halle an der Saale (Sachsen-Anhalt) geboren. 1970 beginnt meine Mutter eine Ausbildung zur Facharbeiterin für Schreibtechnik beim Rat des Kreises Köthen und schließt diese 1972 ab. Sie sammelt noch für ein Jahr bis 1973 Berufserfahrung und wechselt Ende 1973 als Sekretärin zum Institut für Außenwirtschaft nach Berlin-Karlshorst. Ab 1974 arbeitet sie als Sekretärin im Gaskombinat Schwarze Pumpe in der Abteilung Material-Wirtschaft. 1982 verlässt sie ihre Arbeit aus Gründen der Überlastung und arbeitet für ein Jahr bei der FDJ in Cottbus, und ab 1984 ist sie als Referentin für die Jugendarbeit beim Deutschen Roten Kreuz tätig. 1985, dem Jahr meiner Einschulung, kehrt sie wieder nach Schwarze Pumpe zurück und arbeitet in der Abteilung Materielle Interessiertheit, einem Bereich der Ökonomie, der von Juristen verantwortet wird. Bis zum Jahr 2003 bleibt meine Mutter als Sekretärin dem Unternehmen erhalten und wird dann zum ersten Mal in ihrem Leben arbeitslos. Sie ist zu diesem Zeitpunkt 50 Jahre alt. Danach wird sie bis zum Renteneintrittsalter mit 63 Jahren als Reinigungskraft in Arztpraxen arbeiten.

Tochter: Als die Mauer fiel, warst du 36 Jahre alt. Den größten Teil deines Lebens hast du in der DDR verbracht. Wie war das Leben für dich als Frau in der DDR?

Mutter: In der DDR waren Mann und Frau gleichberechtigt. Ich konnte als junge Frau nach meiner Ausbildung arbeiten und mich weiterentwickeln, Kinder bekommen und problemlos nach dem Wochenurlaub in meinen Beruf zurückkehren. Das war möglich, weil der Staat für jedes Kind einen Krippen- beziehungsweise Kindergartenplatz garantierte.

Tochter: Was bedeutet Wochenurlaub?

Mutter: Frauen wurde in der DDR während der Schwangerschaft und 18 Monate nach der Geburt ein monatliches Gehalt, wenn man so will, von 350 Ost-Mark gezahlt. Nach dem Wochenurlaub konnte man gleich wieder einsteigen. Es gab aber auch Frauen, die zu Hause blieben. Für mich kam das nicht in Frage, weil ich wieder in meinen Beruf, den ich sehr geliebt habe, zurückwollte. Ich war aber auch gezwungen, wieder schnell arbeiten zu gehen. Mein Ex-Mann, der Vater deines Bruders, war damals noch Student und nicht in der Lage, die Familie finanziell zu versorgen.

Tochter: Gab es damals keine staatlichen Zuschüsse? Mit nur einem Gehalt warst du doch gar nicht in der Lage, eine Familie durchzubringen?

Mutter: Staatliche Unterstützung gab es. Pro Kind bekam ich monatlich 20 Ost-Mark. Zusätzlich gab es pro Kind einmalig 1000 Ost-Mark Geburtenbeihilfe. Ich kann mich erinnern, dass diese Zeit besonders hart für mich war, auch weil ich mit dir länger zu Hause bleiben musste, weil die Kinderkrippe noch im Bau war. Im März bist du geboren und im September 1978 war die Kinderkrippe fertig, also knapp sechs Monate bin ich zu Hause geblieben. Du musst dir einmal vorstellen, mein Lohn monatlich lag bei 425 Ost-Mark. Davon habe ich alles bezahlt:

Miete (56 Mark), AWG-Genossenschaftsanteil (75 Mark), Kreditrate (ca. 50 Mark), Lebensmittel, Kindersachen, monatliche Unterstützung für meinen Ex-Mann, der als Student nur wenig Geld hatte, monatlich etwa 170 Ost-Mark für die gesamten Lebenshaltungskosten. Also du siehst, ich hätte nicht die 18 Monate voll zu Hause bleiben können. Letztlich konnten nur Frauen den bezahlten Wochenurlaub voll in Anspruch nehmen, die einen Partner hatten, der über ein zweites Einkommen verfügte, oder Eltern beziehungsweise Schwiegereltern hatten, die finanzielle Unterstützung leisten konnten. Ich hatte gar keine andere Wahl. Ich musste schnell wieder arbeiten gehen. Wie ich das all die Jahre mit zwei Kindern geschafft habe, das weiß ich heute nicht mehr. Aber ich glaube insgesamt, wenn es die staatlichen Anreizprogramme für Mütter nicht gegeben hätte und den damit verbundenen Ausbau von Kindergrippen- und Kindergartenplätzen, um Müttern die weitere Berufstätigkeit zu ermöglichen, hätte es in der DDR auch nicht so viele Kinder gegeben.

Tochter: Das Bild der Frau im Osten und im Westen wird nach 25 Jahren Mauerfall immer noch kontrovers diskutiert. Wie stehst du selbst zu diesen Frauenbildern?

Mutter: Mit dem typischen Frauenbild der alten Bundesrepublik »Heimchen am Herd« hatte ich immer so meine Probleme. Das Leben der Frau wurde in dieser Gesellschaftsordnung auf ihre Rolle als Hausfrau und Mutter reduziert, und der Mann wurde auf die Rolle als Ernährer der Familie festgeschrieben. Sicherlich mussten sehr viele Frauen in Westdeutschland ihren Wunsch, einem Beruf nachzugehen, zurückstellen. Ich habe mich als Frau gleichberechtigt gefühlt. Da kam keiner, der zu mir sagte: »Frau, du musst zu Hause bleiben, kochen, Wäsche waschen und die Kinder versorgen!« Ich bin mit dem Selbstverständnis aufgewachsen, dass Beruf und Familie sich nicht ausschließen, sondern zusammengehören, und das habe ich auch nie in Frage gestellt. Auf der anderen Seite mussten Mann und Frau arbeiten gehen, um sich zum Beispiel den Luxus eines Urlaubs leisten zu können. Nur mit einem Gehalt, so wie das im Westen üblich war, das wäre zu DDR-Zeiten gar nicht möglich gewesen. Das war einfach so.

Tochter: Aber es war doch auch aus volkswirtschaftlichen Gründen notwendig, dass Frauen berufstätig sein mussten, oder nicht? Die DDR musste nach dem Krieg aufgebaut werden, zudem flohen viele Menschen in den Westen – somit wurde jede Hand gebraucht, auch die von Frauen. Und später, durch die marode Volkswirtschaft, wurde die Berufstätigkeit von Frauen immer mehr eingefordert.

Mutter: Dem kann ich so nicht zustimmen, zu meiner Zeit war das anderes. Teilweise waren Stellen überbesetzt, zu viel da. Aber das ist eine andere Frage. Aber der normale Bürger, Mann und Frau, musste arbeiten gehen, sonst konnte man als Familie nicht über die Runden kommen.

Tochter: Wie hast du nach dem Mauerfall, also Anfang der 1990er Jahre, die Gespräche mit Frauen aus dem Westen zum Thema berufstätige Mütter erlebt? Was ist dir aus diesen Gesprächen besonders in Erinnerung geblieben?

Mutter: Mit einer Freundin in Niedersachen hatte ich immer wieder Gespräche darüber. Sie hatte im Westen den gleichen Beruf wie ich, Sekretärin. Sie hätte auch viel lieber gearbeitet. Aber ihr Mann wollte das nicht. Er verdiente sehr gut. Sie sollte sogar dann noch zu Hause bleiben, als die Tochter bereits aus dem Haus war. Ob sie immer glücklich damit war – ich denke nicht.

Ein immer wiederkehrender Streitpunkt mit Frauen aus dem ehemaligen Westen ist das Thema Rente. In diesen Gesprächen kommt der pure Neid zum Vorschein. Die Westfrauen sind auf uns Ostfrauen neidisch, weil wir Rente bekommen. Meine ehemalige Kollegin ist 66 Jahre alt und bekommt 288 Euro Rente. Sie hat ihren Sohn großgezogen bis er zwölf Jahre alt war und hat dann wieder in Teilzeit gearbeitet. Wir Frauen in der DDR wollten und mussten arbeiten. Den meisten hat es Spaß gemacht, ihr eigenes Geld zu verdienen. Aus diesem Grund muss man doch nicht neidisch sein, dass die ostdeutschen Frauen heute mehr Rente bekommen.

Tochter: Als Soziologin habe ich einen kritischen Blick auf das Thema Gleichstellung der Frau in der DDR. So gehörte die Emanzipation zu den ältesten Forderungen der Arbeiterbewegung und war aber auch Teil der Ideologie eines sozialistischen Staates. Positiv bewerten kann man den Anteil der berufstätigen Frauen in der DDR, es war einer der höchsten weltweit. Allerdings blieben die meisten Führungspositionen in der Wirtschaft in Männerhand, und auch im Politbüro der SED sah es nicht besser aus. Die meisten Frauen arbeiteten, und Haushalt und Erziehung blieben auch weitgehend in ihren Händen. Frauen mussten das Doppelte leisten. Was sagst du dazu?

Mutter: Im Prinzip gebe ich dir recht. Wir waren doppelt belastet.

Tochter: Warum gab es kein Aufbegehren gegen diese Doppelbelastung?

Mutter: Ich habe das damals nicht so empfunden. Es hat mich auch nicht wütend gemacht. Ich musste früh auf eigenen Beinen stehen. Ich war diese Belastung irgendwie gewohnt und habe das nicht in Frage gestellt. Deshalb habe ich das auch nicht als Ungerechtigkeit empfunden. Ich hatte immer viel zu tun: sehr früh aufstehen, euch versorgen, zur Arbeit fahren, dann abends den Haushalt organisieren und meiner ehrenamtlichen Tätigkeit nachgehen. Das war wirklich viel, aber ich habe das einfach nicht als Belastung empfunden. Heute ist das anders, ich spüre die Belastung, bin ja auch älter geworden. Aber früher habe ich die Doppelbelastung nicht als Diskriminierung empfunden.

Tochter: Blicken wir nun auf die letzten 26 Jahre zurück. Ich konnte seit meinem Studium und danach in den Medien immer wieder über die gleichen Vorurteile gegenüber Ossis lesen. Vor allem gelten Ossis heute immer noch als Verlierer der Wende. Wie siehst du dich selbst? Ich meine, du hattest einen tollen Job, du hast tolle Sachen gemacht und heute putzt du für andere, insgesamt jetzt seit zehn Jahren.

Mutter: Putzen zu gehen, das ist nicht schön. Aber ich hatte Riesenglück, denn durch unser großes Unternehmen konnte ich bis 2003 in Vollzeit arbeiten. Als Verlierer würde ich mich persönlich nicht bezeichnen. Es gibt viele Frauen und Männer, die nach der Wende arbeitslos geworden sind und es nicht mehr geschafft haben, wieder in ein festes Arbeitsverhältnis zu kommen. Viele sind abgerutscht und nicht mehr aus der Krise herausgekommen. Das sind meiner Meinung nach die Verlierer der Wende. Wir hatten eben durch unsere Firma das Glück, so lange arbeiten zu können. Ich möchte es mir nicht vorstellen, nach der Wende arbeitslos gewesen zu sein. Ich wäre nicht in Cottbus geblieben und hätte Sozialhilfe in Anspruch genommen. Wir hätten unsere Sachen gepackt, und ich hätte mich in Westdeutschland beworben. Nach 2003 hatte ich aber auch gedacht, dass ich hier in Celle (Niedersachsen) problemlos einen Job im Büro finde. Das war leider nicht der Fall. Auch wenn ich die letzten zehn Jahre geputzt habe, bin ich trotzdem angesehen bei meinen Arbeitgebern. Auch bei meinen Kolleginnen, die alle aus Westdeutschland stammen, habe ich überall Anerkennung bekommen. Bei einem Arzt hätte ich mir vielleicht vorstellen können ein paar Stunden im Büro zu arbeiten, aber die viele Putzerei, das geht auf die Knochen, das hätte ich nicht mehr geschafft.

Tochter: Dieses Jahr wirst du 63 Jahre alt und du wirst in Rente gehen. Bekommst du überhaupt noch eine anständige Rente? Frauen und gerade ältere Frauen aus West und Ost sind heute von Altersarmut betroffen.

Mutter: Ich bin kein Rentenexperte, aber die letzten zehn Jahre Putzen haben was gebracht. Ich habe nämlich immer in meine Rentenkasse eingezahlt und seit einiger Zeit zahle ich voll ein. Ich bin auf 45 Jahre Arbeitsleistung gekommen und bekomme eine gute Rente.

Tochter: Ich würde jetzt gern darüber sprechen wollen, warum ihr 2004 nach Celle zurückgezogen seid.

Mutter: Dein Vater wollte nach Celle gehen. Wenn ich gewusst hätte, dass ich in Celle nichts finde und Putzen gehen muss, dann hätte ich anders entschieden.

Tochter: Es gab mehrere berufliche Chancen, die du nicht ergriffen hast. Nach der Wiedervereinigung hättest du die Möglichkeit gehabt, nach der Wahl in den Betriebsrat einen neuen Karriereweg bei der Industriegewerkschaft Bergbau, Chemie, Energie (IG BCE) einzuschlagen. Mich interessiert das vor dem Hintergrund der Gleichberechtigung. Du hast oft betont, wie gleichberechtigt ihr in der DDR wart. Hat das nach der Wende aufgehört?

Mutter: Das hat nichts damit zu tun. Dein Vater wusste auch nicht, dass er zweieinhalb Jahre später entlassen wird. Er sagte sich damals, nach der Wende, ich habe so einen guten Job. Sein Studium in Freiberg war einmalig zu DDR-Zeiten. Er konnte zu dieser Zeit nicht einfach seinen Job aufgeben, um mit mir in den Westen zu gehen. Wer weiß, ob er dort genau das Gleiche gefunden hätte. Das war sein Argument.

Tochter: Ja, aber man hätte auch Mittel und Wege gefunden. Du hättest erst einmal allein gehen können. Als Frau und Mutter hast du immer an deinen Mann gedacht. Ich verstehe das nicht. Du hast seinetwegen zwei wunderbare Chancen verpasst. Das, was ich jetzt sage, mag etwas hart sein, aber ich finde, dass mein Vater dich als Frau in deiner Selbstverwirklichung behindert hat. Wie siehst du das selbst?

Mutter: Hm … Ja, schon. (Lange Pause.)

Tochter: Warst du nicht wütend auf ihn? Ich kann das nicht nachvollziehen. Zumindest bei der zweiten Chance hättest du darauf bestehen sollen. Habt ihr damals darüber gesprochen?

Mutter: Ja, wir haben schon oft darüber gesprochen. Wenn ich die Chancen ergriffen hätte, gleich welche, müsste ich heute nicht putzen. Ich habe ihm mehr oder weniger Vorwürfe gemacht. Ich habe mich aber auch nie offiziell beworben. Am Telefon wurde mir eine Einladung ausgesprochen. Aber es gab nie ein offizielles Angebot mit Vertrag und Datum.

Tochter: Aber es war eindeutig eine Einladung zum Gespräch. Warum hast du dich nicht darauf eingelassen? Warum bist du diesen Schritt nicht gegangen? Es war doch erst einmal unverbindlich, da frage ich mich schon, warum hast du das nicht gemacht?

Mutter: Weil die Aussicht hier mit Celle schon stand.

Tochter: Und die Motivation nach Celle zu ziehen, war mit dem Gedanken verbunden, hier finde ich einen Job, hier kennen wir Leute, oder?

Mutter: Naja, das Haus, in dem wir wohnen, war ausschlaggebend. Wir kannten Leute, und alles andere findet sich dann.

Tochter: 2004 seid ihr umgezogen, das ist jetzt zwölf Jahre her. Schon interessant, dass ihr so spät nach Westdeutschland gegangen seid. Wie war das für euch, noch mal ganz von vorn anzufangen?

Mutter: Viele, mit denen wir gesprochen haben, unsere Freunde in Celle, Bekannte in der Nachbarschaft, können das gar nicht nachvollziehen. Noch mal in diesem Alter (ich war 50 und dein Vater fast 64) ganz neu zu beginnen. Ich persönlich empfand diese Zeit als Aufbruch.

Ein Heimatgefühl, das habe ich nicht, das resultiert sicherlich aus meiner Kindheit. Ich hatte nie ein festes Zuhause. Meine Heimat ist dort, wo meine Familie ist. Aber Heimatgefühle wie andere Menschen das haben, das kenne ich nicht. Ich habe auch kein Heimweh. Das hat nichts mit euch oder mit meinem Mann zu tun. Als wir in Cottbus die Wohnung renoviert haben und die Tür abgeschlossen hatten, habe ich mich nicht einmal umgedreht. Ich habe mich ins Auto gesetzt, war mit meinen Gedanken bereits in Celle und habe mir die Zukunft ausgemalt. Cottbus ist heute für mich fremd, und ich verspüre kein Bedürfnis dahin zurückzukehren.

Tochter: Ich persönlich finde es sehr schade, dass du die beruflichen Chancen nicht ergriffen hast. Wegen der Familie, das betonst du sehr oft. An dieser Stelle beginnt für mich die Ungerechtigkeit. Hast du auch mal nur was für dich gemacht?

Mutter: Als Hendrik 1975 geboren war, ein bisschen später mit knapp 23, bin ich ins Deutsche Rote Kreuz der DDR eingetreten. Da habe ich eine Ausbildung zum Sanitäter gemacht. Und im VEB Schwarze Pumpe gab es die Zivilverteidigung. Ich war dann beim Sanitätstrupp als Führungskraft im Weiterbildungsbereich. Das habe ich alles mit großer Leidenschaft gemacht. Selbst in Cottbus gründete ich mit einer Freundin zusammen eine Frauenortsgruppe im Cottbuser Stadtteil Madlow. Ich wollte was Eigenes ins Leben rufen, das weniger politisch gefärbt sein sollte. Die gesamten Unterlagen, Protokolle, Themenlisten, alles habe ich nach der Wende entsorgt. Eigentlich schade. Über die Arbeit beim Deutschen Roten Kreuz, falls du dich noch daran erinnern kannst, habe ich bei euch an der Schule, damals hieß die POS Maxim Gorki, zum Wandertag Verletzungen geschminkt und euch beigebracht, wie man Erste Hilfe leistet. Ich war zu DDR Zeiten als Frau, Mutter und Engagierte voll ausgelastet. Das hat mir immer sehr viel Freude gemacht.

Tochter: Ich kann mich noch daran erinnern, dass auf einmal damit Schluss war. Was ist nach der Wende passiert?

Mutter: 1989, vor dem Mauerfall, sind wir umgezogen in eine größere Wohnung. Durch die längere Fahrtzeit, immer früh um fünf Uhr raus und erst abends um 18 Uhr zurück, dann die Wendezeit und so weiter – mir wurde das Ehrenamt einfach zu viel. Unsere Frauenortsgruppe wurde dann von meiner Mitgründerin allein weitergeführt, aber nach dem Mauerfall und der Wiedervereinigung hat sich unsere Gruppe aufgelöst. Sehr schade, wie ich heute finde. Das hätte auch nach der Wende Potenzial gehabt. Wir Frauen konnten zu DDR-Zeiten eine Menge bewegen in der Nachbarschaft. Ich habe regelmäßig Abende organisiert. Das wurde sehr gut angenommen. Das war eine schöne Zeit in meinem Leben.

Klar zehn Jahre putzen zu gehen, das ist nicht die Erfüllung, aber ich sage mir immer, ich habe einen anständigen Beruf gelernt und viele Jahre gearbeitet, verstecken muss ich mich nicht. Ich lerne immer interessante Leute kennen. Die Ärzte oder die Krankenschwestern hier in Celle sagen öfters auch: »Mensch, die Frauen aus der ehemaligen DDR haben ein ganz anderes Verhältnis zum Menschen.«

Tochter: Woran würdest du das festmachen?

Mutter: An der Gesellschaftsordnung. Früher haben wir uns gegenseitig geholfen, waren ehrlich zueinander, man konnte sich die Meinung ins Gesicht sagen, dass wurde niemandem übelgenommen. Im Westen ist das anders. Vieles ist aufgesetzt, da kümmert sich der eine nicht um den anderen. Wir haben uns früher, und selbst nach der Wende, im Haus um die anderen gekümmert. Wenn man einen Nachbar tagelang nicht gesehen hat, dann habe ich geklingelt oder nachgefragt. Hier in Celle liegen manche Leute wochenlang tot in der Wohnung und kein Nachbar guckt mal nach. Im Allgemeinen brödelt jeder so vor sich hin und direkte, ehrliche Worte aussprechen, das ist ein absolutes Tabu. Es herrscht hier ein andere Kultur. Mir steht es nicht zu, diese zu beurteilen. Damit hier kein falscher Eindruck entsteht, wir wurden insgesamt gut aufgenommen, und es gibt überall bescheuerte Leute, im Westen wie im Osten. Insgesamt bin ich aber vorsichtiger geworden, schaue mir Leute über einen langen Zeitraum sehr genau an.

Tochter: 27 Jahre Mauerfall – mit welchem Blick schaust du zurück?

Mutter: Ich habe zwei Dinge anzumerken: Mit dem Mauerfall setzte eine große Euphorie ein, die aber auch schnell wieder verflog. Wer nach der Wende Fuß fassen konnte, sprich wer einen Job hatte und sich in das neue politische System einfügen konnte, der gehört sicherlich zu den Gewinnern der Wende. Wer sich immer wieder ins Arbeitsleben einbringen, Dinge mit verändern oder sich unentbehrlich machen konnte, der wird sich mit Sicherheit die DDR nicht mehr zurückwünschen. Wenn man ein Einkommen hat und gesund ist, dann kann man sich eine ganze Menge leisten. Gerade die Reisefreiheit, die immer so hervorgehoben wurde, kannst du auch nur genießen, wenn du einen Job hast. Und es gibt leider viele Menschen, denen es nicht gut geht. Die gewollt oder ungewollt in die Arbeitslosigkeit abgerutscht, nie wieder auf die Beine gekommen sind – ich kann verstehen, das diese Menschen sagen, dass sie die DDR zurückhaben wollen. Andererseits muss man sich auch kümmern, Eigeninitiative zeigen und sich bewerben. Das allerschlimmste im Osten war, besonders in den 1990er Jahren, dass viele Eltern und ihre Kinder zu wenig Mut hatten, aus ihrem Leben etwas zu machen. Ich spreche aus Erfahrung, da ich viele Sekretärinnen ausgebildet habe. Viele meiner Azubis waren nicht in der Lage, für einige Jahre ihre Heimat zu verlassen, um Berufserfahrung zu sammeln. Sie wollten zu Hause bleiben, auch wenn sie keinen festen Job hatten. Ich habe immer gefragt: »Was wollt ihr denn?« Die Antworten waren immer die gleichen: ein Haus bauen, eine Familie gründen, ein Auto besitzen und in den Urlaub fliegen. Da passt doch was nicht zusammen. Klar, es ist nicht schön, wenn man als junger Mensch die Heimat verlassen muss, auf unbestimmte Zeit, weil man vielleicht keinen Job in der Nähe findet, aber man lernt auch immer dazu und man wird selbstständiger. Diese Erfahrung bringt einen weiter im Leben. Auch wenn ich seit zehn Jahren nicht mehr in meinem Beruf als Sekretärin gearbeitet habe, die Dinge, die ich gemacht habe, waren für mich immer sehr interessant. Letztlich habe ich immer das Beste aus einer Situation gemacht.

Tochter: Blicken wir in die Zukunft: Wenn du mal älter bist und mein Vater nicht mehr leben sollte, würdest du hier im Westen bleiben oder zurückkehren in den Osten?

Mutter: Das kann ich nicht sagen. Ich glaube, das kann man auch nicht planen. Es wird sich zeigen in dem Augenblick, wenn ich vor eine Entscheidung gestellt werde. Angenommen dein Vater würde nicht mehr leben, dann würde es mir sehr schwer fallen, unser Zuhause zu verlassen. Ich fühle mich mit diesem Haus sehr verbunden. Aber was tatsächlich mal in Zukunft sein wird, das weiß ich dann, wenn es soweit ist.

Linientreu im Chaos

Franziska Olm, 1976 in Halle/Saale geboren, über Erinnerungen und ostdeutsche Erfahrungen heute

Dienstag, 1. März 2016

Was bleibt nach dem Interview, dem Dialog mit meiner Mutter?

In den ersten Folgeminuten:

Unzufriedenheit, über die geringe Reflektionsfreude.

Kein Pro und Kontra.

Eher ein Zufriedensein. Ein Abfinden. Ein Annehmen.

Interessiert mich das nicht, was meine Mutter denkt?

Nur weil es meine Mutter ist, zeige ich Interesse.

Als Mensch sonst, wäre sie mir zu belanglos, nicht spektakulär. Ich bin wohl enttäuscht.

Gut, meine Mutter wurde zwei Mal betrogen.

Marxistisch-leninistische Vorlesungen lässt sie über sich ergehen. Wenn sie mal was sagen will, was auffällt im Gesellschaftssystem DDR, kriegt sie gleich eins drauf.

Nach der Wende musste sie sich 25 Jahre lang anhören, dass sie ein Mensch zweiter Klasse sei. Hat sich für 100 Westmark einkaufen lassen.

Verdient in Ostdeutschland weniger als im Westen.

Sie hat nichts. Nichts angespart. Wovon auch?

Ihr Gehalt stets weniger als das der Westdeutschen. Aber sie soll doch bitte schön die Grenzen in ihrem Kopf abbauen. Die Westdeutschen wohnen doch immerhin schon im Osten. Haben sich geöffnet. Ihre Grenzen bereits abgebaut.

Ich als Dritte Generation Ost behandle Menschen nicht wie Abfall. Gebe nicht das Gefühl, dass sie weniger wert sind.

Oder doch?

Wenn nun die Flüchtlinge kommen.

Behandle ich die Flüchtlinge wie Menschen zweiter Klasse?/ Ich stelle eher fest, dass sie nicht integriert sind. Genauso wenig, wie ich selbst integriert bin.

Ich habe keine Arbeit. Die Geflüchteten haben keine Arbeit. Ich habe eine Sozialwohnung.

Die Erste-Welt-Menschen jenseits der Grenze von drüben, haben hier eine Eigentumswohnung, gar ganze Häuser.

Ihre Mütter und Väter kaufen sie hier. Nehmen einen Kredit auf. Frauen und Männer in meinem Alter wohnen in diesen gekauften Wohnungen ihrer Eltern und zahlen die Kredite ab. Wenn sie das nicht können, zahlt es der Staat Deutschland. Hartz IV.

Hartz IV sorgt dafür, dass Menschen, die haben, noch mehr haben.

Auf meinem Stück Boden Volkseigentum. Mein Eins zu Siebzehnmillionstel. Mein Anteil wurde mir 1989 nicht überreicht. Ich wurde damals nicht integriert.

Selbst wenn ich heute einen Antrag schreibe bei der Künstlerinnenförderung mit Migrationshintergrund, darf ich das nicht, weil ich ja offiziell nicht Migrantin bin.

Offiziell bin ich als Schauspielerin auch keine Künstlerin.

Anträge für Fördergelder für einen eigenen Film, den ich erzählen will, darf ich nicht stellen, weil ich offiziell keine Künstlerin bin.

Integration sieht anders aus. Ich integriere mich einfach selbst. Ich mach aus mir eine Migrantin. Ich mach aus mir eine Künstlerin.

Wenn ich Kraft habe. Wenn ich klar bin.

Oft habe ich zu tun, Geld aufzutreiben, für das Abendessen meiner Kinder und mich. Das kostet Kraft.

Was bleibt: Fortpflanzen, essen und ausscheiden. Sex, Schulstulle, Abendbrot und kacken.

Mit Visionen und Utopien aufgewachsen. Jetzt ist alles weg und die Suche nach …

Aber ich merke, mein Land, was vom Gefühl her gar nicht meines ist, interessiert sich nicht für Visionen, nur für die Wirtschaft. Visionen für Wirtschaftsgewinn.

Ich bin nicht in der Wirtschaftskaste. Ich bin ’ne sinnige Frau, die einfach lebt. Mein Herz schlägt und irgendwann hört es auf. Mein Sinn: Leben. Kinder bekommen. Sie ernähren. Ihnen vorlesen, vorsingen. Sie stärken auf ihren Wegen und loslassen?

Ich bin Mittelschicht. Finanzielle Unterschicht. Mülleimer.

Was wird aus meinen Kindern? Ich kann hier nur loslassen. Sie sind für sich selbst verantwortlich. Ich bin da und erzähle, was ich zu erzählen habe. Wen interessiert es? Dann bin ich eines Tages tot. Mal sehen, was dann kommt. Transformation.

Ich führte ein Interview mit meiner Mutter.

Ein Fragen hier am Telefon. Ein Antworten dort am Telefon.

Vierzig Minuten.

Sprachaufnahmen. Die Aufnahmetaste, die rote, wurde gedrückt.

Alles auf Band, nein, auf MP3.

Nach dem Interview empfand ich Leere. Ratlosigkeit.

Meine Mutter war im Prozess.

Die Fragen hallten nach in ihr.

Sie rief mich erneut zwei Mal an, um Antwort zu geben.

Nach dem Interview war meine Mutter beschäftigt.

Nach dem Interview war ich beschäftigt.

Nach dem Interview bleibt die Essenz.

Ich atme. Ich pflanze mich fort. Ich esse. Ich scheide aus. Ich bewege mich. Meine Zellen erneuern sich und sterben ab. Die Essenz – die Merkmale des Lebens. Ich lebe. Mehr ist nicht. Nicht weniger. Tja. Hier bin ich nun.

Donnerstag, 3. März 2016

Eine eigene Vision verdrängen. Es geht hier nicht um mich. Ich bin Teil einer Masse. Nicht gebraucht. Atmen, essen, ausscheiden, sich bewegen. Im Kreis. Als Essenz des Lebens. Wozu bin ich hier? Dafür. Atmen, essen, ausscheiden, sich bewegen. Leben. Überleben. Reicht das? Kapitalismus fördert Individualität. Mehr Schein als Sein. Erkenne ich, selbst Masse zu sein Damals Masse mit Vision Für Frieden und Sozialismus Heute Masse der Wirtschaft. Des Mammons, nicht ich. Kapitalismus braucht mich nicht. Mich nicht. Mich. Ich. Jetzt: Ich Ich Masse. Unbrauchbare Masse. Für das Gesetz des Stärkeren. Euro Machtverhältnis Dollar Waffen Machtverhältnis Moral Ich schaffe dieses Problem nicht aus der Welt. Es ist einfach da. Ich bin einfach da. Mach was draus. Vom Tellerwäscher zum Telleresser. Vom

Esser zum Toten. Oder vom Esser zum Mitesser. Besitzend. Benutzend, bestimmend, eindringend. Zum Kotzen. Was ist mein Auftrag?

Märchen, die Schönheit der Armut und des reinen Herzens. Das, was mich leben lässt, mit einem Lächeln im Gesicht. Der Glaube, dass ich eines Tages reich belohnt werde. Vom Sozialisten zum Gläubigen. Vom Menschen mit Vision zum Menschen mit Vision. Im Prinzip ändert sich nichts. In mir.

Im Außen schon. Im Außen hatten wir damals im Lande der DDR alle das Gleiche. Nun haben im Außen im Lande der BRD die Wessis das Grundstück nebenan. Ich kaufe nicht meine Wohnung. Wovon auch? Ich zahle Miete und am Ende bleibt, dass ich reich belohnt werde.

»Liebes Tagebuch,
heute ist der 29. September 1994, ich sitze gerade in meinem halbwegs aufgeräumten Zimmer. Höre ein göttliches Lied von Karussell »Als ich fortging«.

Als ich vor zwei oder drei Jahren in Halle beim »Ostival« war und dieses Lied erklang, war die ganze Eissporthalle gerührt. Die Menschen fasten sich an den Händen, hielten sich dolle fest, weinten Tränen der Freude und der Trauer. Mich überschüttet dieses Gefühl heute noch. Die Erinnerung bleibt stark.

Ich liebe die DDR, die linken Leute.

Nachher gehe ich zur Versammlung »Treff junger Genossinnen und Genossen«, um mich mit einem gewissen Alexander K. wegen der morgigen Plakataktion abzusprechen.

Ich bin gespannt, wie es wird, schließlich kenne ich nur die »Rotfüchse« Hettstedts.

Außerdem habe ich noch nie in meinem Leben Wahlplakate angebracht, aber denke mir, die Partei braucht mich.

Das klingt alles recht geheimnisvoll, recht sozialistisch geprägt.

Doch die Erinnerung, das Gefühl des gelebten Sozialismus, auch wenn es zu DDR-Zeiten eine diktatorische Regierung war und somit ein diktatorischer Sozialismus, quasi ein gescheiterter, das Gefühl des Zusammenhaltens, der Freude, der Hoffnung und Zuversicht, das Gefühl der Liebe und Geborgenheit bleibt bestehen.

Ich möchte die Partei mit all meinen Kräften unterstützen und vertreten, denn ich brauche ihre Ideale, um glücklich zu sein.«

Freitag, 25. März 2016
Meine Mutter ist zwei Monate nach Gründung der DDR geboren.

Am 7. Dezember.1949.

Mein Vater kam vor Gründung der DDR zur Welt.

Am 24. Januar 1947.

Beide sind in Halle an der Saale geboren.

Beide gingen in Halle an der Saale zur Schule.

Sie machte den Schulabschluss nach zehn Jahren.

Er beendete die Schule nach zwölf Jahren. Machte Abitur.

Mein Vater ging zur Armee.

Mein Vater entschied sich nicht zu schießen.

Auch nicht aus Übungszwecken.

Mein Vater lebte für Frieden und Sozialismus.

Er war schlau und spezialisierte sich auf die Kommunikation durch Morsen.

In dieser Zeit waren mein Vater und meine Mutter bereits ein Paar.

Kennengelernt haben sie sich beim Tanzen.

Beim Tanzen begleitet durch eine Big Band im Volkspark.

Der Volkspark, das Tanzlokal in Halle, ist bekannt, weil sich dort 1925 eine Versammlung der KPD zerschlug.

Fritz Weineck, genannt der kleine Trompeter, spielte auf seiner Trompete. Spielte auf und gab Signal. Ernst Thälmann erhörte es und konnte fliehen. Teddy unser Freund.

Ich war als Kind immer sehr stolz darauf, dass sich meine Eltern im Volkspark kennengelernt haben. An dem Ort, der für den Frieden und Sozialismus brannte.

Ein Ort, der Geschichte schrieb. Für mein Heimatland die DDR. Für den Frieden. Gegen den Krieg. Mit Krieg und seinen vielen Opfern. Geopfert wurde auch unser kleiner Trompeter. Wir alle kannten das Lied.

In manchen Momenten singe ich es noch. Wehmütig.

Weil mein Heimatland nicht mehr existiert.

Weil mein Kinderland nicht mehr existiert.

Weil ich groß wurde mit einer Vision und Liedern und Parolen und Texten, die heute keinen Wert mehr haben.

Gar belächelt werden.

Im Volkspark stöberte ich nach dem Mauerfall.

Keine Ahnung, wie es dazu kam.

Ich hatte Freunde, Bekannte, Weggefährten, die einen Schlüssel hatten zum Volkspark.

Dort stand ich oft auf der Bühne, wo einst auch Teddy stand und redete.

Damals, so stellte ich es mir vor, war der Saal brechend voll.

Als ich dort stand, war Leere.

Das Parkett im Saal hatte schon bessere Tage gesehen.

Es lechzte nach einem neuen Anstrich.

Die Stühle aus Chrom mit weinrotem Stoff nach einer ordentlichen Wäsche, nach Fürsorge, nach einem neuen Bezug.

Ich also im Saal im Jahr 1992.

Mit ein paar anderen Neugierigen.

Durch das ganze Haus.

Es gab ein Traditionskabinett. Ausgestattet mit Vitrinen. Verstaubt. Zum Lachen. Zum Weinen. Zum Erinnern.

Was war das eigentlich?

Eben noch hatte das rote Tuch der Thälmannpioniere, wie ich selbst auch einer war, größte Bedeutung. Nun schon standen wir mit Bier und Zigaretten an jenem Ort, der ausschließlich für Menschen vorgesehen war, die besondere Auszeichnungen erfahren hatten.

Für gutes Lernen. Für besonderes Engagement in der sozialistischen Gemeinschaft. Für das Für, das Ja im System, für unser Land.

Wie war das alles auszuhalten?

Gestern so – heute so?

Und ich mitten in der Pubertät.

Die Pubertät war sowieso nicht auszuhalten.

Also haltlos auf ganzer Linie.

Linientreu im Chaos.

Wenn ich jetzt so schreibe, ist genau das in meinem Leben geblieben.

Linientreu im Chaos.

Heute, 25 Jahre später, weiß ich nicht, wohin mit mir.

Gerade habe ich von Karussell »Als ich fortging« gehört.

Wie ein Tiger kreise ich um den Tisch. Ich weine.

Ich weiß nicht, wohin mit mir. In mir ist es heiß. Zerbrechlich. Gefühle sind da. Der Mensch von damals fort. Meine Kindheit mit all ihrer Ideologie. Das ist Idiotie. Ich bin Migrantin. Ich bin mittlerweile eine 39-jährige Frau mit Migrationshintergrund. Als deutsch eingegliedert. Nie angekommen. Fremd. Wohin? Nach vorn schauen. Sich was ausdenken.

Heute wird geworben damit, dass sich Firmen überlegen sollen, Flüchtlinge aufzunehmen.

Denn sie haben keine Chance. Habe ich eine Chance? Ich habe die Problematik, dass ich in Prenzlauer Berg wohne und jeden Monat schauen muss, dass ich meine Miete zahlen kann. Ich bin nicht gewillt, von Hartz IV zu leben. Diplom habe ich. Mir dann noch zwei Ausbildungen finanziert. Zertifiziert bin ich. Trotzdem kommt kein Geld rein. Habe ich je gelernt, als Geschäftsfrau zu denken?

Scheiße, nee.

Das Schwierige ist, im Dialog mit sich selbst zu sein.

Mit der Mutter. Auf das Leben gucken. Was war. Was ist. Was wird sein?

Es fällt mir leicht, mit meiner Mutter in einen Dialog zu kommen und über damals zu reden.

Ich habe meiner Mutter das Gespräch angekündigt, und es ist dann passiert.

Ich konnte es sogar aufnehmen.

Mit meinem Vater wiederum ist es nicht ganz so einfach.

Am liebsten antwortet er auf Fragen mit einfachen Worten.

»Ja« und »Nein« oder »Na ja«. Manchmal kommt noch ein Anhang, aus dem ich heraushöre, dass das Leben damals eben so war.

Echauffieren kann er sich, wenn es um die Politik geht.

Dann ist es manchmal besser, gar nichts mehr zu sagen, weil ich die erhitzte Stimmung nicht um mich haben möchte.

Und genau das habe ich übernommen, das Echauffieren.

Und genau das stört mich oft an meinem Vater.

Und genau das find ich gut, das Echauffieren.

Ach, da ist es wieder: mein linientreu im Chaos.

Mein Vater weist oft darauf hin, dass er, wie fast alle in der DDR, *Das Kapital* von Marx gelesen und sich damit auseinandergesetzt hat und somit genau weiß, was Sozialismus ist und was Kapitalismus.

Schon zu DDR-Zeiten und auch in den Jahren um die Wende hat mein Vater darauf hingewiesen, dass er ganz genau wisse, wie der Charakter des Kapitalismus sich zeigt.

Der Kapitalismus war und ist für mich ein deutliches Gegenüber, von dem ich besser die Finger lasse.

Der Kapitalismus ist berechenbar unberechenbar, bösartig und zerstört Lebensgemeinschaften jenseits des Mammons.

Der Kapitalismus ist groß und übermächtig.

Mit dem wollen wir am besten nichts zu tun haben.

Sollen die da im Westen versuchen klarzukommen. Sie sind offensichtliche Sklaven der Wirtschaft, des Kapitals und eifern hungrig dem persönlichen Besitz nach.

Liebe bleibt dabei auf der Strecke, und Freundschaft wird verraten.

Persönlicher Nutzen poliert Freundschaften.

Fällt dieser weg, bleibt der Weg nach vorn, dann eben allein zum Besitz.

Der Besitz des Wohneigentums, der Besitz des Autos, der Besitz des Zweitautos, der Besitz des Ferienhauses, der Besitz der Habenseite auf dem Konto, die Chefposition, der Winterurlaub, der Sommerurlaub, die Familie, das kulturelle Leben, der modische Schick.

Ich bin also mit dem theoretischen Kapitalismus um mich herum groß geworden.

Ich bin mit dem gelebten Sozialismus um mich herum groß geworden. Auch wenn ich im Nachhinein feststelle, dass mein Heimatland DDR doch nicht in Gänze sozialistisch war.

Ich habe es probiert, so gut ich konnte, und meine Eltern haben es gelebt und gearbeitet, so gut sie konnten.

Ich hatte eine gute Kindheit. Wirklich?

Allein, wenn ich heute darüber nachdenke.

Ich kam mit sechs Monaten in die Kinderkrippe.

Jetzt bin ich selbst zweifache Mutter, und ich konnte meine Kinder nicht mit sechs Monaten in eine Kinderkrippe geben.

Weil ich keinen Kinderkrippenplatz im Westen gefunden habe. Als Schauspielerin am Stadttheater Aachen.

Und ich habe es nicht übers Herz gebracht, mein Stillkind von meiner Brust weg in eine Institution zu geben.

Meine Kinder haben mir sehr viel beigebracht an persönlicher, mütterlicher Entwicklung. Allmählich verstand ich die Biologie in mir. Die Intuition, die verborgen schien.

Nach meinen Mustern, die ich von zu Hause her kannte, wollte ich nach der Geburt so schnell wie möglich wieder arbeiten gehen.

Gut, nun ist der Schauspielerberuf auch ein eitler Beruf.

Natürlich geht die Schauspielerin nach einer Geburt so schnell wie möglich zurück auf die Bühne.

Sie möchte gesehen werden, immer gut aussehen. Während der Schwangerschaft, und auch danach wieder.

Eine Schauspielerin möchte bewundert werden und Geld verdienen für die Annehmlichkeiten des Lebens.

Auch wenn ihr Beruf furchtbar unterfinanziert ist am Theater.

Sackgasse: im alten Bundesland NRW, in der schönen Stadt Aachen gab es für mich keinen Kinderkrippenplatz.

Stattdessen bewarf man mich in der Maske mit Beleidigungen: »Rabenmutter – so schnell gehst du wieder arbeiten? Schäm dich!«

Meine Antwort: »Wozu habt ihr 68 eure BHs verbrannt? Damit ihr mit euren Kindern zu Hause bleibt, in einer finanziellen Abhängigkeit von eurem Mann und am Herd steht und kocht?«

Ich konnte nicht verstehen, dass ich als Frau im Jahre 2006

in Deutschland nicht die Wahl habe, arbeiten gehen zu können, wenn ich das will.

Halt das mal aus.

Ich hatte von da an mit diesem Thema jahrelang zu tun und arbeitete mich innerlich ab.

Immer auch im Dialog mit meinen Eltern.

Ich höre sie noch: »Das ist doch nicht möglich? Das verstehe ich nicht. Ich dachte, das gibt es nicht mehr.

Na ja, die im Westen, die haben noch das mittelalterliche, patriarchalische System, wo die Frau unterdrückt wird vom Mann und bei ihm bleiben muss, weil ihre Rente später nicht hoch genug ist.

Er muss sie versorgen das ganze Leben lang, und sie kommt wahrscheinlich gar nicht mehr in ihren Beruf zurück.«

Da ist er wieder der bösartige Kapitalismus mit seiner frechen Fratze in puncto Familiensystem.

Ich kannte das alles nicht und begann nun das gesellschaftliche System in Westdeutschland in Frage zu stellen, gar anzugreifen, zu verspotten.

Dann begab ich mich in meinem Inneren auf die Suche.

Ich verstand auch mich nicht.

Da war ich wieder: linientreu im Chaos.

Als mein Kind nahezu zwei Jahre alt war, hatte ich keinen Kindergartenplatz, einen Kindsvater, der wieder in den Osten ziehen wollte, und eine Arbeitsstelle im Westen Deutschlands, die mir wiederum, trotz aller gut gemeinter Ratschläge, kein Au-pair-Mädchen finanzierte.

Zur Disposition standen:

Ich arbeite weiter, und mein Kind zieht mit dem Vater in den Osten und hat einen Kinderkrippenplatz und eine Mutter, die alle zwei Wochen am Wochenende anreist, oder ich arbeite weiter ohne Kinderbetreuung und ohne Kindsvater – Schwachsinn, das geht ja wohl nicht.

Also kündigte ich kurzerhand mein Theaterengagement für mein Kind, für mein gewachsenes Mutterherz und einen Kindergartenplatz im Osten und dafür, dass der Kindsvater im Osten sich selbstständig macht und das Geld verdient.

Mit dem Geldverdienen hat es, weder bei ihm noch bei mir geklappt, aber einen Kindergartenplatz hatten wir.

Ich ging dann kellnern. Das machte ich sehr gut.

Dann kam das zweite Kind.

Ich entschied mich, schön zu Hause zu bleiben, mich zu erholen vom Kellnern und ging ganz auf in meinem Mutterglück.

Im Dialog mit meinem Vater sah das so aus:

Ich: »Ich finde es sehr schön und beruhigend, täglich zu Hause zu kochen, zu putzen, mich um die Kinder zu kümmern.

Wenn ich nach der Elternzeit noch Geld haben würde, würde ich auch länger als ein Jahr zu Hause bleiben.«

Rein biologisch, als Frau, aus meiner inneren, hormonellen Stimmung heraus, habe ich entdeckt, dass es schön ist, Mutter zu sein und zumindest solange die Kinder klein sind, ganz mit ihnen zu sein.

»Aber ich habe ja kein Geld.« Das ist der Fakt.

Der Kapitalistenfakt.

Denn der Kindsvater, ebenfalls aus dem Osten kommend, ging ganz wie ich von jahrelanger Gleichberechtigung aus.

Er zahlte seinen Mietanteil. Ich meinen.

Ein gemeinsames Konto hatten wir nie, aber wir haben alles geteilt.

Für Frieden und Sozialismus seid bereit – immer bereit!

Mein Vater: »Das kann doch nicht sein! Wozu hast du studiert? Wozu ein Diplom gemacht?«

Ja, das frage ich mich heute auch.

Ganz im Dialog mit mir selbst und mit meinem Vater.

Ich habe mich, als Schauspielerin mit Diplom, entschieden, Kinder zu haben.

Nun bin ich raus.

Im Moment zumindest.

Meine Hoffnung bleibt. Stirbt zuletzt.

Gern arbeite ich in meinem Beruf.

Wenn man mich nur lassen würde.

Auch dort weht der Wind des Kapitalismus stürmisch.

Und so komme ich ins Gespräch mit meiner Mutter.

Das leichter fällt als mit meinem Vater, der sich echauffiert.

Bist du glücklich? Geht es dir gut? Wie war das früher? Warst du glücklich? Ging es dir gut? Hattest du Zukunftsängste? Hast du manchmal nicht gewusst, wie es im Beruf weitergeht?

Was ist anders heute?

Und so komme ich darauf, dass ich tief in meiner Seele sehr traurig bin.

Linientreu im Chaos.

Mit meiner Mutter kann ich darüber reden, wie es ihr erging als junge Frau meines Alters.

Wenn ich dann vergleiche mit mir, dann werde ich stumm.

Stumm, wie mein Vater. Oder ich echauffiere mich.

Denn weder meine Eltern noch ich waren vor lauter Sozialismus darauf vorbereitet, dass der theoretische Kapitalismus einmal ganz praktisch präsent sein würde.

Mir fehlt da ein Gen.

Ich fühle mich, als hätte ich keine Perspektive für die Zukunft.

Viele Ausbildungen und Zertifikate und trotzdem keine Arbeit.

Kein Geld. Wenig.

Führt mich mein innerer Dialog dahin, dass ich ein Mensch bin, der im Moment lebt.

Denn, wenn ich mir Gedanken um morgen mache, kann ich mich heute nur umbringen.

Es geht um das Leben, jetzt.

Was ich habe, sind Menschen um mich, die mich lieben, die ich liebe.

Ich kann über meine Gefühle sprechen und sie zeigen.

Ich kann Gefühle transportieren im Leben und im Beruf.

Jeden Morgen blicke ich meinen Mann an, den ich heute wieder lieben darf und von dem ich geliebt werde.

Jeden Morgen blicke ich wohlwollend und voller Liebe auf meine Kinder. Auch sie liebe ich jeden Tag.

Das habe ich mir erarbeitet.

Mein Vater kann über Gefühle nicht reden.

Sie werden versteckt. Sind das seine Kindheitsmuster?

Darüber findet kein Gespräch statt.

Meine Mutter redet über Gefühle.

Sie traut sie sich aber nicht einzuverleiben oder intuitiv auszuleben.

Sie wirkt oft traurig und gefühlsabgeschnitten.

Als hätten die Gefühle nichts mit ihr zu tun.

Sind das ihre Kindheitsmuster?

Sind das Verhaltensmuster aus der DDR-Prägung heraus?

Was sind meine Kindheitsmuster?

Ich selbst erinnere mich gut, dass ich als Kind gespalten denken musste. Es auch konnte.

Ich konnte privat denken und fühlen, und offiziell.

Wenn ich ins Ferienlager gefahren bin, bekam ich vorher Ansagen von meinen Eltern, was ich nicht erzählen durfte.

Zum Beispiel, dass wir Westfernsehen guckten.

Kurz nach der Wende wusste ich, intuitiv anerzogen, was ich bei manchen Menschen besser nicht erzähle.

Zum Beispiel bei Mutters guter Freundin, deren Mann als DDR-Systemgegner jahrelang im Gefängnis saß, nicht zu erzählen, dass meine Eltern Egon Krenz als Honecker-Nachfolger gut fanden. Mutter und Vater waren ihr ganzes Leben lang bis zur Wende in einem System erzogen worden, das sie nun nicht bereit waren aufzugeben. Natürlich finden sie einen Mann gut, der weitermachen möchte.

Natürlich fanden es meine Eltern nach der Wende nicht gut, von einem anderen Land aufgekauft zu werden.

Sie mussten alles aufgegeben, woran sie glaubten. Sie haben ihr Leben auf dem Glauben an den Sozialismus aufgebaut.

Dann haben sie 100 Westmark bekommen zur Begrüßung.

Meinen Mutter und mein Vater haben sich lange gewehrt, sich von diesem Geld begrüßen zu lassen. Sie wussten, es ist Schweigegeld.

In den letzten Minuten der Gültigkeit haben sie es trotzdem genommen.

Wir waren in den Westen gefahren mit unserem Trabbi.

Ich hatte meine erste Menstruation und an diesem Tag 40 Mark für meine ersten Westturnschuhe ausgegeben.

Ich weiß noch, wie ich im Westharz in einem Kaufhaus auf der Rolltreppe stand.

Hinter mir waren Gleichaltrige, die nach der Schule im Kaufhaus waren und sich darüber unterhielten, zu McDonald's zu gehen. Für mich unvorstellbar.

Nach der Schule ging ich allein nach Hause und hörte klassische Musik auf Schallplatten.

Später ging ich ab und an zu einer Klassenkameradin. McDonald's war unser Feind. Imperialistisches Essen. Da sind wir nicht hin. Wir wussten, dieses Essen war gesundheitsschädlich und beutet Mensch und Tier aus.

Noch eines hatte ich auf der Rolltreppe im Kaufhaus begriffen: Ich fühlte mich als Mensch zweiter Klasse.

Ich war zu Besuch in einem anderen Land und studierte die Menschen und deren Begebenheiten.

Sie waren anders – ich war anders.

Wiedervereinigung? Integration?

Aufgekauft wurde der Osten. Meine Heimat.

Häuser, Ländereien, Betriebe. Die Seelen der Menschen sind gebeutelt. Denn Familien zerbrachen, zogen auseinander, wurden entwurzelt.

Seit dem ist alles Negation.

Deswegen ist es so schwer, mit meinem Vater in ein Gespräch zu kommen. Mein Vater ist verraten worden.

Mein Vater hat seinen Glauben verloren.

Er schaut jetzt zu. Schaut, was die Welt macht. Versteht alles, sieht alles, weiß, dass die Welt durch den Kapitalismus untergeht. Weil die Erde ausgebeutet wird. Mit ihr die Tiere, die Menschen.

Jetzt gilt das Gesetz: der Stärkere gewinnt. Wer ist stärker? Die, die das Geld haben? Die, die klug sind? Die, die reinen Herzens sind? Die, die teilen?

Mein Vater bekommt eine Rente. Atmet, isst, guckt Fernsehen, hört Nachrichten, hat seine Meinung. Mein Vater steckt in der Negation. Hofft, dass die Armen aufstehen, sich erheben, eine Revolution machen. Er macht sie nicht. Seine Zeit ist vorbei. Er hatte sein Leben, seinen Glauben. Er ist beraubt worden. Sein Leben ist beendet, sein Herz schlägt weiter.

Mein Vater weiß auch, dass er trotz seines Wissens den Überblick verloren hat. Denn der Kapitalismus ist global, grenzüberschreitend, die Wirtschaft gewinnt, regiert, nicht die Politik.

Politik enttäuscht. Verspricht und täuscht.

Ich bin schizophren, was das angeht. Ich bin teils ganz mein Vater. Nur, dass ich keine Rente bekomme. Ich bin zu jung. Habe noch Zeit zu arbeiten. Nur habe ich keine Arbeit, weil die Wirtschaft mich nicht braucht. Ich stecke voller Negation. Auch ich habe den Überblick verloren.

In mir steckt ein soziales Gefühl. Doch meine Erfahrung ist oft, dass ich es bin, die im sozialen Gefüge gibt. Ich gebe Tatendrang, trage Ideologie in mir, einen Glauben, Schaffenskraft.

Andere nehmen.

Die Mauer ist in meinem Kopf.

Ich lebe im Ostteil Berlins. Andere kaufen hier Häuser und Ländereien. Westdeutsche, Skandinavier, Amerikaner. Menschen, die mit dem Kapitalismus im Blut und dem Mammon auf dem Konto aufgewachsen sind. Nicht theoretisch wie ich. In praktischer Anwendung haben sie kapitalistische Gesetze mit der Muttermilch aufgesogen.

Die Mutter versorgt zu Hause die Kinder, der Vater bringt das Geld.

Die da im Westen kommen damit klar. Sie sind Mitbestreiter der Wirtschaft, des Kapitals und eifern hungrig dem persönlichen Besitz nach.

Der Besitz des Wohneigentums, der Besitz des Autos, der Besitz des Zweitautos, der Besitz des Ferienhauses, der Besitz der Habenseite auf dem Konto, die Chefposition, der Winterurlaub, der Sommerurlaub, die Familie, das kulturelle Leben, der modische Schick.

Ich bin standhaft und lebe noch immer im Ostteil des ganzen deutschen Landes. Mein Besitz ist mein Leben, Leben um mich.

Mit Westdeutschen, die in meiner Nebenstraße ein Haus kaufen, führe ich Dialoge, die in Monologen münden, weil mir die Sprache fehlt: »Dieses Grundstück haben wir für einen Apfel und ein Ei gekauft.«

Ohne darüber nachzudenken, was für Spuren sie hinterlassen in meiner Psyche.

Mein Land, mein Grundstück ist für wenig zu haben. Immerhin ist ihr Grundstück, was es für einen Apfel und ein Ei zu kaufen gab, mein Volkseigentum, mein Eins zu Siebzehnmillionstel.

Ist wenig wert, meine Umwelt ist wenig wert, erschwinglich geradezu.

Billig für meine westdeutschen Nachbarn, ein Leben zu führen, was auffällt, denn sie fallen auf, als Glanz in der ganzen wertlosen Umwelt im Osten. Sie werden beäugt. Zum Schutz bauen sie Townhouseghettos. Zum Schutz bleiben sie unter sich und schließen das Tor ab.

Ich, Mensch mit nicht anerkanntem Migrationshintergrund. Ich, Mensch zweiter Klasse. Mein Gefühl von der Rolltreppe damals, als ich das erste Mal in Westdeutschland war, ist noch immer in mir. Es ist ein Scheißgefühl. Habe ich als erwachsenes Kind von DDR-Eltern mir noch nicht einverleibt, dass ich dem Kapitalismus unterliege? Gewinnen oder verlieren. Die Macht des Stärkeren. Geht das auch mit Liebe? Ist das Idiotie? Oder ist das mein Glaube? Anscheinend brauche ich einen Glauben. Meine Mutter. Meine Mutter kann sich ganz weiblich an das Leben halten: atmen, Kinder bekommen, sterben. Sie hat gegeben. Mir mein Leben gegeben. Ganz biologisch. Ganz einfach. Ihr Lebenswerk getan. Mein Vater hat nach dem kapitalistischem Gesetz versagt. Er hat kein materielles Erbe, was er mir hinterlässt. Kein Haus, kein Geld, keine Aktien. Mein Vater hat sein Wissen. Das ist seine Macht und macht ihn ohnmächtig.

Meine Mutter schaut liebevoll auf mich und ihre Enkelkinder.

Auch sie ist ohnmächtig, weil sie sich damit auseinandersetzen muss, dass ihre Tochter, ihr einziges Kind, keine Arbeit hat, trotz Diplom.

Dass ihre Tochter, ganz Stehaufweibchen, sich selbstständig gemacht hat, aber ganz im Kapitalismus badend, finanziell gute und schlechte Zeiten hat.

In guten finanziellen Zeiten kann es mir sogar Spaß machen, im Kapitalismus zu leben.

Weil ich die Chance habe, mir was auszudenken, was die Menschen, die Wirtschaft brauchen könnten, was ich gern und sehr gut geben kann. Meine Arbeit macht mir richtig Spaß.

In schlechten Zeiten habe ich das zerstörerische Gefühl meiner Eltern in mir. Aufgekauft worden zu sein. Nicht gebraucht zu werden. Betrogen worden zu sein. Nicht oben zu schwimmen.

Dann bleibt, im Jetzt zu sein.

Aus spiritueller Sicht oder um nicht verrückt zu werden, weil das Leben sinnlos erscheint. Weil das Leben im Kapitalismus sich über Besitz definiert. Ich besitze nichts, außer ein Leben in mir und um mich. Schließlich habe ich gelernt, mich nicht nur rein biologisch zu definieren. Kinder zu bekommen und gut ist es.

In mir ist eine Sehnsucht mich auszudrücken, weil ich was zu erzählen habe.

In mir ist die Sehnsucht zu arbeiten, weil ich Geld verdienen möchte, das ich auch verdient habe, denn wenn ich arbeite, arbeite ich sehr gut in Qualität und Quantität.

Ich bin ein Teamplayer, wie meine Eltern, gesellschaftsorientiert, aber auch Einzelkämpferin, wie meine Umwelt, ichbezogen, weil die Stärkere gewinnt.

Na ja, Letzteres eher selten. In mir ist eher ein Umschauen, ein Miteinander, ein Anpassen.

Schaffe ich es, in diesem System zu überleben?

Ich muss mich ichbezogener erziehen. Verhaltensmuster erlernen. Sonst geh ich unter. Lernen kann ich mein Leben lang. Zumindest, solange ich die Energie und die Bereitschaft dazu verspüre. An meinen Tagen der Negation habe ich viel damit zu tun, das Ja in mir zu entdecken. Dann hilft es mir zu atmen, zu essen, auszuscheiden, mich verhütend fortzupflanzen und mit diesem Endorphin in mir festzustellen, dass alles gut ist. In mir ist Liebe. Mich umgibt Liebe. Das ist mein Leben.

Und meine Eltern sind mir zugewandt.

Der kleine Kommandeur

Jakob Prings*, 1970 in Bergen/Rügen geboren, über Identität und das Sprechen mit dem Vater

Welchen Sinn kann ich meiner Geschichte abtrotzen? Ich sitze hier und schreibe diesen Text, weil ich wissen möchte, was passiert ist. Aber Erinnerung ist eine tückische Angelegenheit, die Antworten verschweigt. Oft gilt sie mehr dem Wohl im Blick zurück als dem Heil dessen, was noch kommt. Und doch nimmt sie es vorweg. Weissagungen sind Erinnerungen an die Zukunft.

In den verwirrenden Zeiten, wenn plötzlich und unerwartet unsere Lebensentwürfe zerbrechen und nicht mehr wie ein mäandernder Strom einem leise erhofften oder unausweichlichen Ziel folgen, fehlt uns oft die Sprache, die sich verändernde Wirklichkeit zu fassen. Die vertraute Welt verschwimmt im Strom sich überschlagender Ereignisse, dessen man sich durch Beschränkung auf das Lebensnotwendige oder vorschnelle Begrüßung des Neuen erwehrt, um nicht mit ihm fortgerissen zu werden. Die Frage ist nicht entschieden, ob wir die Wahl haben, aber manchmal scheint die Bedrängnis so groß, dass wir einen Teil unseres vergangenen Lebens abschneiden und für falsch oder nicht existent erklären. Wir entreißen ihn unserer Erinnerung um einer lindernden Unbewusstheit willen, aus der unversehens vage Gefühle und Bilder wie Treibholz anschwemmen, uns für einen Augenblick verwirren und dann wieder hinabsinken in unterschiedsloses Vergessen. So verlieren wir unsere Geschichte, die wir fortan nicht mehr selbst schreiben, sondern es anderen überlassen, über unser Leben zu richten, indem sie ihm Bedeutung zugestehen oder es als bedeutungslos verwerfen.

Ich bin 1970 in der DDR geboren und aufgewachsen. Es waren mein Land und meine Leute. Neunzehn war ich als die Mauer fiel und der Volksaufstand das SED-Regime friedlich zur Abgabe der Macht zwang. Wie einfach und klar dieser Satz klingt. Unhintergehbar. Doch damals wurde mein Koordinatensystem zerfetzt. Standpunkte ausgerissen. Als Sohn eines Vaters, der zur Führungselite der Streitkräfte gehörte. Ich erinnere mich an einen Spaziergang, ich war vielleicht zwölf, dreizehn, auf dem ich ihn fragte, ob es jemanden gäbe, den er hassen würde. Mich beschäftigte wohl die Zwangsläufigkeit, mit der dieses unerhörte Gefühl auf die Vernichtung eines anderen zielte. »Wirklich hassen«, wollte ich wissen. »Den Klassenfeind«, gab er zur Antwort. Das fand ich absurd. Wie kann man jemanden hassen, den man gar nicht kennt. Meinte er es ernst? Würde er es tun? Diese Vorstellung war so erschreckend wie anziehend. Andererseits spürte ich Enttäuschung bei dem Gedanken, er hätte es aus Angepasstheit nur daher gesagt. Als Offizier. Also fragte ich nicht weiter.

Anfang September 1989 wurde ich eingezogen. Einkassiert. Wenige Wochen später war die Welt aus den Fugen, und ich saß in der Kaserne. Ausgangssperre. Die Öffnung der Mauer erlebte ich vom Krankenbett aus. Die übliche Stirnhöhlenentzündung, wenn sich etwas in mir verweigerte und es keine Worte dafür gab. Druck im Kopf. Wir schrieben uns Briefe, zweifelnde und entschlossene. Kurs halten und wachsam sein, war unsere Losung. Doch zwischen den Zeilen suchte ich nach feinen Nuancen, die mir verrieten, was er wirklich dachte und fühlte. Ich wollte ihn packen, um mich von ihm abzustoßen: »Einerseits bin ich, wie Du merkst, voll neuer Ideen, andererseits plagt mich mein Gewissen. Deins Dich bestimmt auch! Wieso reden wir erst jetzt so? Du hast geschrieben, man hätte selbständig handeln können. Hast Du es gemacht? Hast Du mit Deinen Soldaten jemals so gesprochen?«. Damals erhielt ich keine Antwort. Aber wollte ich sie hören? Dann sprachen wir lange nicht. Wir waren wie betäubt, und jeder versuchte, so gut es ging mit seinen Problemen klarzukommen. Er reichte seine Entlassung ein, ich ging zum Studium in den Westen. Sein Leben war erledigt, meins fing an. Als ich zehn Jahre später zurückkehrte nach Berlin, gab es vieles, das liegengeblieben war, unberührt, eingekapselt, und nun nach vorn drängte.

In meiner neuen Sprache begegne ich uns als Fremder. Lese ich die Briefe heute, verstehe ich mit meinem Herzen nicht mehr alle unsere Gedanken von damals. Und frage ich dich, wann es gekippt ist, was dich hat aufwachen lassen, nachdem sie dich auf die falsche Seite gestellt hatten, dann antwortet mir ein anderer. Suchend, unsicher tastest du dich vor. Tatsächlich war es der Schmerz des Verrats. Ein Schmerz, der dich stumm machte, weil es niemanden gab, der dich verriet. Ein Überzeugungsopfer. Was war falsch daran, an etwas zu glauben, das eine gerechtere, bessere Welt versprach nach den Millionen von Toten des Krieges? Ein Überzeugungstäter. Wie viele Menschen hat dieser Glaube das Leben gekostet?

[…]
Dabei wissen wir ja:
Auch der Haß gegen die Niedrigkeit
Verzerrt die Züge.
Auch der Zorn über das Unrecht
Macht die Stimme heiser. Ach, wir
Die wir den Boden bereiten wollten für Freundlichkeit
Konnten selber nicht freundlich sein.

Ihr aber, wenn es soweit sein wird
Daß der Mensch dem Menschen ein Helfer ist
Gedenkt unsrer
Mit Nachsicht.

(Bertolt Brecht, 1939)

Gedenkt ihrer mit Fragen. Die Welt liegt zwischen den Menschen. Hattest du das vergessen? Wo sind deine Fragen geblieben? Nach einer gerechteren Welt. Nach einem besseren Menschen. Du lebst ein privates Leben und hältst die Tür verschlossen, weil zwei Enttäuschungen genug sind. Auch später als Geschäftsführer in einem zweiten Leben haben sie dich betrogen. Hast deine Arbeit erledigt noch als der Staatsanwalt dir sagte, dass alle anderen verhaftet seien. Wirtschaftsbetrug. Natürlich wusstest du von nichts. Du hast blind vertraut. Nicht gefragt. Ich spüre deine Sehnsucht nach jemandem, der die Welt mit dir entdeckt, so dass du dich in sie verlieben kannst. Aber ich sage nichts. Weil auch ich diese Sehnsucht kenne.

Ich habe diesen Text aus mir herausgekämpft, weil es Gedanken sind, die ich auch für dich denke und Gefühle, die ich auch für dich fühle. Er ist eine Fortsetzung unserer Briefe in meiner neuen Sprache und ein Klopfen an deine verschlossene Tür. Mich bewegt die Frage, ob wir Ostdeutsche etwas miteinander teilen, das sich in unsere Persönlichkeit eingeschrieben hat und uns anders sein lässt als die im Westen. Aber eigentlich ist sie ein Rettungsversuch unserer Geschichte, deiner und meiner. Und eine Selbstbehauptung.

Es ist bereits Teil der Ost-West-Debatte, dass es wie selbstverständlich Unterschiede zwischen Ostdeutschen und Westdeutschen gibt, die in den vergangenen 25 Jahren Gegenstand zahlreicher Studien waren. Ein nachdenklich ironischer Essay von Christian Meier aus dem Jahr 2010 trägt den Titel »Mentalitätsprobleme der deutschen Vereinigung« (Meier, 2010) und verdichtet das, was alle fühlen und eigentlich schon immer wussten: 40 Jahre SED-Herrschaft formten wenig selbstbewusste, unselbständige und von vorgegebenen Strukturen abhängige Charaktere, die in der freiheitlichen Demokratie der BRD zwangsläufig scheitern mussten oder viele Probleme haben würden. Meier meint weiter: »Die DDR-Bürger wurden also, aufs Ganze (aufs Typische) gesehen, wirklich anders als die im Westen, die mit der Zeit ihre Demokratie zu leben begannen, eine gewisse Weltläufigkeit erwarben, sich in große Debatten verwickelten, wirtschaftlichen Wagemut honorierten, mit einem Wort: viel freier, übrigens auch beredter wurden und eine Menge Erfolge hatten, was sich auch in ihrem Wohlstand spiegelte«. Ostdeutsche Selbstzuschreibungen könnten dem eine größere Solidarität und Verbindlichkeit in sozialen Bezügen oder eine offenere Sexualität und ein befriedigenderes Körpererleben entgegen halten. Ausnahmen bestätigen die Regel. Aber selbst wenn diese Zuschreibung von Stereotypen keiner vernünftigen Analyse standhält, bleibt ein gefühlter subversiver Rest, der uns souffliert: irgendetwas ist doch dran.

Und was liegt näher, den so unterschiedlich empfundenen sozialen und politischen Lebensbedingungen in BRD und DDR zu unterstellen, sie hätten jeweils einen anderen Menschenschlag hervorgebracht. An dieser Nahtstelle zwischen dem, wie wir uns selbst empfinden und der Welt, die uns formt, scheint ein Begriff besonders gut geeignet und populär genug, diese Unterschiede zu entdecken, zu beschreiben, zu erklären. Identität. In der Alltagsliteratur zu diesem Thema taucht der Begriff selbst wenig auf, sondern wird, wie bei Meier, oft durch Mentalität oder Aufzählungen von Eigenschaften ersetzt, die wiederum eine bestimmte geistige Lebensform bezeichnen. Dennoch möchte ich im Folgenden von Identitäten handeln, als ordnungsstiftende Vereinigung von unterschiedlichen Selbst- und Welterfahrungen, Erwartungen und Rollenvorgaben, welche dem Bild, das wir selbst und andere von uns haben, eine bestimmbare Gestalt geben soll. Jedoch möchte ich sie als etwas Gemachtes verstanden wissen, als eine mehr oder weniger geglückte Affäre mit den anderen, denen wir, gewollt oder ungewollt, in unserem Leben begegnen; als etwas Unabgeschlossenes und Konflikthaftes.

Das will mein Verstand. Das Herz jedoch sehnt sich nach einer harmonischen Selbigkeit, die in einem sicheren Identitätsgefühl durch alle Zeiten gründet. Wir suchen nach etwas Unverwechselbarem, dem Gefühl, so und nicht anders zu sein. Es findet sich in der Vertrautheit, wenn ein Mensch, dem ich begegne, meinen Dialekt spricht, wenn wir im Gespräch Spuren einer gemeinsamen Vergangenheit entdecken, wie das nächtliche Aufheulen der Sirenen, wenn die Väter zum Gefechtsalarm in die Dienststelle ausrücken mussten, in Zetti-Schokolade, im Geruch von verfeuerter Braunkohle in kalter Winterluft; wenn nicht viel gesagt werden muss, um zu verstehen. Wer entscheidet denn, ob wir zu einer bestimmen Gruppe gehören oder nicht? Ist es nicht vielmehr unsere Empfindung, dass es sich so anfühlt und dass es sich von hier und jetzt aus gesehen schon immer so angefühlt hat?

Was macht dich aus als Ostdeutscher? Was hat dich besonders geprägt in deinem DDR-Leben? Du zögerst nicht mit deiner Antwort. Eine verschworene Gemeinschaft wart ihr da oben im Windland an der einsamen Küste, und der Mangel schweißte euch zusammen. Es gab keine Wohnungen, die mussten erst gebaut werden. Um Kleider zu kaufen fuhr man lange in die nächste Stadt, denn die breite Straße, heute gesäumt von kleinen Hotels und Strandbungalows, zerteilte noch nicht den Föhrenwald zwischen den beiden Wassern. Die Frauen hatten keine Arbeit. Sie kümmerten sich um die Kinder. Oft fern von den Familien im harten Dienst auf den Booten erfüllte euch ein gemeinsames Ziel. Dieses neue Land zu schützen. Mauerbau und Kubakrise saßen euch noch kalt im Nacken, die anderen Deutschen zeigten ihre Waffenzähne im Kielwasser raketenbewehrter Yankeeschiffe. Zum Glück warfen sie nur Flugblätter. Seite an Seite standet ihr ein für euer Land und das, was es versprach. Eine bessere Zukunft. Für alle. Was war falsch daran? Nein, es war keine Chance, bedrückenden Verhältnissen zu entkommen, der dumpfen Armut langer Nachkriegsjahre. Das ist ein Wort meiner neuen Sprache. Es war ein Ruf, dem du folgtest. Überallhin, zu jeder Zeit. Ich fühle deinen Stolz. Dein innerer Kompass zeigt heute in keine andere Richtung. Es war dein Leben.

Bilder tauchen in mir auf. Marschmusik frühmorgens in den Straßen. Endlich, es war 1. Mai! Ich durfte die Fahnen aus dem Keller holen, ans Fenster habt ihr sie gesteckt. Der ganze Block war geflaggt, und man zog sich schön an für das Fest. Paradeuniform mit Ehrendolch. Ich wollte werden wie du. Ein kleiner Kommandeur. Es gab Kinovorstellungen für Kinder, Erbsensuppe aus der Gulaschkanone, unübertroffen trotz vieler Versuche an heimischen Herden, Betrunkene im Dorf dösten auf Parkplatzbänken, und die Großen jagten sich beim Crosslauf. Am Abend knisterte hoch aufgetürmtes Holz im Feuer am Strand, und es roch nach Teer und salzigen Algen. Viel später erinnere ich die Spruchbänder vor dem Geländer an der großen Kreuzung. Verwirrende Mischung aus Lebensernst und Abenteuerlust. Eine kindliche Empfindung von Freiheit wird durchherrscht von einem Gesinnungsritual dieser Gemeinschaft, das Zugehörigkeit stiftet, die mir Sicherheit, Rechtlichkeit und persönliche Stärke gibt. Seine wiederkehrende Ausübung war keine freie Gemütsbewegung, sondern ein diszipliniertes Üben der richtigen Haltung. Kurs halten, wachsam sein. Es ist die Fabrikation eines Wir-Gefühls, das uns an eine Gruppe bindet; es sind ihre Rituale und Mythen, die unsere Lebenserfahrungen kollektiv verbindlich rahmen; es sind die Ruhmestaten und Verwundungen unserer Leute, die auf dem Grund unserer Seele leuchten, wenn wir meinen, dass wir nur für uns selbst sprechen. Schicksal.

[…]
Es schwinden, es fallen
Die leidenden Menschen
Blindlings von einer
Stunde zur andern,
Wie Wasser von Klippe
Zu Klippe geworfen,
Jahr lang ins Ungewisse hinab.

(Friedrich Hölderlin, 1799)

Doch gibt es eine unübersehbare Vielfalt menschlicher Gemeinschaften, die alle eine andere Antwort haben auf die Frage nach dem guten Leben. Aber man muss wissen wollen und seine Entscheidungen treffen. Menschen sind von Natur aus weder gut noch böse. Wir besitzen lediglich eine gewisse Freiheit, Dinge zu tun oder zu lassen. Ist das so? Entweder du hältst das Maul oder du gehst in den Knast. Was für eine Freiheit.

Wen wünscht man sich an seiner Seite, wenn man mit sich selbst zusammen ist? Oft bin ich wie ich bin. Dann passt kein Blatt zwischen mich. Wiederum gibt es Momente, in denen ich mir zustoße und einen alten Bekannten treffe. Der schon wieder. In den letzten Jahren ist ein Anderer hinzugekommen. Einer, der sich mir und meinem Bekannten gegenüberstellt. Manchmal träume ich von ihm. Ein dicker Mann mit Vollbart in einem Mantel aus bunten Flicken. Offenes weißes Hemd, Beinkleider aus Leder, schwere Schuhe. Er provoziert mich. Grinst mich an dabei. Unverschämt. Ein andermal ist er jünger als ich. Ein Demian, und rettet mir das Leben. Nicht aufhören zu atmen! Sieh mich an!

Tagsüber ist dieser Dritte eine kommentierende Stimme, die sich von meinen Innenwänden ablöst und hinauf ins Ohr steigt. Eigentlich mag ich diese Stimme. Auf drei Beinen steht es sich besser. Nur manchmal, wenn sie Blödsinn erzählt, will ich sie zurückstopfen in das Ungewisse, aus dem sie kommt und hinaufsinken in meine Zwischenwelt. Da ist es so wie ich es gern hätte, nur gibt es keinen Unterschied zwischen hätte, sollen und sein. Dann bin ich wieder wie ich bin. Woher weiß ich aber, was wirklich ist? Oder wirklich war? Nehme ich ernst, was ich aus unseren Erste-Mai-Ritualen gelernt habe, kann ich meinem neuen Gegenüber ebenso wenig trauen wie mir selbst. 25 Jahre Westen. Durch wie viele Linsen und gefärbte Gläser schaue ich heute zurück auf den, der damals die Briefe schrieb? Es gibt Momente voller Selbstgewissheit, in denen ich meine, alle Schleier zu zerreißen und einen unverstellten Blick auf die Devotionalien meiner Jugend zu werfen. Ich kenne aber auch die Zweifel an der reingewaschenen Welt und das Gefühl, mich dabei selbst zu verraten. Wenn ich mir Bilder anschaue von damals, ich im FDJ-Hemd auf dem Pfingsttreffen, posierend auf dem Roten Platz in Moskau, oder meine alten Texte lese, Rechenschaftsberichte, Jugendweihegrußworte, die Briefe an dich, dann empfinde ich das Ende der DDR als Verlust eines Teils von mir. Ich bin verletzt. Unklar bleibt, ob diese Scham einer DDR-Wirklichkeit entspringt, die ich glaube zu erinnern oder der schwierigen Begegnung mit der westdeutschen Realität, in der ich mich offenbar um etwas beraubt fühle. Und schuldig unter den Augen der Westdeutschen angesichts des Unrechts, welches in der DDR geschah. Vielleicht verbirgt sich hinter der Suche nach einer ostdeutschen Identität der Wunsch, diesem Scham- und Verlustgefühl etwas entgegenzusetzen? Doch scheint sie sich immer wieder zu entziehen. Selbst wenn ich zu dritt bin, kann ich nicht mit Sicherheit den Ort bestimmen, von dem aus ich mich erinnere. Ist die Scham über die Hilflosigkeit und naiven Verstrickungen des 19-Jährigen einer größeren Bewusstheit geschuldet oder erwächst das Gefühl einer zugelegten Identität als Westdeutscher, der ich doch auch bin seit zweieinhalb Jahrzehnten?

Zetti-Schokolade und rauchige Winterluft – wie sicher und gut sich das anfühlt. Altes Kopfsteinpflaster. Der Erinnerungssplitter führt mich zurück in eine wenige Wochen alte Vergangenheit. Zu einem Konzertabend in einer ostdeutschen Kleinstadt. So viele graue Köpfe. Ältere Herren in gedeckten Anzügen mit zerfurchten Gesichtern. Weiße Hemden spannen sich über stramme, feste Bäuche. Man weiß wohin man gehört. Wie sie zueinander sprechen. In einer Art freundlicher Verbindlichkeit, die keinen Widerspruch duldet. Jeder Satz hat etwas Zwingendes, ist eine Antwort auf eine nicht gestellte Frage. Ummauertes Gelände. Das waren deine Leute. »Du gehst deinen Weg!« Dabei war es gar nicht mein Weg. Zum Glück konnte ich abbiegen 1989. Mir war unheimlich zumute. Das alte Kopfsteinpflaster fiel in sich zusammen und riss die Straße mit sich, und die Zetti-Schokolade, und die rauchige Winterluft. Unorte der Erinnerung. Was bleibt, sind »Gefühle wie Treibholz«. (Büchler u.a., 2011)

Bei einem französischen Soziologen wurde ich fündig. Bis vor Kurzem wusste ich nicht, dass er in Buchenwald als Folge der Vernichtung durch Arbeit umkam. Wieder ein Unort. Er meint, dass Erinnern und Gedächtnis immer an Menschen gebunden sind, mit denen wir unser Leben teilen. Außerhalb von sozialen Gruppen existiert kein Gedächtnis. (Halbwachs, 1985) Gemeinschaftssymbole lenken unser Denken und unsere Wahrnehmung in bestimmte Bahnen und vermitteln, welche Erfahrungen wir miteinander machen; also was gemeinsam gefühlt, gedacht und erinnert werden kann. Oder darf? Eigentlich sind wir beide doch Spezialisten für diese Erinnerungspraktiken. Also wickele ich mich in meine Dreifaltigkeit und erzähle den zweiten Teil unserer Geschichte geharnischt mit meiner neuen Sprache.

Man kann den Osten unmöglich ohne den Westen denken. Ostdeutsch und westdeutsch sind kein einfaches Gegensatzpaar, sondern eine Dichotomie, ein Zweigeteiltes, das sich auf ein prägendes geschichtliches Ereignis bezieht – auf die Revolution in der DDR und die darauf folgende Vereinigung beider deutscher Staaten. Diese Vereinigung erfolgte nicht auf Augenhöhe, sondern als Beitritt der DDR zur Bundesrepublik. Das bedeutete die Übernahme des westdeutschen Institutionenmodells mit einer konsequenten Beseitigung und Neuordnung der sozialen, ökonomischen und politischen Strukturen im Beitrittsgebiet einschließlich der Besetzung der Mehrheit der gesellschaftlichen Führungspositionen durch westdeutsche Eliten. »Wir wollen nicht kaltschnäuzig über eure Wünsche und Interessen hinweggehen. Aber hier findet nicht die Vereinigung zweier gleicher Staaten statt.« (Meier, 2010) Wolfgang Schäuble ließ an den Machtverhältnissen bei den Verhandlungen zum Einigungsvertrag keinen Zweifel. Vereinigung bedeutete für den Osten eine gewaltige Transformation. Durch die Anpassung und Harmonisierung des Beitrittsgebiets entwickelten sich nachhaltige soziale Unterschiede. Ossi und Wessi – was als Klischee begann, um sich in diesem Malstrom zu verorten, differenzierte sich in den 1990er Jahren zu komplexen sozialen Kategorien. (Stevenson, 2002) Man mag sich kaum daran erinnern, aber vor 1989 gab es diese Dichotomie nicht, und es waren andere Schablonen, in denen man fühlte und dachte. »Wie in anderen dichotomen Menschenklassifikationen (zum Beispiel Schwarz/Weiß oder Abendland/Morgenland) besticht an dem Kategorienpaar Ossi/Wessi seine einfache, aber perfekte poetische Konstruktion. Das Paar ist zu schön, um nicht zuzutreffen.« (Streek, 1995) Und tatsächlich ist auch heute, 25 Jahre nach der Vereinigung, ostdeutsch und westdeutsch ein wesentliches Merkmal, womit sich Menschen identifizieren oder identifiziert werden; noch vor Alter, Geschlecht oder Beruf. Entlang dieser Unterscheidung sind viele Deutsche überzeugt, unterschiedlichen sozialen und mentalen Traditionen anzugehören. (Stevenson, 2002) Nur ist die innerdeutsche Zweigeteiltheit eben nicht symmetrisch.

Diskurse sind voll von Gemeinschaftssymbolen, die für diese ungleiche Teilung stehen. Sie sind große Konfektionsbetriebe, die Wörter und Bilder produzieren wie Kleider, mit denen man die Welt anzieht. Es gibt eine aufschlussreiche Untersuchung über die Ost-West-Berichterstattung in den 1990er Jahren in der Wochenzeitung *Die Zeit*. Sie belegt, dass der Begriff Wessi vor allem in Zusammenhängen mit Fremdheit und Entwicklungshilfe auftaucht, wobei überwiegend einzelne Personen als solche bezeichnet werden. Der Begriff Ossi dagegen gehört zu einem Sprechen über bestimmte Wesenseigenschaften, wobei meist von der Gesamtheit der Ostdeutschen die Rede ist. (Wedl, 2009) In seiner Struktur erinnert der Wort- und Bildstrom über Ossis und Wessis an koloniale Diskurse: der Andere wird als unbegreiflicher Barbar mit dem krankhaften Stereotyp des Fremden aber Vorhersagbaren markiert. (Nandy, 2008) Da der Orientale, hier der Ossi. Parallelen zur gegenwärtigen Flüchtlings- und Islamismusdebatte drängen sich auf. Eine Fundgrube von Ossi-Stereotypen ist Rebecca Pates' Sammelband *Der Ossi*: Sie seien dauerhaft »verzwergt«, durch ihre Ausbildung und Erziehung unwiderruflich »verhunzt« und »über weite Strecken völlig unbrauchbar«. Sie hätten »einfach nichts gelernt, was sie in die freie Marktwirtschaft einbringen könnten«. Ostdeutsche seien »altmodisch, verklemmt, naiv, konfliktscheu, opportunistisch, larmoyant und immobil« und neigten zu rassistischen sowie fremdenfeindlichen Gewalttaten. Und wie dies für den kolonialen Diskurs in Indien gezeigt werden konnte, finden wir parallel dazu die Umkehrung, nicht minder stereotyp. Im Falle der Ossis ist es ihre besondere »Transformationskompetenz«, die freilich vor allem der jüngeren Generation vorbehalten bleibt. Als Beispiel dafür sei die Dritte Generation Ostdeutschland angeführt, ein professionell organisiertes Netzwerk von zwischen 1975 und 1985 geborenen Wendekindern. Medial präsent und politisch umworben, behaupten sie eine größere gesellschaftliche Integrationsfähigkeit und nehmen damit Bezug auf die aktuellen Herausforderungen durch Migration; heben ihre beruflichen Erfolge hervor, mit denen sie zu westdeutschen Eliten aufschließen; und betonen ihr besonderes zivilgesellschaftliches Engagement für eine offene, demokratische und gerechtere Gesellschaft. Der anschlussfähige perfekte Gegenentwurf.

Der erwähnte Sammelband demonstriert eindrucksvoll, wie die »Fabrikation der Ostdeutschen« »über spezifische Motoren läuft (Pates, 2013): »Zählungen (Statistiken), Normalisierung, Psychologisierung, Biologisierung, Essentialisierung und nicht zuletzt Ethnisierung«. Bezeichnend ist, dass dabei in der Regel das herauskommt, was Christian Meiers Narrativ vorzeichnet: eine »zivilisatorische Lücke« des Ostdeutschen. In einem System, welches das Politische privatisierte und das Private politisierte, wo Fremdzwang über Selbstzwang dominierte, konnten grundlegende Persönlichkeitsstrukturen nicht erworben werden, wie sie in freiheitlichen Gesellschaften notwendig seien. (Engler, 1992) Doch wie kann man fundamentale Unterschiede in der geistigen Lebensform zwischen Ost und West behaupten, wenn diese als Teil der gesellschaftlichen Matrix offenbar bereits erkenntnisleitende Vorannahmen sind? Kleider, mit denen man die Welt anzieht. Sind unsere Erinnerungen dann nicht inszenierte Erinnerungen? Bedeutsam scheint mir, dass sich die Art und Weise wie wir unsere DDR-Vergangenheit erinnern, besonders um die Erfahrung der Transformation zentriert, den schwierigen Übergang in eine neue Gesellschaft und seine ökonomischen, sozialen und psychischen Konflikte, die bis heute fortdauern. Das ist der soziale Rahmen unserer Erinnerungen. Ich glaube, dass die Gefühle und Phantasien über uns als Ostdeutsche vor allem durch den asymmetrischen Rahmen geprägt sind, innerhalb dessen reale Begegnungen mit dem Westen stattfanden und stattfinden. Gefühlte Unterwerfung erzeugt eine Scham, der Trotz und falsche Erinnerungen an eine gute DDR gegenüberstehen. Schuldgefühle, damals angesichts des Unrechts und der zynischen Verlogenheit geschwiegen und weggeschaut zu haben, mischen sich mit Wut über stereotype Zuschreibungen.

Keineswegs leugne ich Unterschiede in bestimmten Haltungen oder Handlungsmustern zwischen Ost- und Westdeutschen, die aus sehr unterschiedlichen Lebenserfahrungen herrühren. Auch ließen sich unschwer für beide Gruppen selbst gewählte Traumata und Ruhmestaten ausmachen, die gefühlte Zugehörigkeit und kollektive Verbindlichkeit vermittelten. Aber wo es Interessenkonflikte gibt, können tatsächliche Unterschiede übertrieben herausgestellt und umgedeutet werden, um als Marker sozialer Abgrenzung zu dienen. (Stevenson, 2002) Zum Beispiel beschreiben Studien zu Sprachunterschieden Unstimmigkeiten in der Kommunikation zwischen Ost- und Westdeutschen. Jedoch geben deren Autoren zu bedenken, dass der ökonomische Wettbewerb zwischen Ost und West durchaus dazu führen könnte, dass durch die Fokussierung und Überbetonung von angeblichen Sprachunterschieden versucht wird, die Unterscheidung zwischen Eigengruppe und Fremdgruppe zu stabilisieren. (Antos & Richter, 2000) Dementsprechend kann Sprache, egal ob selbst thematisiert oder zugeschrieben, zum Symbol einer Gruppenidentität und damit Ausdruck eines politischen Lagers oder bestimmter sozialer, intellektueller oder moralischer Werte werden. So werden Sächsisch oder Kanak heute von fast jedem deutschen Kabarettisten kolportiert.

Die asymmetrische Art der Identitätsentwürfe Wessi und Ossi könnte weniger mit den unterschiedlichen Lebensverhältnissen in BRD und DDR zu tun haben, als vielmehr mit der ungleichen Begegnung zwischen Ost- und Westdeutschen im Zuge der Vereinigung. Ungleich in Bezug auf das politische, ökonomische, soziale und kulturelle Kapital, das beiden Gruppen zur Verfügung stand und steht. Die so gerahmten Identitäten könnten sogar dabei helfen, diese Ungleichheit zu rechtfertigen, um die Gemeinschaft als Ganzes sozial zu stabilisieren.

Macht- und Abhängigkeit sind menschliche Grunderfahrungen und untrennbar mit unserem Leben in Gemeinschaften verbunden. Auch sie sind Teil der symbolischen Ordnung einer Gemeinschaft und werden durch sie weitergegeben. Das ist eine etwas andere Sichtweise auf den so ungleichen Ost-West-Diskurs und seine symbolischen Formen. Als Beispiel sei angeführt, dass schichtspezifische Unterschiede in Geschmack, Ästhetik, Vorlieben von Kunst oder Musik keiner irgendwie objektiven ästhetischen Logik folgen, sondern Klassenunterschiede bekräftigen und der herrschenden Elite gestatten, Macht über andere auszuüben. (Bourdieu, 2014) Die Beherrschung der Welt der Symbole bestimmt wer was und wie über Ost und West spricht, publiziert, mediatisiert. Diskurshoheit als Machtgewinn. Dabei ist Macht nichts Abstraktes, sondern ist ein Beziehungsaspekt, der strategische Abhängigkeiten beschreibt. (Foucault, 1977) In unserem Fall sind es Marginalisierung und Ausgrenzung, nicht jedoch Ausschluss oder Ausstoßung. Ich meine die Hervorbringung eines gefährlichen, verachtenswerten Bereichs innerhalb einer Gesellschaft, der ähnliche Vorstellungen, Institutionen und Selbstbilder umfasst. (Mills, 2005) Dabei geht es nicht nur um bestimmte Zuschreibungen oder Vorurteile gegenüber bereits existierenden Gruppen oder Kategorien von Menschen, sondern auch um Rituale, Sprechregeln sowie Fühl- und Denkschablonen, die dabei helfen, die Objekte ihrer Verachtung und Erniedrigung zu erschaffen. Diese Machtkonfiguration findet sich in variierenden Erscheinungsformen im Prozess der westlichen Zivilisation. (Weegmann, 2014) Eine davon ist die Formierung einer »Verfolgergesellschaft« im frühmodernen Europa, in der Juden, Häretiker und Aussätzige die Ränder der Gemeinschaft zu bilden begannen. Entwertung und Ausgrenzung bestimmter Personengruppen setzen sich bis heute fort, wobei die Räume der Leprakranken später durch die Verrückten oder Degenerierten besetzt wurden. Um 1890 erreichte Philippe Morels »Konzept der Degeneration« den Höhepunkt seiner Popularität in Wissenschaft und Kultur, um das sich ein ganzer Begriffsapparat bildete und Personengruppen, Kategorien und Ängste konstruiert wurden als Objekte der (Für-)Sorge und Intervention. In allen Fällen erfüllten die konstruierten Identitäten der Marginalisierten eine wichtige Funktion für die Mehrheit der Gesellschaft beziehungsweise ihrer herrschenden Eliten. Im ausgehenden Mittelalter stabilisierten sie das soziale Gefüge einer Gesellschaft, deren Expansionsmöglichkeiten und damit freie Verfügbarkeit von Ressourcen durch den monopolisierenden Effekt der Lehensvergabe stagnierten und zudem durch die Einführung der Geldwirtschaft erschüttert wurden. (Elias, 1988) Und in den großen sozialen und politischen Veränderungen durch die industrielle Revolution im 19. Jahrhundert erfüllten sie das Bedürfnis nach neuen Ideologien: freies Unternehmertum, Wettbewerb, Kampf um Weltmärkte, Kolonialisierung. (Ellenberger, 2005) Sie fanden ihre wissenschaftliche Rationalisierung im Darwinismus und ihren sozialen Widerpart unter anderem in Morels Degenerationskonzept: Überleben der Tüchtigsten, Beseitigung der Untauglichen. (Ammerer, 2006)

Die diagnostizierten Mentalitätsprobleme lassen sich zu einer Erzählschablone (Wertsch, 2011) verdichten, welche die Debatte über weite Strecken beherrscht: der unzivilisierte Ossi, der in der DDR nie lernen musste, selbständig zu denken und zu arbeiten, kann in der freien Markwirtschaft nur verlieren. Deshalb ist die Produktivität in Ostdeutschland auch traditionell niedrig wie kürzlich ein Nachrichtensprecher sagte, und Einkommen und Renten nachvollziehbar geringer als im Westen. Indem sie den individuellen Ossi selbst dafür verantwortlich macht, seine Probleme zu lösen und viel allgemeinere, tiefgreifendere Interessenkonflikte, zum Beispiel um die Verteilung von Einkommen und Vermögen, auf das Ost-West-Schema einengt, produziert sie gesellschaftliche Unbewusstheit für andere geschichtliche Möglichkeiten. (Erdheim, 1983) So verzeichnete Nordrhein-Westfahlen von 2005 bis 2011 die größte Zunahme der Armutsgefährdungsquote in Deutschland, in Thüringen und Brandenburg sank hingegen die Quote in diesem Zeitraum am stärksten. (bpb, 2013)

Aus meiner Sicht verstellt die bemühte Suche nach einer ostdeutschen oder westdeutschen Identität relevante Konflikte sozialer Gruppen und gesellschaftlicher Akteure, die durch diese Inszenierung von Identitäten abgedämpft werden. Insofern könnte man die Ossi-Wessi-Poesie als Teil eines politischen Mythos (Edelman, 2005) verstehen, der den Deutschen hilft, die immensen Probleme der gesellschaftlichen Transformation nach 1989 zu bewältigen, ohne dabei einen wie auch immer gearteten Systemwechsel zu riskieren.

Da wir uns zurzeit in einer Flüchtlingskrise befinden, möchte ich mich kurz einer Nebenerzählung zuwenden. Die Wendeerfahrungen Ostdeutscher werden immer häufiger mit Migrationserfahrungen verglichen, oder es wird auf eine Transformationskompetenz angespielt, die Ostdeutschen und Migranten der zweiten und dritten Einwanderergeneration gemeinsam sei. »Das Außergewöhnliche ihres Migrantendaseins ist bloß, dass sie ausgewandert sind, ohne sich fortbewegt zu haben. Das neue Land ist zu ihnen gekommen, nicht umgekehrt«. (Staud, 2003) So ähnlich bestimmte Erfahrungen von Ostdeutschen und Migranten auch sein mögen, hinkt doch der Vergleich an einer entscheidenden Stelle. Die Kategorien Migranten und Deutsche sind wohl ein Gegensatzpaar, aber anders als Ostdeutsche und Westdeutsche stellen sie keine Dichotomie dar. Doch genau diese Dichotomie, die sich auf verschiedene Perspektiven einer gemeinsamen Geschichte bezieht, ist bestimmend für die Ost-West-Kategorisierung. Sie umschreiben andere Interessenkonflikte, andere Projektionen und Identifizierungen, andere Reservoire für Bilder, andere Abhängigkeitsverhältnisse als zwischen Deutschen und Migranten. Diese mögen sich überlappen, jedoch, um nur zwei Beispiele zu nennen, ist es eine Tatsache, dass Ostdeutsche einen anderen Zugang zu gesellschaftlichen Ressourcen hatten und haben als Migranten (Mikrozensus, 2010) oder bezüglich ihrer Geschichte Ost- und Westdeutsche gleichermaßen die Erfahrungsperspektive einer Nation teilen, die in der Zeit des Nationalsozialismus die Täter gestellt hat. Zudem bezieht sich der Migrationsdiskurs im Allgemeinen auf Menschen, die aus anderen Ländern nach Deutschland einwandern und mit denen oft ein anderer ethnischer oder kultureller Hintergrund verbunden wird.

Das ist mein zweiter Kritikpunkt. Denn damit werden ostdeutsche Identitätskonstruktionen indirekt ethnisiert und Probleme der Vereinigung als angeblich kulturelle oder mentalitätsgeschichtliche Unterschiede vereinfacht – als Fortsetzung des politischen Mythos. Beispiele dafür gibt es genug: So seien Ostdeutsche »Einwanderer«, um genauer zu sein »Türken« (Staud, 2003), und offenbar sind auch deutsche Politikerinnen davon überzeugt, dass Ossis einen Migrationshintergrund haben. (Göring-Eckhardt, 2015) Wenden wir uns der aktuellen Flüchtlingskrise zu, ergibt sich jedoch eine frappierende Gemeinsamkeit. Zwei Zitate aus einem *Spiegel*-Artikel, auf den mich eine Kollege aufmerksam machte: »Die Situation in den Heimen und Lagern spitzt sich immer mehr zu, Meldungen über Saufereien und

Raufereien häufen sich. In einigen Einrichtungen herrsche eine derart ›aufgeputschte Stimmung‹, berichtet der Essener Sozialdezernent Günter Herber, dass er es nicht mehr wage, ›da einen Sozialarbeiter hinzuschicken, das ist schon beinahe lebensgefährlich. [...] Überforderte Behördenmitarbeiter lassen sich zu Dutzenden versetzen oder krankschreiben, mancherorts werden Alarmklingelknöpfe unter den Kanten von Sozialamt-Schreibtischen installiert«. »Wieso kommen die noch« ist der Artikel überschrieben, veröffentlicht am 19. Februar 1990. (*Der Spiegel*, 1990) Eine Gesellschaft stabilisiert sich an ihren Rändern.

Sollte man angesichts der aufgezeigten Inszenierungen und politischen Vereinnahmungen also besser von Identitäten schweigen? Wie jede Beziehung sind auch Macht- und Abhängigkeitsbeziehungen wechselseitig, und jeder Knoten der Matrix, jedes Mitglied der Gemeinschaft, in dem das Beziehungsgefüge der Macht seinen unverwechselbaren menschlichen Niederschlag findet, ist auch ein Widerstandspunkt. (Foucault, 1977) So zeigt ein Blick auf Gender- und Antirassismustheorien, wie sehr deren Verfechter die enge Verbindung zwischen Identität und politischer Auseinandersetzung hervorheben. Eine von ihnen, eine schwarze Literaturwisschenschaftlerin, sieht Identität nicht als Hemmnis im Kampf um Gleichberechtigung, sondern als Stadium in einem Prozess der Schaffung einer radikal schwarzen Subjektivität. (hooks, 1990) Damit diese nicht nur »Kampfidentität« bleibt, sondern andere Möglichkeiten eröffnet als Assimilation, Imitation oder Rebellion, fordert hooks eine Erweiterung des Begriffs. Schwarze Identität muss die tatsächliche Komplexität und Vielfalt von *blackness* einschließen. Diese Perspektive auf Identität gefällt mir. Denn so verstanden, würde *easterness* meine widersprüchlichen Gefühle und Erfahrungen in Bezug auf DDR und Vereinigung enthalten, ohne dass ich etwas davon ausschließen oder verleugnen müsste.

Christa Wolf, die mir auf meiner Suche oft eine geistige Begleiterin war, fragt in ihrem autobiografischen Roman »Stadt der Engel«: »Was wäre denn das richtige Leben im richtigen gewesen, wenn es uns bei Kriegsende gelungen wäre, mit unserem

Flüchtlingstreck noch über die Elbe zu kommen, der wir doch mit der letzten Kraft der Zugpferde zustrebten? Wäre ich unter den anderen, den richtigen Verhältnissen ein anderer Mensch geworden? Klüger, besser, ohne Schuld? Aber warum kann ich immer noch nicht wünschen, mein Leben zu tauschen gegen jenes leichtere, bessere?« Vielleicht beschreibt ihr Fragen jenen Unort, welcher offenbar ein Entscheidungsort ist im Ringen um die Deutungsmacht über unsere Geschichte. Als Antithese zum Ossi, die sich jeder Bestimmbarkeit durch andere entzieht und offen bleibt für die Verschiedenartigkeit und Vielfalt unserer Erfahrungen und der Bilder über uns, auch ihrer Konflikthaftigkeit und darum lebendig.

Der kleine Kommandeur ist ein Kinderbuch von Anne Geelhaar und Gertrud Zucker. Florians Vater ist auch Soldat und oft nicht zu Hause. Als er nach Berlin abkommandiert wird, um Exerzieren für die große Parade zu üben, will er nicht bei Frau Honigmann bleiben und haut ab. Nach Berlin will er, zu seinem Vater. Auf eigene Faust. Auf dem Weg dorthin versteckt er sich auf einem alten Lastkahn. Dort schläft er auf dem Teppich unter dem alten Sofa, ein geblümtes mit krummen Beinen und kullerrunden Armlehnen. Ich erinnerte mich gern an dieses Bild. Wie romantisch es ist, die Spree hinaufzufahren, vorbei an knorrigen alten Weiden einer Schnurrkatze neben mir auf dem Kissen. Bis ich das Buch wieder zur Hand nahm. Darin las ich, dass die Fährleute ihn entdeckten und in Berlin seiner Schulklasse übergaben, die zur Maidemonstration angereist war. »Die Parade ist vorbei. Alle haben Papa gesehen. Nur Flo nicht […] weil er seinen Posten verlassen hat […]«, endet das Buch.

Du und ich, wir haben unseren Posten verlassen.

Literatur

Dritte Generation Ost (Hg.) (2015): Wer wir sind, was wir wollen, 3. Auflage, Berlin.

Ammerer, Heinrich (2006): Mächtige Einflüsterer. Darwin, Morel, Galton, Lambroso, in: Krafft-Ebing, Freud und die Erfindung der Perversion, Marburg, S. 54–60.

Antos, Gerd/Richter, Stefan (2000): Sprachlosigkeit Ost? Anmerkungen aus linguistischer Sicht, in: Graham Jackman/Ian F. Roe: Finding a Voice. Problems of Language in East German Society and Culture, Rodopi.

Büchler, A./Kluge, U./Krüger, R. u. a. (2011): Plenty Coups. Gefühle wie Treibholz. Unveröffentlichtes Manuskript.

Bhabha, Homi K. (2012): Über kulturelle Hybridität: Tradition und Übersetzung, Wien.

Bourdieu, Pierre (2014): Die feinen Unterschiede, Berlin.

bpb (23. April 2013): Die soziale Situation in Deutschland, abgerufen am 29. Dezember 2015 von http://www.bpb.de/nachschlagen/zahlen-und-fakten/soziale-situation-in-deutschland/158610/armut-nach-bundeslaendern.

Brecht, Bertolt (1939): An die Nachgeborenen, abgerufen am 25.04.2016 von http://www.schmidt-salomon.de/brecht.htm.

Der Spiegel (1990): Abgerufen am 30.12.2015 von http://www.spiegel.de/spiegel/print/d-13507374.html

Edelman, Murray (2005): Mythos, Emotion und Selbstverständnis, in: Politik als Ritual. Die symbolische Funktion staatlicher Institutionen und politischen Handelns, Frankfurt am Main, S. 110–120.

Elias, Norbert (1988): Mechanismen der Feudalisierung, in: Über den Prozeß der Zivilisation Bd. 2, Frankfurt am Main, S. 83–84, S. 89–96.

Elias, Norbert (1992): Studien über die Deutschen, Frankfurt am Main.

Ellenberger, Henri F. (2005): Die neuen Lehren. Darwin und Marx, in: Die Entdeckung des Unbewußten. Geschichte und Entwicklung der dynamischen Psychiatrie von den Anfängen bis zu Janet, Freud, Adler und Jung, Zürich, S. 323–341.

Engler, Wolfgang (1992): Die zivilisatorische Lücke. Versuche über den Staatssozialismus, Frankfurt am Main.

Erdheim, Michel (1983): Die gesellschaftliche Produktion von Unbewußtheit. Eine Einführung in den ethnopsychoanalytischen Prozeß, Frankfurt am Main.

Foucault, Michel (1977): Der Wille zum Wissen. Sexualität und Wahrheit Bd. 1, Frankfurt am Main.

Freud, Sigmund (1921): Massenpsychologie und Ich-Analyse, Leipzig
Fulbrook, Mary (2008). Ein ganz normales Leben. Alltag und Gesellschaft in der DDR. Primus.
Göring-Eckhardt, Katrin (9. September 2015): YouTube, abgerufen am 30. Dezember 2015 von https://www.youtube.com/watch?v=O0HTSDdPuV8.
Hölderlin, Friedrich (1997): Hyperions Schicksalslied, in: Das große deutsche Gedichtbuch, München.
Halbwachs, Maurice (1985): Das Gedächtnis und seine sozialen Bedingungen, Frankfurt am Main.
hooks, bell (1990): Postmodern Blackness, in: Postmodern Culture (1) 1.
Jureit, Ulrike/Schneider, Christian (2010): Gefühlte Opfer. Illusionen der Vergangenheitsbewältigung, Stuttgart.
Lorenzer, Alfred (1984): Das Konzil der Buchhalter, Frankfurt am Main.
Meier, Christian (2010): Das Gebot zu vergessen und die Unabweisbarkeit des Erinnerns, München.
Mikrozensus (2010): Abgerufen am 29. Dezember 2015 von https://www.destatis.de/DE/Publikationen/WirtschaftStatistik/Bevoelkerung/Armutsgefaehr-dungMigrationshintergrund_72012.pdf?__blob=publicationFile.
Mills, Robert (2005): Suspended Animation. Pain, Pleasure and Punishment in Medieval Culture, London.
Nandy, Ashis (2008): Die Psychologie des Kolonialismus. Geschlecht, Alter und Ideologie in Britisch-Indien, in: Der Intimfeind. Verlust und Wiederaneignung der Persönlichkeit im Kolonialismus, Nettersheim, S. 86–91.
Pates, Rebecca (2013): Der Ossi als symbolischer Ausländer, in: dies./Maximilian Schochow: Der Ossi. Mikropolitische Studien über einen symbolischen Ausländer, Wiesbaden.
Scholz, Regine (2011): The Foundation Matrix and the Social Unconscious, in: Earl Hopper/Haim Weinberg: The Social Unconscious in Persons, Groups, and Societies, London, S. 265–285.
Seidler, Christoph (2006): Trauma, Schweigen und Erinnern,

in: ders.: Traumatisierungen in (Ost-)Deutschland, Gießen, S. 37.
Sievers, Burkard (2006): Vielleicht haben Bilder den Auftrag, einen in Kontakt mit dem Unheimlichen zu bringen. Die Soziale Photo-Matrix als ein Zugang zum Unbewussten in Organisationen, in: Freie Assoziation 9 (2), S. 7–28.
Staud, Toralf (2. Oktober 2003): Ossis sind Türken, abgerufen am 30. Dezember 2015 von http://www.zeit.de/2003/41/Einwanderer.
Stevenson, Patrick (2002): Language and German Disunity. A Sociolinguistic History of East and West in Germany, 1945–2000. Oxford.
Streek, Jürgen (1995): Ethnomethodologische Indifferenz im Ost-West-Verhältnis, in: Marek Czyzewski u. a. (Hg.): Nationale Selbst- und Fremdbilder im Gespräch. Kommunikative Prozesse nach der Wiedervereinigung Deutschlands und dem Systemwandel in Ostmitteleuropa, Wiesbaden, S. 430–436.
Volkan, Vamik D. (2005): Blindes Vertrauen. Grossgruppen und ihre Führer in Zeiten der Krise und des Terrors, Gießen.
Weegmann, Martin (2014): An Exclusionary Matrix. Degenerates, Addicts, Homosexuals, in: The World within the Group. Developing Theory for Group Analysis, London, S. 103–118.
Wedl, Juliette (2009): Ein Ossi ist ein Ossi ist ein Ossi … Regeln der medialen Berichterstattung über »Ossis« und Wessis« in der Wochenzeitung *Die Zeit* seit Mitte der 1990er Jahre, in: Thomas Ahbe, Rainer Gries & Wolfgang Schmale: Die Ostdeutschen in den Medien. Das Bild von den Anderen nach 1990, Leipzig.
Wertsch, James V. (2011): Grundlegende Codes und kollektives Gedächtnis. Gruppenpsychotherapie und Gruppendynamik, S. 310–326.
Wolf, Christa (2010): Stadt der Engel oder The Overcoat of Dr. Freud, Frankfurt am Main.

Worüber wir noch nicht sprechen können

© Sven Gatter

Ein Dialog kann gelingen und scheitern. Er kann auch gar nicht stattfinden, weil es unmöglich geworden ist, miteinander zu reden. Das Ungesprochene steht nun im Mittelpunkt. Manchmal ist Schreiben einfacher als Sprechen. Es geht um die Lasten, die die Kindergeneration mit sich herumträgt. Es ist zu spüren was es heißt, nicht zu wissen, wie man mit gestorbenen Träumen, unausgesprochenen Erwartungen und unverarbeiteten Erlebnissen der Eltern umgeht. Wie geht ein Mensch damit um, wenn die Eltern wichtige Teile und Ereignisse ihres Lebens aus Scham oder Frustration verschweigen, vielleicht sogar verdrängt und vergessen haben? Fragen bleiben unausgesprochen oder unbeantwortet. Das muss man erst einmal akzeptieren und aushalten lernen. Es ist nicht leicht.

Maike Nedo schreibt über den langen Weg zurück zu ihren Eltern.

Kathi Geiger* berichtet von ihrem Mann, der mit seinem Vater keinen Kontakt mehr hat. Wie das Schweigen zwischen Vater und Sohn bis in ihr eigenes Leben hinein wirkt und wie sie selbst mit diesem Schweigen umgeht.

Stefan Kretschmann* erzählt von seinen Erinnerungen an die Wende und Nachwendezeit. Er schreibt über die Verbitterung seines Vaters, dem Funktionär, darüber, dass seit mehr als 20 Jahren kein Gespräch möglich ist. Wer hat hier welche Ideale verraten?

Die Blitzlichter von Anja M. und Isabel Gebel geben kleine Einblicke in die verschiedenen Formen des Aneinander-vorbei-Redens und deuten das Überwinden von Gemeinplätzen als Voraussetzung eines echten Dialogs.

Blitzlicht

Anja M., 1978 in Dessau geboren

Meine Kindheit war geprägt von elterlichem Nichtreden. Die Familie war ein Kokon, ein abgeschlossener und behüteter Ort, an dem es allen gut gehen sollte. In meiner Kindheit war ich zum überwiegenden Teil von Erwachsenen umgeben, die im Krieg traumatische Erfahrungen gemacht hatten. Erwachsene, die die Vergangenheit bloß hinter sich lassen wollten. Stattdessen: Nach vorn schauen. Aufbauen. Was tun. Nur nicht reden. Schon gar nicht über Dinge, die schmerzen. Hier, fühle ich, liegt eine erste große Hürde auf dem Weg zum Gespräch, damals und heute. Elterliche Kindheitserfahrungen im Krieg und in der Nachkriegszeit. Vieles wurde verdrängt, reden war schlicht nicht an der Tagesordnung.

Was will ein Gespräch, warum will ich mit der Mutter, dem Vater, der Tante – der Familie reden? Was ist der Sinn für mich? Warum ist es mir wichtig? Für mich geht es bei echten Gesprächen um gegenseitige Anerkennung, Anerkennung der persönlichen Geschichte des anderen. Ein gutes Gespräch erlaubt mir eine Verortung meiner eigenen Identität, meiner eigenen Geschichte, mit Blick auf die Geschichte und Identität des anderen. Gespräche zu führen, dafür braucht es Zeit, Raum, Zuhören, Anerkennung und Respekt. Und die Botschaft: deine persönliche Geschichte ist wichtig. Was du mir zu erzählen hast, ist wichtig für mich, nicht weil ich wissen will, wer recht oder unrecht hatte, nicht weil ich eine Schablone für mein eigenes Leben brauche. Sondern die persönlichen Erfahrungen der Mutter, des Vaters oder der Tante sind mir wichtig, damit ich mich in dem familiären, gesellschaftlichen und geschichtlichen Kontext, in dem ich aufgewachsen bin, orientieren kann und mir meine eigene Meinung bilden kann, meine eigenen Werte entwickeln kann.

Und hier liegt eine weitere Hürde, wie ich finde. Eine eigene Meinung bilden, eigene Werte haben, das gefährdet nicht nur das ehemals homogene System Familie. Eine eigene Meinung und eigene Werte zu haben geht bei Gesprächen über die DDR sofort ins Politische. Persönliche und politische Geschichte sind schwer zu trennen. Historische Wertungen zum Unrechtsstaat DDR und persönliche Stellungnahmen zur Lebensleistung der Elterngeneration scheinen ohne Differenzierung in einen Topf geworfen zu werden. Nicht von mir, aber die Eltern empfinden das wohl so. »Man kann die Dinge auch zerreden«, wie oft habe ich das gehört! Reden wird als Angriff und Bedrohung empfunden. Bei einem Austausch mit meinen Eltern über unsere gemeinsame DDR-Zeit – wenn er denn stattfindet – sind die Fronten von Beginn an klar: Ich greife an, meine Eltern gehen in Verteidigungsstellung. Was auch immer gesagt wird, meine Worte werden als Wertung, als Angriff auf ihre Lebensleistung empfunden. Dabei habe ich diese Zeit doch mit ihnen erlebt! Meine Eltern fürchten die Wertung der anderen. Und ich bin Teil der anderen. Ich lebe ja heute in der neuen Welt, der neuen Ordnung. In den Gesprächen geht es nicht darum, worum es aus meiner Sicht gehen sollte: Erfahrungen werden gemacht, um davon zu erzählen, nicht um recht zu behalten. Aber es geht ums Rechtbehalten, um Verteidigung.

Ich wünsche mir bis heute einen echten Austausch. Ich glaube, die Generation meiner Eltern hat diese Erfahrung nie oder nur selten machen können, weder als Kriegskinder noch nach dem Zusammenbruch der DDR: mit dem eigenen Erlebten in Anerkennung und Respekt gehört und integriert zu werden – damit es weiter gehen kann. Gespräche sind bis heute Konfrontation, nicht Integration. Für mich wirft das auch ein persönliches Schlaglicht darauf, wie sich heutige Migranten in Deutschland fühlen und was Integration wirklich bedeutet. Raum zum Reden nämlich, und zum Zuhören.

Das beste Ergebnis gibt es jedenfalls immer dann, wenn ich das Einzelgespräch suche, also allein mit dem Vater oder der Tante. Das System der Familie und der Generationen bringt schnell ein Gegenüberstehen mit sich, Fronten. Sie dort, ich hier. Dialoge brechen das auf und bringen uns mehr auf die Ebene, die zählt: die individuelle.

Das Foto

Maike Nedo, geboren 1971 in Karl-Marx-Stadt (heute Chemnitz), über die Suche nach Antworten

Das Foto hat mein Vater gemacht. Genau wie die vielen anderen Fotos in den Alben meiner Eltern, die sie als verliebtes Paar zeigen. *I don't know these guys.* Ich weiß nicht, wer meine Eltern damals waren. *But I love them.* Egal, ich liebe sie. Ich möchte sie berühren, so wie sie da sitzen, träumerisch, rebellisch, die Köpfe aneinandergelehnt, meine Mutter im Arm meines Vaters, den Blick in die Kamera gerichtet. Selbstbewusst in ihrer Hingabe. Wohin sieht mein Vater? Den Fotoapparat in der Hand seines ausgestreckten Arms. Worüber lächelt er? Warum schaut er zur Seite? Ich wünschte, ich könnte den Kopf meines Vaters zu mir drehen, damit ich auch ihm in die Augen sehen kann. Könnte meine Eltern fragen, wie jener Tag, an dem das Foto entstand, gewesen ist. Ich wünschte, ich könnte etwas erdenken oder erfühlen, was mich mit ihrer vergangenen Gegenwart verbindet. Etwas, was mich spüren lässt, wer sie waren.

Warum diese Umstände? Warum möchte ich ihnen meine Hand an die Wangen legen in der Hoffnung, die Oberfläche des Fotos würde plötzlich durchlässig, und ich könnte sie tatsächlich berühren? Weil ich mir wünsche, dass in dem Moment, in dem ich mit der Hand in das Bild eintauche, sich eine Wunde schließt. Unsere Wunde. All die Missverständnisse, Streits und Verletzungen. All das Nicht-fragen-Können und Nicht-antworten-Wollen. All das Versagen voreinander, und doch immer Festhalten aneinander. Das Verzeihen und sich neuerlich etwas Antun. Dieses wunde Rätsel unserer Herkunft, das ich nicht lösen kann. Ja, das ist es, was ich spüre, wenn ich dieses Foto ansehe, was ich sofort spürte, als ich das Foto vor ein paar Monaten zum ersten Mal sah, den Wunsch, in die Wunde zu greifen und zu wissen, dass wir uns nicht verlieren im Wirrwarr unseres Miteinanders.

Wie alle anderen hat mein Vater auch dieses Foto selbst entwickelt. Bis heute weiß ich nicht, wo seine Dunkelkammer war. Ich habe jahrelang nicht mehr daran gedacht, aber jetzt, wenn ich in die Gesichter meiner Eltern sehe und mich frage, seit wann es diese Wunde gibt, und ob sie schon vor oder erst nach dem Fall der Mauer aufbrach, stelle ich sie mir wieder vor. Eine dunkle Kammer neben dem Kuhstall. Vielleicht. Mein Vater ist auf einem Bauernhof aufgewachsen. Kein Ort für einen Jungen mit Fotoapparat, zumal der älteste Sohn. Der soll doch einmal den Hof übernehmen. Nein, in der DDR gab es Mitte der 1960er Jahre keine Höfe mehr zu übernehmen, die waren alle in der LPG. Trotzdem, die Eltern meines Vaters haben die Kühe behandelt als wären es ihre eigenen, sie waren Bauern durch und durch, und das sollte wohl auch mein Vater werden. Aber er schaffte sich einen Fotoapparat an und richtete sich eine Dunkelkammer ein. Sicher arbeitete er auch auf dem Hof, sicher, so wortlos wie das alle anderen Kinder von Bauern tun mussten, aber irgendwann verließ er ihn. Er wurde kein Fotograf, aber er wurde auch nicht Bauer. Er heiratete eine junge Frau, die in einer Flüchtlingsfamilie aus Ostpreußen groß geworden war, zog mit ihr in einen kleinen Vorort von Karl-Marx-Stadt und machte eine Ausbildung bei der Eisenbahn.

Den Kuhstall gibt es heute nicht mehr, und mein Vater hat auch kein Foto von ihm gemacht oder konnte es nicht, weil es zu dunkel war und er noch kein Blitzlicht besaß. Aber ich kenne ihn noch, den Kuhstall meiner Großeltern. Man musste nur aus der Küche der Großmutter, durch den Flur, zweite Tür und schon stand man zwischen den großen schwarzen Bäuchen, von denen beständig Dunst aufstieg, eine einzige feuchtwarme Wolke. Der dunkelste, wärmste und lebendigste Ort meiner Kindheit. Und in meiner Vorstellung wohl auch jener Ort, sonst hätte er sich mir jetzt nicht so drängend in Erinnerung gebracht, jenes Refugium, in dem mein Vater seine Fotos entwickelte. Dort hat er angefangen, auf seine Weise Geschichten zu erzählen. Denn was sonst ist fotografieren als erzählen ohne Worte? Gibt es nicht immer einen in der Familie, der anfängt zu erzählen? Und vielleicht bin ich diejenige, die für seine Fotos eine Sprache finden muss. Weil er eine Spur gelegt hat, die ich zu entziffern habe. Zeit meines Lebens versuche ich, Sätze für seine Fotos zu finden, probiere aus, ob sie passen oder nicht. *Trial and error.* Dabei ist mein Vater nie weg gewesen, und ich hätte ihn alles fragen können.

Aber nein, so einfach ist das mit dem Fragen bei uns nicht. Ich glaube, damit hat es auch angefangen, mit dem Nicht-mehr-fragen-Können. Als aus meinen Kinderfragen Fragen einer Erwachsenen wurden. Kann sein, dass ich da 16 Jahre alt war und mich am ersten Tag an der Erweiterten Oberschule vom Schuldirektor fertigmachen ließ und abends mit meinen Eltern darüber nicht reden konnte. Sie nicht fragen konnte, warum mein Berufswunsch ein falscher Berufswunsch war, warum ich nicht Literaturwissenschaftlerin, sondern Lehrerin werden sollte. Kann sein, dass ich an diesem Abend anfing zu zweifeln, weil ich ahnte, dass meine Eltern mir auf meine Frage keine Antwort geben konnten, jedenfalls keine richtige. Kann sein, dass ich mich schämte, einen Fehler gemacht zu haben, von dem ich nicht genau wusste, was fehlerhaft an ihm war. Dass ich befürchtete, meine Eltern würden sich mit mir oder für mich schämen, weil sie vielleicht auch fanden, dass ihre Tochter lieber Lehrerin an der Dorfschule und nicht Germanistin in Berlin oder Leipzig werden sollte, weil das dann doch irgendwie zu weit weg war vom Stall. Kann sein, dass das eine typische Situation war, in die Eltern und Kinder in der DDR gerieten, weil Eltern keine oder falsche Antworten geben mussten, um ihre Kinder zu schützen. Oder vielleicht Leute wie wir besonders anfällig dafür waren, weil meine Mutter und mein Vater, aufgewachsen in Familien, in denen kaum miteinander geredet wurde, nichts mit auf ihren Weg bekamen, was ihnen das Sprechen mit ihrer erwachsen werdenden Tochter erleichtert hätte. Kann sein, dass das ein Abend war, wie ihn jedes Kind irgendwann einmal durchlebt und seine Eltern nichts davon ahnen.

Allerdings wurde unser Miteinander durch die Wende vollends aus den Angeln gehoben. Wir rangen um unser Verhältnis, aber wussten im Grunde nicht mehr, wie oder als wer wir einander begegnen sollten. Ich war damals ungefähr so alt wie meine Eltern auf dem Foto, und meine Eltern waren ungefähr so alt wie ich heute. Gäbe es ein Foto von mir aus der Wendezeit, hätte ich vielleicht etwas Ähnliches im Blick wie meine Eltern mit Anfang zwanzig, etwas von dieser Hoffnung, diesen Träumen, diesem Aufbruch. Und meine Eltern? Mit welchen Augen schauten sie in die Welt 1989? Auch von ihnen fehlt ein Bild aus diesem Jahr. Wir haben, als Tausende Fotos vom Fall der Mauer um die Welt gingen, kein einziges von uns gemacht. Wir haben kaum über das, was gerade und in den darauffolgenden Jahren passierte miteinander geredet. Und so kann ich nur mutmaßen. Mutmaßen, was sie gedacht und gefühlt haben. Nachempfinden kann ich es nicht, wie es sich anfühlt, wenn einem die Gewissheiten über das eigene Leben und die Erfahrungen, die man in ihm gemacht hatte, abhanden kommen. Zweifeln zu müssen, dass vieles Erlernte bis ans Ende des Lebens brauchbar bleiben, dass man es an seine Kinder würde weitergeben können – und sich dann auf den Weg in ein neues Land zu machen.

Wir verbrachten in den Jahren nach der Wende nicht viel Zeit miteinander, ich ging zum Studium nach Leipzig und später nach Westdeutschland, fand dort eine Welt vor, die mir fremd, in der ich aber erfolgreich war. Ich bin doch Germanistin geworden, weil es nach dem Mauerfall keine Rolle mehr spielte, was man studierte, und ich mit Büchern leben und arbeiten wollte. Schließlich bekam ich meinen ersten Job, in Frankfurt am Main bei Suhrkamp. Meine Erfolge konnte ich mit meinen Eltern nicht teilen, weil sie währenddessen den Verkauf der Fabriken, in denen sie gearbeitet hatten, die Entlassungen, die Schließungen, den Abriss erlebten, sich neue Jobs suchten, bei denen sie zum Teil weniger verdienten, als eine Berufsanfängerin im Westen. Dass uns dabei etwas verband, dass auch sie aufbrachen, ankommen wollten, sich ein neues Zuhause suchten, dass mein Vater davon Fotos gemacht hat, viele Fotos, die genau davon erzählen, wusste ich damals nicht. Wir erlebten in dieser Zeit wohl vor allem das, was uns trennte. Manchmal, und ich schaue wieder in die Gesichter meiner Eltern, begegne dem Blick meiner Mutter, manchmal müssen wir uns in diesen Jahren ganz und gar aus den Augen verloren haben. Und gleichzeitig brach unsere Wunde deutlicher hervor.

Wenn wir uns ab und zu trafen, wurden aus Gesprächen Streits, die mit Vorwürfen endeten, ohne dass wir uns später erinnern konnten, was der eigentliche Ausgangspunkt gewesen war. Irgendwie war das auch egal, weil es alles und jedes sein konnte. Ob man mit Literatur Geld verdienen kann, ob man, auf dem Land aufgewachsen, in einer Großstadt zu leben versteht, ob nicht trotz erster Erfolge am Ende ein Scheitern stehen würde, wenn man sich zu weit vor die eigene Tür wagte. Oft fing es mit einer Frage an, die ich meinem Vater stellte. Aber auch wenn man auf diese Weise allmählich verlernt, Fragen zu stellen, weil man seine Eltern nicht verletzen und auch selbst nicht verletzt werden will, bleibt der Wunsch zu fragen bestehen.

Die letzte, für mich wichtige Frage, stellte ich meinem Vater im September 1997. Ich weiß das Datum so genau, weil er mir bei meinem Umzug in die Schweiz half. Am Abend vor der Abfahrt stritten wir lange und unerbittlich. Ich wollte aufbrechen, ohne eine Wohnung zu haben, und mein Vater prophezeite mir, dass ich unter einer schweizerischen Brücke landen würde. Dennoch half er mir, wie immer, am nächsten Morgen beim Packen und wir fuhren gemeinsam nach Bern. 800 Kilometer im Transporter auf der Autobahn. Viel Zeit, um Fragen zu stellen.

»Warum bist du damals in der DDR in die Partei eingetreten?«

»Du redest ja schon wie die Wessis!«

Damit war die Sache klar. *That's it.* Wir sind zwei Tage durch Bern gelaufen, und mein Vater hat Fotos von mir vor dem Bundeshaus, dem Bärengraben und an der Aare gemacht. Und während ich in seine Kamera lächelte, redete ich pausenlos mit ihm, stumm, um zu erklären, warum ich ihm diese Frage gestellt hatte. Er sollte sich vor mir nicht rechtfertigen, so als hätte ich nie eine ähnliche Entscheidung treffen können. Ich wollte ihn nicht anklagen. Aber er sah wohl in diesem Moment nicht nur die fragende Tochter in mir, sondern auch all die anderen, die seine Erfahrungen in der DDR nicht teilten, denen das Widersprüchliche nicht vermittelbar oder einfach zu kompliziert war, und die ihn und seinesgleichen pauschal und öffentlich verurteilten. Er konnte gar nicht erkennen, dass seine Tochter ihn verstehen wollte, dass es für sie wichtig war, zu wissen, was er damals gedacht und warum er sich so entschieden hatte. Wichtig, weil sie mittlerweile selbst in einem Zwiespalt zwischen Anpassung und Verteidigung ihrer Herkunft lebte. Ein Selbstgespräch. Oder zwei? Mein Vater machte Fotos und ich mir Gedanken.

Ja, ich glaube, mein Selbstgespräch hat dort in Bern angefangen. Ich führe es nun beinahe zwanzig Jahre, in denen ich mich mit den Fragen beschäftigt habe, die ich meinen Eltern gern stellen würde. Dabei ist mir allmählich abhanden gekommen, nach einem Weg zu suchen, sie wieder einzubeziehen und diesen inneren zu einem Dialog mit ihnen zu machen. Ich habe Gelegenheiten verstreichen lassen, in denen meine Eltern und ich uns wieder näher kamen, oder mein Vater sich mir überraschend öffnete und mir die Berichte zum Lesen gab, die ein Mitarbeiter der Stasi über ihn geschrieben hatte. Zu den Streits und Missverständnissen, den ungestellten Fragen und schuldig gebliebenen Antworten kam etwas hinzu, das Schweigen. Natürlich redeten wir miteinander, über alles Mögliche, vor allem über meine Kinder, ihre Enkel, die anfingen, uns Fragen zu stellen und Geschichten über unsere Kleinheit, damit meinen sie die Zeit, als ich noch ein Kind und meine Eltern noch jung waren, hören wollen. Und wir ihnen Geschichten erzählen, die schönen, an die wir uns gern erinnern, wie mein Vater und ich jedes Jahr als Weihnachtsmann und Wichtel über Land zogen, in den von meiner Mutter selbst genähten Kostümen. Unsere Wendegeschichte und die darin verborgenen, widersprüchlichen Gefühle beschwiegen wir. Daran rührten wir nicht mehr. Und zumindest ich habe damit wohl das Gefühl und die Hoffnung genährt, die Wunde würde beginnen sich zu schließen.

Deshalb erwischte mich unser Streit vor einem Jahr kalt. Während eines Telefonats mit meinem Vater, er wollte die Kinder in die Ferien abholen, wir sprachen erst übers Wetter, dann über Berlin, ich wohne hier, mein Vater nicht, die Politiker, die Medien, nahm unser Gespräch wieder jene, mir altbekannte Dynamik auf. Falsche Frage, falsche Antwort. Falsche Frage. Falsche Antwort. Es brach aus uns heraus. Es wollte etwas aus uns herausbrechen.

»Und, was hältst du von Pegida?«

»Find ich richtig!«

Ich fragte, und mein Vater wollte gefragt sein.

Die Demonstrationen in Dresden hatten gerade begonnen, wir stritten zum ersten Mal seit Langem, und Pegida wurde für uns der Anlass, dem anderen innerhalb einer Stunde an den Kopf zu werfen, was sich in den letzten Jahren angestaut hatte. Im Prinzip taten wir nichts anderes als die Demonstranten. Wir öffneten die Schleusen und entluden uns. Jeder sah im anderen auch *die* anderen. Ich sah in meinem Vater die auf der Straße fremdenfeindliche Parolen Grölenden, die in Talkrunden populistisch Hetzenden, die auf Kundgebungen Brandstiftenden. Und er sah in mir die arroganten Wessi-Journalisten, die Ostdeutschen bloßstellten, die immer alles besser wissenden, linken Gutmenschen, die Demokratieverblendeten, die multikultiverliebten und die eigentliche vom Islam ausgehende Gefahr nicht erkennenden Großstädter. Persönliche Schwächen, unerfüllte Hoffnungen, verdrängte Ängste und verratene Träume – wir ließen nichts aus. Stapelten Vorwurf auf Vorwurf. Fuhren den Karren in den Dreck, oder besser, in einen riesigen aus explosiven Gasen bestehenden Misthaufen *in the middle of nowhere.*

Irgendwann brachen wir ab. Ich hatte das Telefon noch nicht aus der Hand gelegt, da wurde mir klar, dass seit Bern kein einziger Tag vergangen war.

Am nächsten Morgen rief ich meinen Vater noch einmal an. Ich sagte ihm, wie sehr mich seine Worte verletzt hatten. Und mein Vater? »Mich hat es auch verletzt.« Das hatten wir vorher noch nie zueinander gesagt. Erst jetzt, wenn ich mich daran erinnere, wird mir bewusst, wie blind ich war für diesen Augenblick der Berührung, und deshalb gefangen blieb in meinem Schmerz und der Ablehnung meines Vaters. Ich weiß bis heute nicht, warum mein Vater in unserem Telefonat Pegida verteidigt und meine Mutter dazu geschwiegen hat, obwohl sie nie in Dresden oder sonst wo auf einer Demonstration waren. Ich schaue in ihre Gesichter auf dem Foto und finde keine Antwort. Nur Fragen.

Nach diesem Streit redeten wir lange nicht mehr miteinander, oder zumindest redeten wir nicht mehr darüber, worüber wir uns gestritten hatten. Und ich besuchte meine Eltern lange nicht mehr. Erst Anfang dieses Jahres fuhr ich wieder für ein paar Tage zu ihnen. Mein Vater war im Krankenhaus, und meine Mutter sollte nicht die ganze Zeit allein sein. Auf den schmaler werdenden Straßen, von denen schließlich eine sehr schmale zu dem zwischen sächsischen Feldern und Wiesen liegenden Hof meiner Eltern führt, wurde mir klar, wie gern ich sie besuchte und dass ich die Landschaft, in der ihr Hof steht, fast als meine Heimat bezeichnen würde. Fast, denn ich wäre gern ein bisschen mehr dort zu Hause, wo meine Eltern ein paar Jahre nach der Wende einen alten Bauernhof umgebaut hatten und ich nicht dabei war. Wie gesagt, nur ganz selten kam ich in den 1990er Jahren bei ihnen vorbei, ließ mir von meinem Vater einen kleinen Vorschlaghammer geben und riss irgendeine Mauer ein, die irgendwo in diesem neuen Zuhause weg musste. Dann rauschte ich wieder ab in eine der großen Städte Westdeutschlands. Dort vermutete ich mein Glück, dort wollte ich ankommen, während sie aus unserer alten Wohnung auszogen und damit auf ihre Weise die DDR hinter sich ließen. Vorerst. Denn wir waren beide auf dem Holzweg, was dieses Hintersichlassen betrifft. Mich holte der Osten schon kurz nach der Wende ein, in Frankfurt, Hamburg, Düsseldorf, Köln, denn nirgendwo war man damals mehr Ostdeutscher als im Westen. Wann meine Eltern zum ersten Mal gespürt haben, dass sie nicht wirklich dazu gehören zu diesem neuen Deutschland, weiß ich nicht. Natürlich nicht, aber je mehr sie mich als westdeutsch wahrnahmen, desto stärker müssen sie sich selbst als Ostdeutsche empfunden haben.

Am Abend meiner Ankunft konnte ich nicht einschlafen. Wegen allem Möglichen. Mein Vater war vor ein paar Stunden operiert worden. Meine Mutter fühlte sich allein, ich hatte über ein Jahr nicht mehr wirklich mit ihnen geredet und wusste, dass das nicht so weitergehen konnte. Der Hof kam mir ohne meinen Vater leer, unvollständig vor. Ich lag im Pferdestall, so nenne ich die zu zwei Zimmerchen umgebauten Gewölbe, in denen früher tatsächlich einmal Pferde gestanden haben, und starrte in die Dunkelheit. Eine Dunkelheit, die es so nur in Ställen gibt und in der man die Hand vor den Augen nicht sieht. Irgendwann machte ich Licht und holte die Fotos meiner Eltern aus dem Regal. Ich wollte reden. Dabei stieß ich auf einen Ordner, der mir vorher nie aufgefallen war, mit Hunderten Fotos vom Umbau des Hofes und damit auch des Hauses, in dem ich gerade vergeblich versuchte einzuschlafen.

Ich hatte den Weg meiner Eltern nach der Wende immer für einen ganz anderen als meinen gehalten. Aber sie waren, das konnte ich auf den Fotos sehen, aus dem gleichen Grund losgestürmt wie ich. Wir rannten um unser Leben. Wir wollten eine Zukunft haben in diesem neuen Land. Ich achtzehn – sie vierzig. Ich dachte daran, wie schemenhaft ich ihren Umzug und ihre Begründungen dafür damals wahrgenommen hatte. Und wie einfach und verständlich ihre Entscheidung mir jetzt erschien. Meine Eltern wollten nicht in den Ruinen eines untergegangenen Landes leben. Denn das wurde sie, unsere Platte, begehrt zu DDR-Zeiten, danach brauchbar nur noch für die, die wirklich keine andere Wahl hatten, bald nach der Wende: eine Ruine.

Ich erinnerte mich an den Tag, an dem ich das letzte Mal vor dem Haus stand, in dem ich aufgewachsen bin, unserem DDR-

Zuhause, ein fünfstöckiger Block mit drei Eingängen zwischen fünfzehn anderen fünfstöckigen Blocks mit drei Eingängen. Ich musste mich davor auf den Asphalt setzen, so sehr schlug mich der Anblick dieser Häuser ohne Menschen nieder. Später träumte ich noch einmal von unserer Straße. Ich hockte an der Bordsteinkante, dort wo sich im Sommer das Wasser sammelte, wenn es stark regnete, und wo wir uns hineinlegten in die Plörre, dort saß ich in meinem Traum und hielt einen Hund auf meinem Schoß. Er konnte nicht mehr laufen, hatte sich die Vorderbeine verletzt und ich versuchte, seine Schmerzen durch mein Streicheln zu lindern.

Er blieb der einzige Hund in meinen Träumen. Umso mehr hege und pflege ich ihn in Gedanken, war er doch bei mir an jenem verlassenen Ort meiner Kindheit, verletzt wie ich, und zugleich der erste seiner Art, vor dem ich keine Angst hatte. Eine Angst, die wohl von einem Köter herrührt, der den Gasthof des Dorfes bewachte, in dem mein Vater aufgewachsen ist und von dem er mir erzählte, um seine eigene Angst vor Hunden zu rechtfertigen. Da mein Großvater Kettenraucher war, musste mein Vater als Kind mehrmals täglich an der kläffenden Töle vorbei, denn der Gasthof war auch der einzige Ort, an dem man dort Zigaretten bekam. Erst beim Umzug von der Platte zurück aufs Land überwand mein Vater diese Angst. »Ein Hof braucht einen Hund«, das waren seine Worte. Die Zigarettenfeindschaft blieb. Da es offenbar auch für mich an der Zeit ist, die von meinem Vater übernommene Hundeangst zu überwinden und diese Vierbeiner stattdessen, wenn nötig, zu umsorgen, werden wir in nicht allzu ferner Zukunft den Tod seines mittlerweile ziemlich alten Hundes gemeinsam betrauern. Er ohne und ich mit Zigarette.

Das malte ich mir aus, dort in der Nacht, im ehemaligen Pferdestall, der in diesem Moment zur Dunkelkammer meines Vaters geworden war, in der all die Bilder aufgestiegen waren und in der so viel verborgen blieb. Mitten in dieser Januarnacht, im Haus meiner Eltern, beim Betrachten der Fotos, mit denen mein Vater den Umbau des Hofes täglich dokumentiert und ja, vielleicht auch für mich, erzählbar gemacht hatte, fand ich etwas, das unseren Streit durchdrang. Denn natürlich hatte ich in dem zurückliegenden Jahr ständig an diesen Streit gedacht, hatte die Berichte über Pegida mit anderen Augen verfolgt als meine Bekannten oder Kollegen und mich gefragt, ob ich ihnen davon erzählen kann, dass ich mich mit meinem Vater über Pegida gestritten und er die Demonstranten verteidigt hatte. Ich fürchtete, dass ich meinen Vater und meine Mutter damit bloßstellen würde. Wollte sie beschützen. Aber musste ich das denn überhaupt? Waren sie nicht für das, was sie sagten, taten und worüber sie schwiegen selbst verantwortlich? Ich redete mit niemandem, denn ich glaubte, an den Vorurteilen und daran zu scheitern, dass ich anderen nicht erklären konnte, worauf ich selbst noch keine Antwort wusste.

Inzwischen war es weit nach Mitternacht, nebenan im zweiten Zimmerchen, hörte ich den Atem meiner Kinder und hatte plötzlich das Gefühl, dass es nicht richtig gewesen war, mit niemandem darüber zu reden. Denn ich war ja nicht allein. Es musste auch andere Töchter geben, die jetzt vielleicht genauso in der Nacht saßen und die eine Wunde quälte wie mich, in der nun auch dieser letzte Streit, in dem es nicht nur um die Vergangenheit, sondern auch um die Gegenwart ging, klaffte. Ob diese Töchter auch Mühe hatten, eine Sprache zu finden? Eine Sprache, in der wir uns mit unseren Vätern und Müttern verständigen können. Eine Sprache, in der man eine Frage stellen kann. In der man ich sagen kann und wir. In der wir über unsere Erinnerungen an die Zeit, als wir uns neue Zuhause gebaut haben, sprechen können. Eine Sprache gegen dieses Reden, und gegen dieses Schweigen. Eine Sprache, damit wir nicht irgendwann wieder eine Geschichte erzählen müssen, wie wir sie bereits kennen, und wie sie schon unzählige Male erzählt wurde: die Geschichte von den liebenden, tatkräftigen, hilfsbereiten Vätern und Großvätern und Urgroßvätern und den zärtlichen, schweigenden Müttern, Großmüttern und Urgroßmüttern, die nichts getan haben, aber auch nichts dagegen.

Wir glauben oft, andere, die anderen, reden so viel Falsches über uns, dabei haben wir noch nicht einmal miteinander geredet, wir Ostdeutschen, Väter und Mütter und Kinder, über das

Falsche, was wir voneinander denken und über das, was wir einander fragen sollten.

Ich roch die Feuchte, die die Wände immer noch abgaben, als seien die Ausdünstungen der Pferde für immer in ihnen gespeichert, kein angenehmer, aber ein lebendiger Geruch. Mir war kalt, und ich war müde geworden. Da fiel jenes Foto, das meine Eltern als ganz junges Paar zeigt, aus dem Ordner. Es war irgendwie dazwischen gerutscht, aus einer anderen Zeit des Anfangens in diesen Anfang hinein. Ich fotografierte es mit meinem Telefon ab. Dann schlief ich ein.

Schatten – Vater – Kind

Kathi Geiger*, 1971 in West-Berlin geboren, über den Umgang mit Sprachlosigkeit in ihrer Familie

Prolog

Sprachlosigkeit ist so individuell, wie es die betreffenden Familienangehörigen mit ihren Lebensentwürfen und Lebensgeschichten sind. Ganz gleich, ob diese in Ost, West, Nord oder Süd stattfindet. Hagen[4] und ich, wir sind beide Anfang der 1970er Jahre in Berlin geboren und aufgewachsen. Hagen im Ostteil, ich im Westteil Berlins. Sein Vater wurde im Wedding geboren, meine Mutter in Pankow. Meine Oma kommt aus Kreuzberg, seine Großeltern aus dem Prenzlauer Berg. Mein Opa ist in Rostock geboren, im Ostteil Berlins ist er geblieben, aus Überzeugung wie es heißt. So oder so, für unsere Familiengeschichte ist die 28-jährige Teilung unserer Stadt nur eine Episode von vielen: wo wer aufgewachsen ist, hing vom Zufall, Schicksal und manchmal eben auch von der Überzeugung ab. Über die Mauerstadt-Episode habe ich schon scherzhaft behauptet, dass ich mich als Kind aus dem Westteil viel eingesperrter gefühlt haben muss, als eines aus dem Ostteil. Raus in den Wald, Felder sehen, Pferde, Kühe und was es da sonst noch so gibt, ich bekam in der Kindheit Lübars und den Grunewald gezeigt. Mehr Natur gab es damals nur auf den obligatorischen Klassenfahrten nach Westdeutschland. Bei solchen Fahrten habe ich erfahren, was es heißt, Berliner und damit für andere anders zu sein. »Kommt ihr aus Ost- oder West-Berlin?«, sagten die aus Westdeutschland, die Wessis, die von uns dachten, dass wir hinterm Mond leben. Dabei hätten wir ihnen spannende Geschichten erzählen können von unserem Teil Berlins. Von den Grenzkontrollen, aber auch den Kontrollen auf bestimmten U- und S-Bahnlinien: »Haben Sie was zu verzollen?« Von mar-

4 Alle Namen sind mit Rücksicht auf die Persönlichkeitsrechte geändert.

schierenden Soldaten neben ihren Panzern auf dem Weg nach »Wohin-wollen-die-denn?« Von Soldaten, die im Grunewald Krieg übten, die man einfach so traf, mit ihren Maschinengewehren und dem Gestrüpp am Kopf. So etwas hat man im Westteil Berlins sehen und erleben können. Das Ost-West-Ding, für Hagen und mich ist das ein interessanter und uns ergänzender Aspekt unserer jeweiligen Lebensgeschichten. Nur konnten wir uns in der Mauerstadt unserer Kindheit und frühen Jugend nicht einfach so über den Weg laufen. Nach dem Mauerfall schon.

Dieser Erfahrungsbericht handelt von unserem Umgang mit der Sprachlosigkeit in seiner Familie. Zunächst bin ich mit Hagen ins Gespräch gekommen. Bei diesen Gesprächen haben wir festgestellt, dass Hagens Kindheitserinnerungen fast vollständig verschüttet sind. Doch mit seinem Vater will und kann er darüber nicht reden. Schließlich kam ich mit dem Vater ins Gespräch, habe ihn erzählen lassen. Im Verlauf dieser Gespräche kamen wir auf die Idee, Akteneinsicht bei der Behörde für Stasiunterlagen (BStU) zu beantragen. Und dann hat auch Hagen Akteneinsicht beantragt.

Die Geschichte ist noch nicht zu Ende: Sprachlosigkeit lässt sich nicht von heute auf morgen, nicht durch ein paar nette Worte oder auch nicht mittels größtmöglicher Zugewandtheit beenden. Das Gespräch rollt mal mehr, mal weniger. Oft gerät es ins Stocken. Sprachlosigkeit wird von allen Beteiligten, Betroffenen beeinflusst. Auch ich, die Zuhörende habe meinen Anteil daran, ob das Gespräch weitergeht oder nicht. Manchmal kann man auch nichts machen als warten, bis der andere wieder sprechen mag oder kann.

Der Sohn

Mitte der 1990er Jahre kreuzten sich unsere Wege. Ich fragte Hagen bald: »Sag mal, wo warst du eigentlich, als die Mauer fiel?« Im Lehrlingswohnheim in Thüringen sei er gewesen und habe dort seine Maschinenbauerlehre gemacht, war seine knappe Antwort. Wenig später gestand er mir, dass das Lehrlingswohnheim in Wahrheit ein Jugendgefängnis war und er erst im Frühjahr 1990 wieder nach Hause kam. Sein Fall hatte Ende der 1980er Jahre in Ost und West für einige Schlagzeilen gesorgt. Fast ein Jahrzehnt später interviewte ich Hagen für eine Seminararbeit im Rahmen meines Studiums zu diesem Thema. Ich solle bloß nicht denken oder gar schreiben, er hasse die DDR deswegen. Auch wenn es gegen ihn und seine Mittäter ein Urteil gab, das schon vor dem Prozess feststand. Er und die anderen hätten »die Taten ja trotzdem begangen«. Sie hätten »halt Pech gehabt«. Dass Mielke und Co. die Strafen eigenhändig vorab festgelegt haben, das konnten Hagen und die anderen Jugendlichen nicht wissen. Jedenfalls war es Hagen von Anfang wichtig, dass ich ihn an dieser Stelle verstehe. Und nicht auf Stichwörtern wie DDR-Unrechtsstaat, Diktatur und Ähnliches beharre.

Ohnehin hatte ich nicht vor, über die DDR zu schreiben. Ich wollte vielmehr wissen, was einen jungen Menschen dazu bringt, derart von seiner eigentlichen Zukunftsvision (in Hagens Fall als Sportler) abzukommen. Darum befragte ich ihn nicht nur zu den Ereignissen an sich, sondern auch zu seinem familiären Hintergrund.

Hagen konnte zu allen möglichen Fragen nach den Tatgeschehnissen, dem Gerichtsprozess, der U-Haft und Jugendhaft präzise und sehr anschaulich Auskunft geben. Meine Fragen – er war sieben als seine Eltern sich trennten – nach den familiären Verhältnissen (Mutter, Ehe der Eltern, Scheidung, Geburtstage, Einschulung, Freunde etc.) konnte er so gut wie gar nicht oder nur mit witzigen Floskeln beantworten. Offensichtlich waren sämtliche Kindheitserinnerungen verschüttet, doch was war der Grund dafür?

Hagens Erinnerungen setzen erst mit seinem zehnten Lebensjahr ein, als er mit dem Leistungssport beginnt, demselben Sport, den früher auch sein Vater ausgeübt hatte. Zu dieser Zeit, so glaubt Hagen, wurde er wohl nicht mehr so häufig geschlagen. Das erzählte er beiläufig. Auf meinen irritierten Blick hin führte Hagen damals erklärend aus: »Das gehörte einfach mal dazu, weil der ist ja auch mit Schlägen aufgewachsen, der kennt das nicht anders.« »Du hattest eine ziemlich traurige Kindheit«, meinte ich daraufhin. Was Hagen empört von sich wies: »Ich war nicht traurig! Ich war ein glückliches Kind.« Dass er aber auch nicht viel weiß über seine Mutter, nicht mal wie sie aussieht, gestand er ein: »Es ist wie ein dunkler Schatten, keine Ahnung.«

Der Vater

Weil ich den größten Teil des Materials (Zeitungsausschnitte, Urteil, Briefe u. ä.) für meine Seminararbeit vom Vater bekam, kam ich auch mit ihm ins Gespräch. Ein Brief von damals ist mir besonders in Erinnerung geblieben. Da schreibt der Vater ans Stadtgericht Prenzlauer Berg, um eine Berufung zu erwirken:

»[…] Nun mal zu meiner Person. Laut Strafprozessordnung muss bei Minderjährigen auch von dem Erzieher gesprochen werden. Was wurde denn in der Verhandlung über mich gesprochen? Dass ich auf die Hilfe von Hagen angewiesen bin, das liegt doch klar auf der Hand, dass ich in den letzten Monaten ein Wrack wurde, sieht jeder. Da das aber alles wegfällt, weiß ich nicht, wie das weiter gehen oder enden soll. […]«

Der Vater wollte sprechen! Und ich wollte ihm zuhören. Sieben Jahre sollten allerdings seit dem ersten Gespräch vergehen bis es 2004 so weit war und er begann, mir seine Lebensgeschichte zu erzählen. Über seinen Sohn sprach der Vater verhältnismäßig wenig. Einmal sagte er gegen Ende der vielen Treffen ziemlich leise: »Es war wohl doch nicht richtig, wie ich Hagen behandelt habe.« Doch bis zum heutigen Tag – er ist inzwischen Ende 80 – schafft es der Vater nicht, das seinem Sohn persönlich zu sagen. Wo Sprachlosigkeit bleibt, vergeht die gefühlte Zeit viel schneller. Was bleibt, sind meine Tonbandaufzeichnungen, die sich der Sohn anhören könnte, wenn er wollte.

Akteneinsicht I

Über 40 Treffen und ein gutes Jahr später hat Hagens Vater (Herr L.) zu verschiedenen Vorgängen seiner Lebensgeschichte Antrag auf Akteneinsicht bei der BStU gestellt. Ich habe ihn beim Ausfüllen des umfangreichen Fragebogens der BStU unterstützt. Zwei Jahre nach Erstantrag erhielt Herr L. eine ziemlich dünne Akte von weniger als 30 kopierten Seiten. Doch das, was ich lesen konnte, hat mir die Sprache verschlagen. Über mehrere Vorfälle häuslicher Gewalt wurden von unterschiedlichen Personen derart übereinstimmend berichtet, dass es mir schwer fällt zu glauben, dass sich die Stasi das alles ausgedacht haben soll, um – wie der Vater behauptete – etwas gegen ihn in der Hand zu haben. So bekam ich eine Ahnung davon, warum Hagen sich nicht erinnern wollte. Auch nicht an seine Mutter. Wahrscheinlich war es ihr nicht anders ergangen als ihm selbst. Beide waren von häuslicher Gewalt betroffen.

Der Schatten und das Foto

Nun hatten wir zwar eine plausible Vermutung, weshalb Hagens Mutter gegangen sein könnte. Doch warum hat sie sich nie wieder gemeldet? Schließlich hatte Hagen ihr 1989 aus dem Gefängnis heraus geschrieben. Als er aus dem Gefängnis kam, hatte er ziemlich bald versucht, seine Mutter zu erreichen. Er schickte ihr einen Brief mit einem Foto von sich und seiner damaligen Freundin und bat um ein Treffen. Eine Antwort erhielt er nie. Das hat mir Hagen erst kürzlich erzählt. Sprachlosigkeit kommt und geht. Ich schlug vor, über das Bürgeramt eine Meldedatenanfrage zu stellen. Selbst wenn sie nicht mehr lebt, würden wir das erfahren. Aber Hagen mag nicht. Noch nicht. Vielleicht wenn unser Kind fragt, aber es hat bisher nicht nach der fehlenden Oma gefragt. Obwohl seit einiger Zeit zwei Fotos, die die Mutter mit Hagen als Baby zeigen, unsere Fotowand in der Küche schmücken, bleibt sie ein Schatten.

Akteneinsicht II

2006 hat Hagen einen Antrag auf Akteneinsicht bei der BStU gestellt. Ein gutes Jahr später kam die Einladung, und er durfte Einsicht nehmen. Die Mitarbeiterin der BStU führte uns in ihr Büro, wo sie ein Gespräch mit Hagen führte, an dem ich teilnehmen durfte. Dabei wurde Hagen ausgefragt, was denn seine Motivation sei, die Akte einzusehen. Die Dame dachte allen Ernstes, wir hätten damit etwas »Politisches« oder gar »Rache« vor. Ziemlich getroffen sorgten Hagen und ich entsprechend empört für Aufklärung. Nachdem wir die Dame der BStU überzeugen konnten, dass das Interesse persönlicher und ja, wenn sie so will, auch heilender Natur sei, wirkte die Dame sichtlich erleichtert. Sie entschuldigte sich mit ein paar netten Worten und verschwand dann, um mit einem Aktenwagen voll mit mehr oder weniger dicken Hängeordnern aus Pappe wiederzukommen. Sie brachte Hagen in einen anderen Raum, wo die Sitzplätze mit seitlichen Trennwänden fremde Blicke abhalten sollen. Selbstverständlich durfte ich nicht mit rein, sondern wartete draußen auf dem Flur.

Über 1500 Seiten durfte Hagen sich ansehen. Nach einer halben Stunde entschied er, dass er alles in Kopien haben möchte. Weil die kopierten Seiten aber geschwärzt werden mussten, dauerte es noch mal ein paar Monate, bis das Paket endlich da war. Ein paar Wochen später kam dann eine Mahnung über 50 Euro Kopierkosten, die Hagen bezahlen musste. Die eigentliche Rechnung liegt wohl noch im Paket, das bis heute ungeöffnet auf unserem Hängeboden liegt.

Hagen will das Paket öffnen, irgendwann. Vielleicht werden die Stasi-Unterlagen ins Bundesarchiv kommen. 2017 sollen schon die Außenstellen der BStU geschlossen werden. In Thüringen, wo Hagen einsaß, hat er noch gar nicht angefragt. Dafür müsste er aber auch das Paket öffnen, denn man soll sich für weitergehende beziehungsweise Folgeanträge auf Akteneinsicht auf die Akten beziehen, die man bereits erhalten hat, so verlangen es die Arbeitsabläufe der Behörde. Hagen muss aber auch nicht, unsere Welt dreht sich trotzdem weiter.

Zum Umgang mit Sprachlosigkeit

Manchmal ist Sprachlosigkeit nur deshalb da, weil noch keiner wirklich nachgefragt hat. Man begegnet ihr am besten mit Fragen. Vorher sollte man versuchen, eine vertrauensvolle Atmosphäre zu schaffen, um dann möglichst behutsam, sich selbst und seine Meinung zurücknehmend, Fragen zu stellen. Wenn man ernsthaft interessiert ist, sich ein wenig Hintergrundwissen zum Gesprächsthema angeeignet hat, denke ich, kann man eigentlich nicht viel verkehrt machen. Die größten Schwierigkeiten ergeben sich vor allem durch die Hintergrundgeschichte. Denn hinter jeder Sprachlosigkeit verbirgt sich etwas, wie traumatische Erfahrungen, Scham, Angst, Schuldgefühle usw. So ergibt sich auch eine Verantwortung für denjenigen, der den Sprachlosen zum Reden bringt. Man wird Quasi-Therapeut, ob man will oder nicht. Was man auch hört, kann im Extremfall schlimm sein, dann ist Zuhören nicht immer einfach. Gehen ist aber auch keine Lösung. Sich und die eigene Geschichte zurücknehmen und nur Zuhören, das Im-Gespräch-Bleiben kann einem einiges an Geduld und Verständnis abverlangen. Andere Schwierigkeiten liegen vor allem in Deutungen und/oder Sichtweisen, die erst mal Rätsel aufgeben, aber mit der Zeit eventuell noch gelöst werden können. Es lohnt sich im Gespräch zu bleiben oder von sich aus wieder nachzufragen.

Epilog

Zwanzig Jahre leben Hagen und ich nun zusammen und sind ebenso lange im Gespräch. Da geht es um unsere Geschichten, die wir uns erzählen und für die wir uns schätzen, weil wir voneinander lernen können. 1990 hatte Hagen sein Land, seine Heimat verloren. Er wurde schlecht behandelt: vom Staat, von Vater und Mutter. Trotz eines Unrechtsurteils, das sämtliche Empathie für Jugendliche und ihre Lebensverhältnisse vermissen ließ, ist die DDR seine Heimat geblieben. Heute sieht Hagen seine jugendlichen Straftaten als Versuch, aus einer unguten

Vater-Sohn-Beziehung auszubrechen. Jugendliche Delinquenz als Ausdruck katastrophaler Familienverhältnisse, das gibt es überall. Das Zusammenleben mit dem Vater muss schlimm gewesen sein, denn im Gefängnis ging es Hagen nach seinen Aussagen verhältnismäßig gut. Paradoxerweise fühlte er sich dort zum ersten Mal in seinem Leben frei und selbstbestimmt. Den allergrößten Anteil an seiner Resozialisierung sieht Hagen bei seinem damaligen Lehrmeister, der ihm bewusst gemacht hat, dass er zurückfinden kann in die inzwischen stark veränderte Heimat. Er hat Hagen deutlich gemacht, dass er aufgrund der fehlenden Ablenkung keine bessere, intensivere Ausbildung draußen bekommen könnte. So wurde aus der persönlichen Katastrophe eine echte Chance auf dem Weg in ein geregeltes Erwachsenenleben. Sein Lehrmeister hat Hagen vermittelt, dass eine gute Arbeitsleistung die Währung ist, die überall gleich viel zählt. Wer gute Arbeit leistet, bekommt Anerkennung und Fragen nach der Vergangenheit verlieren an Bedeutung. Auch in der Theorie (Arbeitskraft, Mehrwert, Ausbeutung etc.), so meint Hagen heute, sei er »hervorragend auf die Verhältnisse im Kapitalistischen Ausland vorbereitet« worden, denn »da haben sie uns nicht belogen«.

Was das Paket von der BStU und auch die Mutter betrifft, da werden wohl einige Fragen offen bleiben. Vorerst werde ich nicht mehr fragen. Sprachlosigkeit festigt sich über die Zeit. Wo aber Schweigen, wenn auch nur teilweise, gebrochen werden kann, kann dies einen außergewöhnlichen Lebenswandel bewirken. Dennoch, alles braucht seine Zeit. Auch die Entscheidung zur Akteneinsicht. Diese historisch einmalige Form der Vergangenheitsbewältigung zu betreiben ist wohl für die meisten Betroffenen ziemlich schmerzlich und braucht Zeit.

Es bleibt nichts als Schweigen

Stefan Kretschmann*, 1977 in Wittstock geboren, über das Schweigen in der Familie

Manchmal denke ich, ich vermisse etwas aus meiner Kindheit und hätte es gern zurück. Aber ich weiß, wenn wir von Früher reden und uns eine schöne Zeit vorstellen, verwechseln wir das mit der Tatsache, dass wir damals Kinder waren und die Welt mit anderen Augen gesehen haben. Meine Erinnerung reicht bis zur ersten Schulklasse zurück. Ich hatte nicht das Gefühl, in einem autoritären Staat aufzuwachsen, habe mich eher auf der richtigen Seite gesehen, im Glauben an den Sozialismus. Wir haben damals für die Zukunft gekämpft, für eine gerechtere Welt. Zwar mussten wir zum Einkaufen öfter in größere Städte nach Rostock oder Berlin fahren, da man bestimmte Dinge in unserer Kleinstadt einfach nicht zu kaufen bekam. Allerdings hat es mich auch nicht gestört, dass ich nicht so viele Dinge besaß. Wenn wir ab und zu in den Intershop gingen, roch das künstlich und sehr angenehm, doch das war eine Welt, die mit meiner nichts zu tun hatte.

Mein Vater arbeitete für die Verhältnisse unserer Kleinstadt in einer hohen staatstreuen Position. Er war für den Rat des Kreises tätig und zuständig für die kubanischen Mitarbeiter in der städtischen Textilfabrik. Er war mit Leib und Seele Kommunist und hat mich in diesem Sinne erzogen. Für uns stand unmissverständlich fest, dass wir im besseren und sozialeren Teil Deutschlands lebten. Für den Frieden auf der Welt zu kämpfen war für mich Auftrag und Ideal zugleich. Nach wie vor habe ich ein Bedürfnis, für schwächere Menschen da zu sein. Nicht die Verhältnisse zu deuten, aus denen ein Mensch kommt, sondern nur zu sehen, wer er wirklich ist.

Von der Maueröffnung habe ich aus der Fernsehsendung »1199« erfahren. Die Unruhen wurden in unserer Familie so gut wie gar nicht thematisiert. Ich flitzte vom Wohnzimmer in die Küche und rief meiner Mutter zu: »Die Mauer ist auf!« Sie stand am Bügelbrett und zuckte nur mit den Schultern. »Na und?« Von meinem Vater hörte ich in der Zeit drastischere Worte, hatte er doch den Zerfall der DDR schon Jahre vorausgesehen, wie er nun sagte. Er fühlte sich wohl verraten von den DDR-Bürgern, die nicht auf seine Warnungen gehört hatten. Vielleicht fühlte er sich auch vom System betrogen. Nach einer Weile verstummte er, für immer.

Für mich begann sich in der Zeit alles zu wenden. Von nun an war ich der Bonzensohn, und das Etikett wurde ich nicht mehr los. Vorher war ich immer beliebt unter den Schülern. Das änderte sich schlagartig. Als wir in einer Unterrichtsstunde abstimmen sollten, ob die nächsten Wahlen die PDS[5] oder CDU gewinnen sollte, und ich zu den zwei Schülern gehörte, die für die PDS stimmten, ging ein imaginärer Riss durch die Klasse. Was vorher keine Rolle gespielt hatte, wurde nun harte Wirklichkeit: alle waren politisch. Selbst in dieser Zeit des Umbruchs bekannte ich mich noch zum Kommunismus, auf eine wohl erlernte Art und Weise, obwohl ich gar nicht wusste, was das Wort eigentlich bedeutete. Die Vorstellung gehörte zu meinem Selbstverständnis.

Mein Großvater war der erste Spross einer Arbeiterfamilie, der studieren durfte. Er hatte an der Seite von Liebknecht und Luxemburg für die Novemberrevolution gekämpft, wurde aber beim Machtantritt der NSDAP nicht sofort verhaftet. Er musste im Russlandfeldzug kämpfen und hatte nach dem Krieg aufgrund überzeugender kommunistischer Gesinnung nur kurze Zeit in einem Arbeitslager verbringen müssen. Als er in die Prignitz zurückkam, half er maßgeblich beim Aufbau der Parteistrukturen in der Provinz mit. Der Zusammenschluss von KPD und SPD zur SED 1946 war für ihn ein notwendiges Übel, das erbracht werden musste, um dem Kommunismus – damals sprach man schon von Sozialismus – zur Umsetzung zu verhelfen. Mein Vater wurde in dieser Parteitradition erzogen. Bis 1989 stand auch für mich fest, dass ich irgendwann in die Partei eintreten würde.

5 Die PDS nannte sich in der Phase des Übergangs »SED-PDS«; Anm. d. Red.

Viele meiner Freunde rasierten sich 1990 von einem Tag auf den nächsten die Haare ab, versammelten sich zu Wehrsportgruppen im angrenzenden Waldgebiet. In der Zeit zog innerhalb weniger Wochen die russische Armee aus der neben unserer Stadt gelegenen Garnison ab. Der Militärstandort wurde geräumt, und mein Vater hatte gehört, dass ganze LKW-Ladungen mit Reifen oder Bauteilen für wenige Mark verscherbelt wurden. Ich fühlte mich in der Zeit sehr isoliert.

Da das Schulsystem grundlegend umstrukturiert und unsere Schule auf einmal zur Grundschule ernannt wurde, zerstreute sich unser Klassenkollektiv, da man uns auf verschiedene Schulen verteilte. All die Dinge, die vorher eine Rolle gespielt hatten, waren nun unwichtig. Altpapier sammeln, älteren Leuten helfen oder schwächeren Schülern in der Schule, das gab es nun nicht mehr. Auch wurde schnell sichtbar, wer durch den Systemwechsel zu Geld gekommen war und wer nicht. Der Einfluss der neuen Währung veränderte die Menschen. Als ich auf das Gymnasium wechselte, färbte ich mir für den ersten Schultag die Haare grün. Ich wurde gleich in der ersten Pause verprügelt.

Mein Vater fand eine Anstellung im Supermarkt. Von Politik redete er nicht mehr, auch wenn ich das Gespräch suchte. Ich schloss mich den Punks in der Stadtmitte an, einem kleinen Trupp, der einer Mehrheit von Rechtsradikalen gegenüberstand. Wir definierten uns über Musik und mieden Gewalt. Schule schwänzten wir in dieser Zeit öfter, zumal auch niemand wusste, was man uns unterrichten sollte. Es war auch mühsam, die Verzweiflung der Lehrer oder ihre Fähigkeit, ihr Fähnchen nach dem Wind auszurichten, beobachten zu müssen. In den Abendstunden musste ich oft vor Banden Jugendlicher fliehen und bin in der Zeit zu einem schnellen Läufer geworden. Doch so manches Mal stand hinter der nächsten Ecke der zweite Teil der Gruppe und ich war fällig.

Ich absolvierte meinen Zivildienst, und danach war klar, ich ziehe nach Berlin, um zu studieren: Geschichte und Deutsch auf Lehramt. Ich wollte Lehrer werden. Mein Traum war, nach Kreuzberg zu ziehen, und dort landete ich auch. Meine Eltern zogen in der Zeit nach Uelzen in den Westen. Wir hatten uns nicht mehr viel zu sagen. Von meinem Vater spürte ich eine Enttäuschung, die ich irgendwie persönlich nahm. Ich begann, mich als schwarzes Schaf der Familie zu fühlen. Meine Schwester startete eine Lehre in einer Bank. Das passte vielleicht besser zu den Wünschen, die Eltern auf ihre Kinder projizieren.

In Kreuzberg landete ich schnell in politischen Kreisen. Ich wohnte in einer WG im Hinterhof, ohne Tageslicht, Warmwasser und Heizung. Mein wirkliches Leben als Punk begann. Freunde aus meiner WG waren stark involviert in die Demonstrationen zum 1. Mai. Auf einmal saßen mir coole redegewandte Menschen gegenüber, die sich Kommunisten nannten. Man sprach von der Revolution. Ich fühlte mich jung und politisch, das passte zu mir. Alles roch nach Aufbruch und Neubeginn.

Ich begann viel zu lesen und habe mir trotzdem viel Zeit gelassen, die falschen Bilder, die ich über die DDR in meinem Kopf hatte, durch die richtigen zu ersetzen. Besonders die Wahrheiten über den Gulag und die Staatssicherheit haben sich mir schwer erschlossen und waren eine große Enttäuschung. Das Bild vom Kommunismus hatte mich lange geprägt. Aber die Lügen, die in diesem Bild steckten, haben darauf gewartet, enttarnt zu werden. Auch wenn ich dazu neige, sie mit anderen Ungerechtigkeiten auf der Welt aufzuwiegen oder zu vergleichen.

Mein Lehramtsstudium hatte ich inzwischen aufgegeben. Was wiederum eine große Enttäuschung meines Vaters nach sich zog. Er brach den ohnehin kaum existierenden Kontakt erneut ab. Meine Mutter sah sich nicht veranlasst zu vermitteln. Dann begann ich mit dem Schreiben, blieb weiterhin als Student eingeschrieben und arbeitete nachts in einem Jugendheim als Aufsicht. Da blieb mir Zeit, meinen Gedanken nachzugehen und zu schreiben. Es war inzwischen 1997, das Jahr, in dem ich auch an den Weihnachtstagen in Berlin blieb. Es gab keinen Grund mehr, meine Eltern zu besuchen. Gerade an den Feiertagen suchte das Jugendheim händeringend Personal. Ich verbringe seitdem immer die Feiertage dort, in diesem Zwischenraum der Realitäten. Die Jugendlichen drehen an diesen Tagen öfter durch als an gewöhnlichen. Es gehen Fensterscheiben zu Bruch, sie prügeln sich. Viele gehen wieder zurück auf die Straße und kommen nicht zurück, auch wenn es draußen schneit. Für die meisten Jugendlichen ist das Heim nur eine Zwischenstation, keiner will hier wirklich bleiben, und auch ich zweifle an einer Perspektive für ihr Leben.

Was ich auf der Demonstration am 1. Mai 1999 erlebte, hat mein Bild vom neuen Staat verändert, mich vielleicht radikalisiert. Wir liefen friedlich auf der Demonstration für Frieden und Gerechtigkeit. Die Polizei fühlte sich von den wenigen autonomen Randalierern so provoziert, dass man sich für Niederschlagung entschied. Dann veranstaltete die Polizei dort eine Menschenjagd und machte auch nicht vor Frauen halt. Die Brutalität einer Staatsmacht war mir vorher nie in dieser Form begegnet. In meinem Denken verabschiedete sich das Prinzip Staat in diesem Moment. Ich wurde radikal. Doch die Wahrheit, auch über diesen Staat, wollen viele Menschen nicht glauben. Geschichte wird immer von Gewinnern geschrieben, die Vergangenheit lässt sich nicht umkehren, auch wenn in ihr nicht alles so falsch war, wie es oft dargestellt wird.

Als ich die Kommunisten in Kreuzberg kennenlernte, dachte ich, man kommt zusammen, um gemeinsam gegen etwas zu kämpfen. Allein der Gedanke, man könne ein System mit Waffen verändern, erscheint mir im Nachhinein naiv. Vielleicht habe ich zu viel gelesen, aber an einem Punkt konnte ich auch in der neuen Szene nicht mehr an die Revolution glauben. Ich war von den Menschen enttäuscht, die den großen Kampf ausriefen, aber zwischenmenschlich ihresgleichen wie Dreck behandelten. Das hat für mich nicht zusammengepasst.

Oft könnte ich einfach nur heulen über die Welt und den Umgang mit ihr. Ich glaube daran, das, wenn ich den Wasserhahn aufdrehe und das Wasser herausfließen sehe, es Wasser ist, was aus dem Hahn kommt. Ich glaube an die Lüge, aber ich glaube nicht mehr an die Wahrheit. Wahrheit ist immer nur abhängig von Perspektiven und Standpunkten. Sollte ich einer Wahrheit glauben, laufe ich Gefahr, dass sie sich später wieder als falsch herausstellt. Auch heute werden die Menschen manipuliert, aber sie wollen nicht glauben, dass dieser Staat der sich nun demokratisch nennt, auch ein Machtinstrument ist.

Nach der Gewalterfahrung mit der Polizei entwickelte sich in mir eine Feindseligkeit gegenüber jeglicher Staatsgewalt, die Menschen, die sie eigentlich schützen sollte, manipuliert. Auch wenn das Feindbild unzulänglich ist, wirkt es immer noch stark in mir, denn der 1. Mai 1999 war eine wahrhaft körperliche Erfahrung, die sich mir da eingeschrieben hat. Das Bild vom Kommunismus, das mir in meiner Kindheit von meinem Vater mitgegeben wurde, war ein utopisches. Das weiß ich heute. Für die Revolution zu kämpfen, für den Umbruch des Systems hin zum wahren Kommunismus zu arbeiten daran habe ich die letzten zehn Jahre wirklich geglaubt und es für möglich gehalten. Aber wenn man sich lange genug in Berlin, noch dazu in Kreuzberg aufhält, merkt man auch nicht mehr, wie anders der Rest Deutschlands denkt.

In meine Brandenburger Kleinstadt fuhr ich nun gar nicht mehr. Meine Freunde waren alle weggezogen, nach Berlin oder Hamburg oder ins Ausland. Die meisten zog es in die Ferne, und sie kamen nicht zurück. Zu den runden Geburtstagen von Tanten und Onkels wurde ich schon lange nicht mehr eingeladen. Nur mit meiner Schwester telefonierte ich ab und zu. Von ihr erfuhr ich auch, dass mein Vater nun Leiter der Inneneinrichtungsabteilung in einem Uelzener Kaufhaus geworden war. Richtig fassen konnte ich die Nachricht lange nicht. Ich wollte ihn zu seinen Beweggründen befragen, traute mich aber nicht. Wir sprachen ja nicht mehr miteinander. Doch sein neuer Posten spiegelte für mich die Versinnbildlichung des Kapitalismus in seiner kleinsten Einheit wider: das Kaufhaus! Dort arbeitete mein Vater nun, für seinen ehemaligen Erzfeind.

Von meiner Schwester erfuhr ich, wie enttäuscht mein Vater von mir war, weil ich mein Studium abgebrochen hatte. Ins Gesicht oder in den Hörer hat er mir das nie gesagt.

Anfang der 2000er Jahre lebte ich immer noch in Kreuzberg, arbeitete immer noch im gleichen Jugendheim und schrieb inzwischen an meinem zweiten Buch. Das erste thematisierte die

Entwicklung des Rechtsstaats im ost-west-deutschen Vergleich. Ich habe es nie an einen Verlag geschickt. Es liegt immer noch sauber ausgedruckt in der Schublade meines Kleiderschranks. Brennt unser Haus einmal ab, wird es niemals jemand lesen.

Von den radikalen Linken in Kreuzberg hatte ich mich inzwischen abgewandt. Je mehr Zeit verstrichen war, desto klarer wurde mir, dass auch das neue Staatssystem vielen undurchsichtigen Gesetzen unterliegt. Es funktioniert fast wie ein Perpetuum mobile, in dem uns Menschen nicht viel Gestaltungsanteil bleibt.

Natürlich bin ich heute glücklich, dass ich nach 1989 Zugang zu allen Büchern der Welt bekam, zu allen Filmen dieser Erde, um so selbstständig mein Bild von der Wahrheit zu entwerfen. Aber an eine große Wahrheit zu glauben, das fällt mir schwer. Was bedeutet Meinungsfreiheit, wenn nichts sich ändert? Wenn Professoren, Politiker und Künstler vor die Presse treten und die Wahrheit verkünden, sich aber nichts ändert? Ein kurzes Aufbegehren erschüttert vielleicht für eine Woche das Bewusstsein der Konsumenten, danach füllt sich der Spaßballon weiter auf. Die Wahrheit verblasst unter anderen Lügen. Gerade weil sich nichts ändert, wird der Wahrheitsverkünder zum Narr, oder nicht?

Die Geschichten aus meiner Kindheit erscheinen mir mit dem Abstand der Jahre wie Märchen aus einer anderen Welt. Wenn ich bis ins Heute etwas mitgenommen habe, ist es wohl mein anhaltendes Bedürfnis nach sozialer Gerechtigkeit. Es ist mir ein Grundbedürfnis, für Menschen da zu sein, die Hilfe brauchen. Und allein in diesem Gedanken und diesem Gefühl holt mich mein Zynismus nicht ein.

Auch wenn es heute oft negiert wird, glaube ich, dass es unter den Menschen im DDR-System einen größeren Zusammenhalt gab. Ich habe in Diskussionen unter Freunden früher öfter Themen herbeigeführt, die Freiheit und Zusammenhalt gegeneinander aufwiegen, bin dabei aber ordentlich ausgelacht worden. Aber diejenigen, die sich in der Diskussion so sicher für die Freiheit aussprachen, haben das, was ich an Gemeingeist in meiner Kindheit erfahren habe, nie kennengelernt. Wer weniger besitzt, ist mehr aufeinander angewiesen. Doch welcher Mensch entscheidet sich schon für den Mangel, wenn man zwischen Fülle und Mangel wählen kann?

Manchmal frage ich mich, ob meinen Vater ähnliche Dinge wie mich umtreiben oder ob er einfach verdrängt hat, wofür er einmal gekämpft hat. Ein Austausch mit ihm würde mir viel bedeuten, doch wie und warum er sich von mir abgewandt hat, kann ich bis heute nicht nachvollziehen. Ich glaube, er hat sich zurückgezogen. Und in diesem Rückzug geht es ihm wahrscheinlich gut. Ich kann es nicht sagen, seit fast 20 Jahren gibt es kaum direkten Kontakt zwischen uns.

Wenn ich an ihn denke, frage ich mich, ob es ein Privileg der Jugend ist, andere Fragen zu stellen. Ich weiß, ich könnte den Telefonhörer in die Hand nehmen und ihn einfach anrufen. Oder ist es zu spät, miteinander ins Gespräch zu kommen? Manchmal glaube ich, mein Vater und ich sind im gleichen Zusammenhang auf unterschiedliche Art desillusioniert worden. Wäre die Erkenntnis darüber nicht ein erster Schritt aufeinander zu? Viele meiner Wege sind für ihn unsichtbar geblieben. Vielleicht wird es Zeit, das Schweigen zu brechen.

Worauf warten wir?

Blitzlicht

Isabel Gebel, 1980 in Borna geboren

Die Kommunikation mit meinen Eltern ist begrenzt auf die aktuelle Wetterlage in Bayern und Sachsen, das Zubereiten von Speisen, mittlerweile auf das Wohlergehen meiner Tochter, den Gesundheitszustand meiner Großmutter und den Klatsch und Tratsch aus der Nachbarschaft und Verwandtschaft. Echte Gespräche über meine persönliche Lage, mein Befinden und Empfinden fanden noch nie statt und werden wahrscheinlich auch nicht mehr stattfinden. Lange habe ich mich gefragt, ob es an mir liegt, ob es an meinen Eltern, an der Elterngeneration oder sogar an meiner ostdeutschen Herkunft liegt. Sicher ist es ein Gebräu daraus, aber das Schweigen beziehungsweise das Erzählen von Belanglosem begegnet mir häufiger in Eltern-Kind-Beziehungen aus der ehemaligen DDR.

Meine Eltern wissen zwar, dass ich mal in Dortmund und nun schon seit fast sieben Jahren in München wohne und arbeite. Würden sie gefragt, wo und als was ich angestellt bin, hätten sie keine Ahnung und würden aus Verlegenheit irgendwas erzählen. Da Empathie und echtes Interesse fehlen, rede ich mit ihnen auch nicht darüber. Es wäre Zeitverschwendung. Da es schon an einer Gesprächsbereitschaft im Kleinen fehlt, spreche ich gar nicht erst die großen Dinge des Lebens an, u.a. ihre DDR-Erfahrungen, meine Kindheit in der DDR, Gefühle, die der Systemwechsel 89/90 mit sich brachte, Schule, Ausbildung. Und wir reden auch nicht über meine »Flucht« 2001 nach Dortmund.

Es macht keinen Sinn. Ich würde nichts erfahren, und meine Eltern haben aufgrund ihrer Wahrnehmungen auch keinerlei Einfühlungsvermögen und Verständnis. In meiner Beobachtung: typisch ostdeutsch! Typisch verlassene Osteltern! Woran liegt das? Ich denke, die Ursachen sind bunt: Nachkriegskinder (Schweigen der Eltern – meine Großeltern – über ihr Verhältnis zur NS-Diktatur usw.), in der DDR staatlich gelenkt und geleitet, das Fühlen hatte keinen Platz. Sogar in Erziehungsfragen sprach der Staat mit: Krippe, Kindergarten, Hort, Pionierorganisation, FDJ. Meine Eltern haben es nicht gelernt zu reden. Sie mussten es aufgrund der zuvor aufgezählten Dinge auch nicht. Außerdem wissen sie, dass ich heute insgesamt mehr weiß als sie. Ich bin angekommen in der Bundesrepublik, gut ausgebildet, etabliert, vernetzt und habe so gut wie nichts mehr gemein mit meinen Eltern. Das macht ihnen Angst, sie fühlen sich minderwertig, und sie zeigen es nicht, sondern sie schweigen oder versuchen, im Gespräch zu bleiben, indem sie über das Wetter reden.

Langsam beginne ich das auszuhalten. Recherchiere meine Geschichte an ihnen vorbei und kann auch ein wenig Verständnis aufbringen.

Was für Eltern wollen wir sein?

© Heike Rindt

Wie viel DDR steckt noch in uns? Das fragen sich drei Frauen der Dritten Generation Ost und West, die inzwischen selbst Mütter sind. Zwei von ihnen haben die DDR und ihr Erziehungssystem in Kinderkrippe, Kindergarten und Schule selbst erlebt und sind mit Eltern und Geschwistern in einer DDR-Familie aufgewachsen. Was bleibt davon und was übertragen wir womöglich unbewusst auf die neue Kindergeneration? Wie reflektiert werden wir mit unseren Kindern, die die DDR nur in Geschichtsbüchern oder durch unsere Erzählungen und die ihrer Großeltern kennenlernen werden, über unser Geburtsland sprechen können? Diese Fragen stellt sich auch die Dritte im Bunde, eine junge Mutter und Ostdeutschlandforscherin aus dem Westen.

Ein Ost-West-Trialog

Judith C. Enders, 1976 in Altenburg geboren, Franziska Roggenbuck, 1985 in München geboren, und Mandy Schulze, 1976 in Löbau geboren, über deutsch-deutsche Erziehung und Muttersein

Franziska: Viele Sommerferien meiner Kindheit verbrachte ich mit meinen Eltern und meinem Bruder auf einem Campingplatz am Balaton in Ungarn. Sowohl vor als auch nach der Wende waren wir dort, im Jahr nach meiner Geburt (1985) das erste Mal. Ich kann mich erinnern, wie meine Mutter (Jahrgang 1960) vor unserer Abreise in München eine Menge zusätzlicher Geschirrtücher in unseren Wohnwagen packte. Verdutzt darüber fragte ich sie nach dem Grund. »Weil die Leute aus der DDR sich freuen. Die haben nicht so viele davon. Wir verteilen sie auf dem Campingplatz.« Ich hörte diese Buchstabenkombination DDR zum ersten Mal in meinem Leben und wollte mehr wissen. So erfuhr ich, dass die Menschen aus der DDR nur in einige ausgewählte Länder in den Urlaub fahren konnten. Und dass sie sich das nicht so frei aussuchen konnten wie wir. Ich hörte auch, dass sie fast alle dieselben Autos hatten und vieles mehr. Ich war fasziniert. Diese Leute sprachen auch deutsch, waren unsere Nachbarn und lebten doch ganz anders als wir.

Von Reisen nach Ungarn und nach Tschechien, als Jugendliche dann auch in die Hauptstadt, nahm ich Bilder von Unfertigkeit, von morbidem Charme, den Geruch nach verbrannter Kohle, den Eiskugeln für ein paar Pfennig und etwas mit, was ich damals nicht in Worte fassen konnte. Heute würde ich das wohl am ehesten als Entspanntheit und Ursprünglichkeit beschreiben. So ließ ich mich 2005 in Berlin nieder. Viele der neuen Bekanntschaften stammten aus den neuen Bundesländern. Je mehr ich mich im Studium mit der Erziehung in der DDR auseinandersetzte und durch private Erzählungen davon hörte, desto häufiger diskutierte ich mit meiner Mutter. Sie war nach meiner Geburt Hausfrau und betreute mich und zwei Jahre später auch meinen Bruder hingebungsvoll in unseren eigenen vier Wänden. Mit vier Jahren kam ich in den Kindergarten. Vor diesem Hintergrund kann meine Mutter nicht verstehen, wenn ich ihre Erziehungsvorstellungen immer wieder zu entthronen versuche. Rein wissenschaftlich gibt es nämlich keine empirischen Belege dafür, dass Kinder, die in den ersten drei Lebensjahren zu Hause betreut werden, ein nachhaltig glücklicheres oder erfolgreicheres Leben führen oder gar intelligenter als ihre fremdbetreuten *Peers* wären. Ganz persönlich war es wohl dieses intergenerationale Aufbegehren gegen die Ansichten meiner Mutter, das mich dazu brachte, wissenschaftlich dem Thema Erziehung in der Dritten Generation Ost und West – und damit den großen Erziehungsfragen, die immer auch Spiegel der gesellschaftlichen Normen und Werte sind – in zwei politisch sehr unterschiedlich ausgerichteten Staaten nachzugehen. Vor allem aber wollte ich verstehen, ob die Fronten von Erziehungsidealen – entsprechend der unterschiedlichen Philosophien in der DDR und alten BRD – bei den jungen Eltern auch heute noch existent sind.

Mandy: Ich war mit meinen Eltern auch am Balaton auf dem Campingplatz. Die Ferien dauerten zwei Wochen. Wir waren meistens mit dem Auto unterwegs, nur ein Mal an der Ostsee im FDGB-Ferienheim mit Meerblick. Auf einer dreiwöchigen Autoreise 1985 nach Bulgarien waren es wiederum meine Eltern aus der DDR, die die völlig überflüssig mitgenommenen Kinderstrumpfhosen, Geschirrtücher und Lebensmittel gegen Souvenirs in Rumänien eintauschten.

Da meine gesamte Familie in der Oberlausitz lebt, waren wir in den restlichen Ferien sehr viel bei den Großeltern auf dem Dorf und zwischen den festgelegten Mahlzeiten ziemlich frei und unter uns Kindern. Wenn ich heute die Fotos aus dieser Zeit sehe, fällt mir am meisten auf, wie jung meine Eltern waren und im Vergleich heute noch sind. Meine Mutti hatte mit 25 Jahren bereits drei Kinder und war voll berufstätig. Oft war sie auch mit uns Kindern allein, weil mein Vater zum Vollzeitjob ein Fernstudium absolvierte. Zu dieser Zeit wurden 43 Stunden in der Woche gearbeitet. Der Alltag war dementsprechend organisiert. Wie gut kann ich mich an den Weg zum Kindergarten erinnern, den ich im letzten Jahr mit sechs Jahren allein gehen durfte. Nach der Schule war ich meistens beim Sport. Ich hatte drei Mal in der Woche Training. Ein Mal in der Woche ging ich zu den schreibenden Schülern. Wir stellten uns unsere Gedichte und Geschichten vor und spielten mit Worten.

Judith: Wenn ich an Sommerurlaube in meiner Kindheit denke, fallen mir vor allem Aufenthalte in Bungalows in den Schrebergärten der Freunde meiner Eltern in verschiedenen Teilen der DDR ein. Es gab einige wenige Urlaube an der Ostsee oder im Thüringer Wald in Ferienheimen des FDGB, der für die Organisation von Erholungsurlauben für die Werktätigen zuständig war. Doch diese Urlaubserinnerungen sind gar nicht so dominant. Die Sommerferien für Schulkinder in der DDR betrugen acht Wochen, so dass der Urlaub mit den Eltern eher den kleineren Teil der Ferien ausmachte. Auch in den Ferien gab es eine staatlich organisierte Kinderbetreuung, da ja bei der überwiegenden Mehrheit der Kinder beide Eltern voll erwerbstätig waren. So sind meine stärksten Erinnerungen an Sommerferien im jüngeren Alter, heute würde man sagen Grundschulalter, die an die Ferienspiele. Dies war eine durch die jeweilige Schule organisierte Hortbetreuung für Kinder der 1. bis 4. Klassen in den Sommerferien, in meinem Fall vornehmlich mit Ausflügen ins Freibad oder an Badeseen. Ab der 5. Klasse fuhr ich im Sommer ins Kinderferienlager. Manchmal sogar in zwei verschiedene, jeweils für zwei bis drei Wochen. So vergingen die Sommerferien schnell und erlebnisreich. Ich liebte Kinderferienlager. Es gab durch verschiedene Institutionen organisierte Sommercamps für Kinder in der DDR. Manche größeren Betriebe hatten eigene Betriebsferienlager an schönen Orten (Seen, Gebirge und am liebsten Ostsee). Die Werktätigen konnten ihre Kinder dort hinschicken oder selbst dort als Betreuer tätig werden (während der Arbeitszeit). Die staatliche Pionierorganisation unterhielt sogenannte Pionierlager. Diese hatten meistens eine deutlich politischere Färbung und waren deshalb nicht so beliebt. Dafür befanden sie sich an noch schöneren Orten und waren mit Paddelbooten, Indianerzelten und Fahrrädern besser ausgestattet. Dazu kam noch das absolute Highlight: Ferienlager in den befreundeten sozialistischen Staaten. Bis an den Balaton habe ich es allerdings nicht geschafft, aber in Polen und Tschechien war es auch sehr aufregend. Die Urlaube mit den Eltern treten in meinen Erinnerungen dahinter zurück. Typisch DDR-Bildungs- und Erziehungssystem würde ich heute erstmal wertfrei sagen.

Franziska: Ohne Frage war die institutionelle Erziehung der Kinder und Jugendlichen in Krippe und Kindergarten (sofern überhaupt vorhanden), Schule und außerschulischer Jugendbildung in beiden deutschen Staaten sehr unterschiedlich gestaltet und organisiert. Dazu gibt es eine Menge wissenschaftlicher und belletristischer Literatur. Aber wie stand es um die die Erziehung in der Familie, die Eltern-Kind-Interaktion in beiden deutschen Staaten, und wie sieht es mit den Erziehungsvorstellungen der aktuellen jungen Eltern aus? Gab und gibt es Ost-West-Unterschiede? Die konkrete Frage, die ich mir gestellt habe, lautete also, wie junge Eltern, die zwischen 1968 und 1975 in der ehemaligen DDR oder in der ehemaligen BRD geboren wurden, heute ihre Kinder erziehen wollen und wie sehr sie sich dabei bewusst oder unbewusst an der selbst erlebten Erziehung durch ihre Eltern und an der öffentlichen Politik orientierten? Angelehnt an den Wissenssoziologen Karl Mannheim, der davon ausgeht, dass ein Interesse an Politik nicht vor dem 15. Lebensjahr entsteht, wählte ich eine enge Gruppe zur Befragung aus. Ich wollte nur Eltern zur Diskussion einladen, die zum Zeitpunkt der Wende bereits zwischen 15 und 21 Jahre alt waren. Bei dieser Altersgruppe kann man davon ausgehen, dass eine ausreichend lange Sozialisation im jeweiligen Staat stattgefunden hat und die Werte und Normen entsprechend bewusst oder unbewusst inkorporiert worden sind. Um den unbewussten Orientierungen der Befragten – also diejenigen grundlegenden Lebenseinstellungen und Werthaltungen, die nicht kommunikativ geäußert werden, sondern die sich erst durch eine intensive, vergleichende Analyse der Kommunikationsmuster herausfinden lassen – auf den Grund zu gehen, wählte ich für meine wissenschaftliche Auseinandersetzung das Gruppendiskussionsverfahren.

Judith: Sehr spannend, wir fallen also mit unseren Geburtsdaten ganz knapp nicht mehr in diese Gruppe, aber ich erlaube mir, mich persönlich doch dazu zu rechnen. Es ist interessant, welche Vorarbeiten du zum Thema Erziehungsstile noch gefunden und berücksichtigt hast?

Franziska: Die Vorrecherchen zum Thema ließen mich durch einen Dschungel aus psychologischen Erziehungsstil-Einteilungen, durch philosophische Abhandlungen über Erziehung und durch viele emotional aufgeladene und empirisch nicht weiter bestätigte Ideen von gelungener Eltern-Kind-Interaktionen wandern. Doch stieß ich auch auf die interessante These, dass es in den 1970er Jahren einen europaweiten, durch die sogenannte *switch generation* (die zwischen 1939 und 1953 Geborenen) eingeleiteten und durch die Emanzipation der Frau und den aufkommenden Wohlstand[6] bedingten Wandel in der familiären Interaktion von einem Befehls- hin zu einem Verhandlungshaushalt gegeben haben soll. Im Gegensatz zum bis dahin üblichen Befehlshaushalt, welcher primär Erziehung zur Unterordnung, zu Gehorsam, Pflichterfüllung, Religiosität, Sauberkeit, Echtheit und Pünktlichkeit umfasste, war der moderne Verhandlungshaushalt durch eine Emotionalisierung und Intimisierung des Familienlebens, eine Erziehung zur frühen Selbstständigkeit und einer Wertschätzung von Kommunikation mit dem Kind gekennzeichnet.

Obgleich diese interessante staatenübergreifende Verände-

6 Die Emanzipation der Frau habe zu gestiegenen Bildungsansprüchen und -chancen, damit zu einem längeren Bildungsweg und einer verschulteren Kindheit geführt. Die Wohlstandsgesellschaft habe zudem die außerfamiliären Konsum-Partizipationsmöglichkeiten für Kinder erhöht, was zu größeren Machtressourcen der Kinder außerhalb der Familie führte und damit auch deren Stellung innerhalb der Familie stärkte.

rung in der familiären Interaktion auch empirisch zu erfassen war, stellte Harald Uhlendorff in einer Meta-Studie zu theoretischen und empirischen Studien qualitativer Art aus den 1990er Jahren fest, dass »westdeutsche Eltern [in den 1990er Jahren] relativ liberal erziehen, während ostdeutsche Eltern [in den 1990er Jahren] Disziplin, Prinzipientreue und Konsequenz neben gutem Benehmen und anderen Sekundärtugenden betonen. Die Unterschiede sind allerdings nicht groß«. In einer eigenen empirischen Untersuchung im Jahr 1997 in Form von fünf Fallstudien kommt er dann zum Ergebnis, dass seine Berliner Studie mit den bereits erwähnten Studien übereinstimme. Danach hätten Ost-Berliner einen behütenderen Erziehungsstil als West-Berliner.

West-Berliner Eltern schrieben sich tendenziell einen permissiveren Erziehungsstil zu, und Ost-Berliner Väter berichteten von einer etwas autoritäreren Haltung als die West-Berliner Väter. Uhlendorff sieht dies als Hinweis darauf, dass die Ost-Eltern selbst kontrollierender erzogen worden sein könnten als die West-Eltern. Zudem seien die von ihm befragten Ost-Berliner Eltern familienorientierter gewesen. So nannten sie bei der Frage nach ihren sozialen Netzwerken an erster Stelle unterstützende Verwandtschaftsbeziehungen und eine sehr intensive Beziehung zu den eigenen Eltern. Zudem orientierten sie sich mehr am selbst erfahrenen Erziehungsstil als die anderen Eltern. Uhlendorff weist darauf hin, dass seine Erhebung nach der Wende stattgefunden hat, man also die Erfahrung der Wende selbst, die unter anderem als Migrations- und Anpassungserfahrung spezifiziert werden kann, mitdenken muss. Die Erfahrung der Wende bedeutete für Ostfamilien, so vermutet er, ein Zusammenrücken der Familie und führte zu neuen Herausforderungen in Bezug auf Arbeit, Freizeit und Konsummöglichkeiten, die auch im elterlichen Erziehungsverhalten ihren Niederschlag fanden.

Judith: Erstaunlich, dass es 25 Jahre nach der Einheit gar nicht so viele Untersuchungen zu diesem Themengebiet gibt. Sicher wollte man sich nach der Wiedervereinigung mehr auf das Zusammenwachsen, das Verbindende und weniger das Trennende in Ost und West konzentrieren. Und doch sind Erziehung und Sozialisation wichtige Voraussetzungen für die Bildung einer Wertegemeinschaft, die bürgerschaftliche Verständigung und den gesellschaftlichen Zusammenhalt. Seit ich selbst Mutter bin und durch Krabbelgruppe, Kitasuche, Engagement im Kindergarten und Kommunikation mit anderen Eltern persönlich nähere Erfahrungen im Bildungssystem der Stadt Berlin mache (wo sowohl Eltern mit Ost- und Westsozialisation aufeinander treffen), hat sich meine Aufmerksamkeit für die Unterschiede geschärft. Mein Eindruck ist schon, dass die Traditionen der verschiedenen Bildungssysteme in Ost- und West-Berlin mit ihrer unterschiedlichen Praxis bis heute institutionell nachwirken. Dies ist abhängig vom Alter des Personalbestandes, aber auch von infrastrukturellen Voraussetzungen. In Ost-Berlin gibt es sehr viel mehr alteingesessene Kindergärten, in West-Berlin spürt man deutlich die Kinderladenbewegung der 1970er Jahre. Auch die Ansprüche und Forderungen der Elternschaft fallen in den Ost- und Westbezirken Berlins unterschiedlich aus. Bemerkenswert ist für mich, dass dies sowohl an den Öffnungszeiten der Kinderbetreuungseinrichtungen, als auch an der verschiedenen Tagesmutterdichte ablesbar ist. Im Durchschnitt haben Kitas im Ostteil der Stadt längere Öffnungszeiten und auch eine größere Platzzahl. Schon hier spiegelt sich die Tradition des Ideals der vollerwerbstätigen Mutter wieder.

Meine persönlichen Erfahrungen im ziemlich durchmischten Berliner Bezirk Prenzlauer Berg sind, dass es hier ein Gemisch des Kinderbetreuungsangebotes gibt, wo Eltern je nach ihren Erziehungsidealen wählen können. Kleine Elterninitiativeinrichtungen (Stichwort Kinderladen) mit relativ kurzen Öffnungszeiten und langen Ferienschließzeiten, oder größere Einrichtungen mit Öffnungszeiten von 6 bis 19 Uhr ohne Schließzeiten (arbeitnehmerorientiert). Hier werden Unterschiede auf engstem Raum deutlich, in denen sich auch unterschiedlich tradierte Bildungs- und Erziehungsideale wiederspiegeln. Ich schätze die Beiträge der aktuellen Familienpolitik zu den Erziehungsstilen als eher gering ein. Lediglich die öffentliche Finanzierung der Umsetzung dieser unterschiedlichen Ansprüche hat sich verbessert.

Mandy: Die institutionellen Unterschiede in der Kinderbetreuung in Ost und West sind ja das Eine, interessant ist auch die familiäre Interaktion mit den Kindern. Na klar macht es etwas aus, wenn die Mütter Vollzeit arbeiten oder wenn sie als Hausfrauen zu Hause für die Kinderbetreuung zuständig sind. Es ist doch wichtig, mit welchem Bildungsauftrag[7] sich Eltern und letztlich auch Erzieher beauftragt fühlen und wie sie dieses Verständnis im Alltag und in ihrer Kommunikation mit den Kindern umsetzen. Die Rückzugsthese nach Jutta Gysi spricht von einem Rückzug ins Private in der DDR, in der die Familie zum Synonym für Privatheit und »eine Art Gegenwelt zur Gesellschaft« (Gysi, 1990) geworden sei. Immer wird der Familie als Ort der Erziehung ein sehr hoher Stellenwert beigemessen. Es ist der Ort, wo Menschen innerhalb und zwischen den Generationen Rückhalt finden und Verantwortung füreinander übernehmen. Die wichtigsten Erziehungsziele der Deutschen sind »Kinder zu dauerhaften Bindungen zu ermutigen« (54 Prozent) und zugleich für ein »verlässliches soziales Netz« von Nachbarn und Freunden zu sorgen (53 Prozent) (vgl. Opaschowksi, 2006). Die meisten Erziehungsschwierigkeiten haben alleinerziehende Eltern, Eltern aus Großfamilien, Eltern mit Migrationshintergrund, sehr junge Mütter und Eltern in relativer Armut, Eltern mit intensiver Berufstätigkeit und Eltern mit geringem Bildungsgrad (vgl. Monitor Familienforschung, 2006). Die Frage nach tradierten Erziehungsstilen in ost- und westdeutschen Familien ist meiner Meinung nach eine nach Bildungsstand und Familieneinkommen der Eltern, der Wohngegend und dem sozialen Umfeld. Die entscheidenden Risikofaktoren eines demokratischen

---

7 Die Werte, an denen sich die Kindererziehung in der Familie orientiert, schließen »traditionelle« und »moderne« Werte ein. So stehen Ehrlichkeit (79%), Selbständigkeit (65%) auf der Werteskala ganz oben. Fleiß (57%) und Durchsetzungsvermögen (50%) sind ebenso wichtig wie Toleranz (56%) und Gerechtigkeit (55%) (vgl. Monitor Familienforschung 2006).

Erziehungsstils sind nach Sylvia Liebwein (2011): ein geringes Alter der Mutter, niedriges Bildungsniveau, geringes Selbstwertgefühl, niedriges Einkommen, große Kinderzahl, niedrige Intelligenz, schwieriges kindliches Temperament und das Fehlen eines Partners. Es wäre daher spannend zu fragen, ob diese, den Erziehungsstil heute nachhaltig beeinflussenden Faktoren in der DDR und Westdeutschland unterschiedlich gewirkt haben, um festzustellen, welchen Einfluss das politische System auf die Erziehungsstile hatte. Wie waren deine Eindrücke aus den Gruppendiskussionen mit den unterschiedlichen Eltern, und wie bist du eigentlich zu deinen Befragtengruppen gekommen?

Franziska: In sozialen Netzwerken, durch Aushänge an Kitas und Schulen in Berlin und durch E-Mails an die Organisatoren von Elterninitiativen betrieb ich die Akquise von Eltern für die geplanten Gruppendiskussionsrunden mit Eltern. Dabei wollte ich keine gemischten, sondern homogene Ost- oder Westgruppen bilden. Der Grund dafür lag in der Absicht, nicht nur die individuellen unbewussten Orientierungen der Teilnehmer hinsichtlich der Erziehung herauszufinden, sondern vor allem zu überprüfen, ob es überhaupt so etwas wie eine gemeinsame, in der Gruppe geteilte, Orientierung in Bezug auf Erziehung der Kinder gibt und ob diese Gemeinsamkeit primär durch Bildung, soziales Milieu oder eben durch die politische Sozialisation entstanden ist. Für mich war es spannend zu beobachten, dass sich auf meine Anfragen hin deutlich mehr Eltern und sogar Gruppen von Freunden aus der ehemaligen DDR meldeten, die sofort und interessiert bereit waren, sich über ihre Erfahrungen mit dem Erzogenwerden und ihre eigenen Erziehungsvorstellungen auszutauschen. Aus dem alten Westen dagegen erhielt ich innerhalb der ersten Wochen nur eine Antwort.

Mandy: Ich glaube, die Identität als eine Gruppe, als Ossis ist bei den Ostdeutschen viel ausgeprägter als bei den Bundesbürgern in den alten Ländern. Da wurde man durch die Wende nicht automatisch zum Wessis gemacht, auch nicht medial. Der Osten dagegen wurde zur identitätsstiftenden Größe.

Franziska: Meine erste Ost-Gruppendiskussion fand bei Sandy, einer sehr liebenswürdigen Pädagogin, statt. Sie hatte mich zu einer ihrer Freundinnenrunden in ihre bunte Altbauwohnung im Prenzlauer Berg eingeladen. Munter berlinerten die vier Frauen drauflos. Über ihre Erinnerungen an die Kindergartenzeit und über die Schule und über die Pioniernachmittage. Erst gegen Mitte der Diskussion erinnerten sie sich daran, dass meine Eingangsfrage auf die Erziehung in der Familie abgezielt hatte. Doch dazu konnten sie nur wenig sagen. Nur das konsequent und teilweise mit Gewalt eingeforderte Saubermachen und Aufräumen zu Hause erwähnten sie in Bezug auf Erziehung in der Familie: »Es war krass wie alle geputzt haben«. Für mich war es aufregend, von der Freundinnengruppe so offen die Erfahrungen ihrer Kindheit in der DDR erzählt zu bekommen. Ich lernte, dass man einzelne *Bravo*-Seiten im Plänterwald gegen hohes Taschengeld kaufen konnte, dass es normal war, Kinderwagen inklusive Kindern vor den Supermärkten stehen zu lassen, dass es schicker war, in einem Neubau statt in einem Altbau zu wohnen. Es überraschte mich, dass die Lehrer regelmäßige Hausbesuche veranstalteten.

Judith: Ja, das stimmt, auch wenn wir noch gar nicht so intensiv über Schule gesprochen haben. Die Rolle und das Selbstbild der Pädagogen in der DDR war eine grundsätzlich andere als in Westdeutschland. Ihr Einfluss auf die Erziehung war groß, aber auch das Verantwortungsbewusstsein, das sie vor allem gegenüber Kindern empfanden, deren Elternhaus problematisch war. Ich selbst bin kurz nach der Wende in Marburg auf einem »Elitegymnasium« in die 11. Klasse gegangen. Hier ist mir besonders aufgefallen, dass die sehr engagierten LehrerInnen sich im Rahmen der Schule sehr ins Zeug legten, sich für die privaten Verhältnisse oder Probleme der Schüler aber nicht interessierten. Auch die elitären Denkweisen im dreigliedrigen Schulsystem kannte ich aus der DDR nicht. Das empfand ich als sehr konservativ und diskriminierend, vor allem gegenüber Schülern aus sozial schwachen Elternhäusern. Für mich ein gesellschaftlicher Rückschritt. Aber das so nebenbei, was hast du noch herausgefunden?

Franziska: An der zweiten Diskussionsrunde nahmen zwei Männer und zwei Frauen teil, die sich nicht kannten und deren einzige Gemeinsamkeit darin bestand, innerhalb eines bestimmten Zeitraumes in der ehemaligen DDR geboren worden zu sein und junge Kinder zu haben. Dennoch entstand schnell eine angenehme Erzähl- und Diskussionsatmosphäre. Ich stellte meine Eingangsfrage, wie sie ihre eigene Erziehung erlebt hätten und was ihnen bei der Erziehung ihrer Kinder wichtig sei. Wie übrigens in allen Gruppen, stand auch hier das Thema Zwang zum Aufessen im Fokus des ersten dichteren Gesprächsteils.

Mandy: Ich saß im Kindergarten jeden Mittwoch eine kleine Ewigkeit über meiner Tasse mit Buttermilch. Ich fand es widerlich und musste das trinken. Mit Nase zu. Aber ist das Thema Aufessen nicht auch ganz klar mit der deutschen Geschichte verbunden? Essen wegzuwerfen war für die Nachkriegsgeneration unserer Eltern einfach nicht vorstellbar.

Judith: Ja, das Thema Essenszwang ist ein gesamtdeutsches Phänomen, was sich wohl tatsächlich aus dem historischen Erbe erklären lässt. Nach zwei Weltkriegen, diversen Wirtschaftskrisen und der, erst wirklich nach 1945 langsam wirksam werdenden sozialen Absicherung, ist das auch nicht verwunderlich. Umso positiver, dass dieses zwanghafte Verhältnis zum Essen sich in der Erziehung der heutigen Kindergeneration sowohl familiär als auch institutionell nicht fortsetzt. Ich persönlich habe nach meinen Erinnerungen zum Glück weder zu Hause noch in Kindergarten oder Schule solche Erfahrungen machen müssen. Ich kann mich allerdings an Ermahnungen erinnern, nicht achtlos Lebensmittel wegzuwerfen, es würde auch hungernde Kinder geben.

Franziska: Ein weiteres großes Thema der Gruppe war der Sport. Alle Anwesenden stellten sich im Laufe des Gesprächs als ehemalige Leistungssportler der DDR heraus. In einer interaktiv sehr dichten Passage des Gesprächs wurde heftig über den Sinn des Sports als Mittel zur äußeren Formung einer inneren

Haltung, eines Kampf- und Siegergeistes diskutiert. Dieser könne sich, so zwei der Eltern, auch in andere Bereiche des Lebens positiv auswirken und sei doch leider in der öffentlichen Erziehung der Kinder heute sehr in den Hintergrund geraten. Nicht die Disziplinierung sei ihr Antrieb gewesen Sport zu betreiben, so die anderen beiden Eltern, sondern die Freude. Überhaupt »muss« Sport nicht sein, »nichts muss sein«! Auffällig am Gespräch der Gruppe Ost war, dass sich das Thema Disziplin wie ein roter Faden durch die Diskussion zog. In vielen Passagen rangen die Gesprächsteilnehmerinnen darum, eine Haltung zu dieser Thematik einzunehmen. Ob es um das Erlernen eines Musikinstrumentes oder den Konsum von Medien ging.

Judith: Ja, das Thema Disziplin ist meines Erachtens ein sehr wichtiges. Es betrifft nicht nur die DDR, sondern ist kulturhistorisch in einer protestantischen, in Berlin auch preußischen Tradition, im Kaiserreich und auch in der NS-Diktatur verhaftet. Das Thema hängt auch mit den »deutschen Tugenden« zusammen und zieht sich durch die Erziehungsratgeber in Ost und West. Wie du ja eingangs schon bemerkt hast, ist es ein neueres Phänomen, dass es einen »Verhandlungshaushalt« gibt, der nicht auf Disziplinierung, sondern auf Austausch beruht. In meiner Erinnerung ist der Begriff Disziplin einer, der sich durch die gesamte institutionelle Kinderbetreuung zieht. Die Kindergärtnerin sagte oft: »Seid jetzt bitte mal diszipliniert!« Ich fragte mich als kleines Kind immer, was das bedeuten soll. Irgendwie stehen bleiben und ordnen, dachte ich. Es stimmt, dass das Wort im Zusammenhang mit Sport oft auftauchte. Disziplin als Voraussetzung für den Erfolg. Es blieb für mich lange ein etwas diffuses Zauberwort, welches von den Pädagogen in nahezu allen Situationen angewendet werden konnte. Meine autonome Seite stellte immer ein unsichtbares Fragezeichen dahinter. Was wollten die? Ich denke, dass es wirklich feine Interpretationsunterschiede in Ost und West für das Wort Disziplin gibt.

Mandy: Disziplin ist auch ein relevantes Thema in der heutigen Leistungsgesellschaft. Die Erziehung zum disziplinierten

Menschen, und daher meist mit sportlichem Wettkampf verbunden, mit einem gesunden Ehrgeiz, ist Ziel und Ausrichtung unseres Schulsystems und unserer wirtschaftlichen Entwicklung. Leistung und Belohnung, ob nun durch Noten oder Gehalt, ist verbunden mit besonderer, individueller Anstrengung. Der Nichterfolg, das Scheitern werden ebenso als Versagen des Einzelnen angesehen. Dieses Leistungsprinzip stellen wir modernen Industriebürgerinnen gerade als Mütter immer mehr in Frage, indem wir nicht an ein endloses wirtschaftliches Wachstum glauben und uns immer mehr bewusst wird, dass es auch anders gehen muss. Dass, wenn wir unseren Kindern eine lebenswerte Welt hinterlassen wollen, das Teilen und ein gewisses Maß an Verzicht nötig sind. Dies setzt die Auseinandersetzung mit Bedürfnissen und Bedarfen voraus und fragt nach unserer Vorstellung vom Zusammenleben. Das bedeutet auch eine Form der Disziplinierung, aber eben eine, die wir aus gesundem Menschenverstand heraus an uns selbst vornehmen, und nicht als Gehorsam gegenüber einer Autorität. Wenn wir also über Disziplin bei uns selbst und unseren Kinder diskutieren, dann müssen wir hinzufügen, welchem Zweck diese Form der Selbstbeherrschung dient.

Franziska: Die Gruppe West spricht nicht von Disziplin, aber vom Setzen von Grenzen. Wie bereits erläutert wurde, verstehen die Frauen darunter die Vermittlung gesellschaftlichen, Verhaltensregeln, die ihren Kindern als Orientierung im sozialen Leben dienen sollen. Zwang lehnt die Gruppe, in Bezug auf Essen, familiäre Verpflichtungen und in Reflexion der eigenen Erziehung, strikt ab. Psychischen Druck thematisieren sie nur im Rahmen des Zeitdrucks der Kinder in Kita, Schule und Hort oder im Rahmen des Verhaltens der Eltern, nicht aber im Kontext der eigenen Erziehungspraxis. Von Regeln wird in der Gruppe West ebenso nur in Bezug auf die eigene Vergangenheit und nicht in Bezug auf die gegenwärtige Erziehungspraxis gesprochen. Die eindeutige Ablehnung von Zwang, der sich an von den Eltern der Diskutanten willkürlich aufgestellten Regeln orientierte, sowie die Betonung des Loslassens der Kinder zugunsten eines ungebundenen, von den Vorstellungen und Bedürfnissen der Eltern freien Daseins, dominieren den Diskurs.

Interessanterweise begann auch diese Gruppe das Erzogen werden mit dem Zwang zum Aufessen beziehungsweise Frühstücken zu erinnern. Davon ausgehend tauchten sie tiefer in das Thema »Strafpraxis der Mütter« ein. Häufiges Anschweigen, Ignorieren oder den Mund durch Schläge verbieten kannten alle Diskussionsteilnehmerinnen aus ihrer Kindheit. Diese Erziehungspraktiken ihrer Mütter bewerten die Frauen im Gespräch einstimmig als negativ und grenzten sich in der Erziehung der eigenen Kinder klar davon ab.

Judith: Das ist interessant. Ich habe schon öfter gehört, dass körperliche Gewalt gegen Kinder im Westen in unserer Altersgruppe nicht ungewöhnlich war. Ich erinnere mich selbst an keinerlei körperliche Gewalt gegen meine Person. In der DDR war körperliche Züchtigung zumindest offiziell verpönt, da es nicht den sozialistischen Idealen entsprach. Die Praxis sah wie immer individuell unterschiedlich aus. Aber Lehrer durften zu meiner Zeit nicht schlagen. Was hast du an Gemeinsamkeiten und Unterschieden im Vergleich zwischen Ost und West bemerkt?

Franziska: Es haben sich die Themen Kommunikation, Disziplin und Verhältnis zur Erziehungshaltung der Eltern als vergleichbare Themen herausgestellt. Der gemeinsame Orientierungsrahmen der Frauen der Gruppe West in puncto Erziehung war, dass sie ihre Kinder durch Kommunikation im Erlernen angemessenen Verhaltens zu unterstützen versuchten. »Reden« und »verstehen«, beides Ausdrücke, die von der Gruppe im Gespräch mehrmals genutzt wurden, werden im Kontext von Theorien über Familienerziehung von du Bois-Reymond und andere als wesentlicher Bestandteil des bereits weiter oben erwähnten »Verhandlungshaushaltes« beschrieben. Ein solcher Verhandlungshaushalt kennzeichne sich dadurch, dass aus der erzieherischen Elternrolle die elterliche Begründungsrolle geworden sei. Die Elternaufgabe wird vor allem anderen das

Reden. Die von der Gruppe West erinnerten physischen und verbalen Bestrafungsmethoden der Elterngeneration dagegen entsprechen den erzieherischen Praktiken eines autoritären Befehlshaushalts, dessen Bedeutung seit den 1960er Jahren in Europa sukzessive abgenommen hat und welchen auch diese Gruppe für die Erziehung der eigenen Kinder kollektiv ablehnte.

Im Gegensatz dazu kam es in der Gruppe Ost nur an einer Stelle des Gesprächs zur Diskussion des Themas Kommunikation. Das gemeinsame Essen am Tisch wurde hervorgehoben. Dieses biete für alle Familienmitglieder die Möglichkeit der entspannten Begegnung und des informellen Austauschs. Der soziale und erholsame Aspekt des Essens wurde dadurch betont, dass ein Kontrast zum sonst vorherrschenden Alltagsstress, dem Herumwirbeln und Herumrennen der einzelnen Familienmitglieder aufgemacht wird.

Nicht Kommunikation, sondern Disziplin war das Hauptthema der Gruppe Ost im Kontext der Eltern-Kind-Interaktion. Disziplin wird von den Gruppenmitgliedern anhand diverser Beispiele im Verlauf des Gesprächs illustriert: Strukturiertheit und Ordnung in Bezug auf einen geregelten Tagesablauf, frühes Aufstehen und das Kümmern um den Haushalt, Druck und Führung als Erziehungsmittel, Kampfesgeist, Haltung, Ausdauer und Spannung im Sport und Regelungen bezüglich Art und Anzahl der Freizeitaktivitäten. Hinsichtlich der Ablehnung beziehungsweise Befürwortung der Vermittlung solcher Prinzipien an die eigenen Kinder besteht in der Gruppe Ost Uneinigkeit. Wo ein Teil der Gruppe Disziplin im Kontext der Kindererziehung Sinnhaftigkeit zuschreibt, sehen die anderen darin weder eine erstrebenswerte Erziehungsmethode noch ein anzustrebendes Erziehungsziel, sondern lehnen diesen Drill ab. Disziplin wird von der Gruppe primär im Kontext des sportlichen Erfolgs diskutiert. Welche Erziehung brauchen Kinder, um erfolgreich zu sein? In der Gruppe Ost existiert entsprechend keine kollektive Auffassung von Erziehung, sondern es existieren unterschiedliche Vorstellungen. Doch warum? Einen Grund dafür sieht Uhlendorff in der historischen Umbruchsituation der Wende und den damit verbundenen, kulturellen Auseinandersetzungsprozessen, die durch den Zusammenprall verschiedener Ideologien bedingt waren und Reflexionsprozesse bezüglich der eigenen Geschichte und der der Eltern angeregt haben.

Judith: Was ich heute bei Freundinnen aus dem Osten, welche selbst inzwischen Eltern geworden sind, beobachte, ist, dass sich einige offensichtlich die Erfahrungen ihrer eigenen Erziehung bewusst gemacht haben und daher überwiegend überlegt und besonnen mit ihren Kindern sprechen, andere weniger. Ein Beispiel: In einer stressigen Situation mit kleinen Kindern im Treppenhaus am Fahrstuhl, wo die Gefahr des Einklemmens von Fingerchen offensichtlich wird, spricht die eine Mutter ruhig die Gefahr an. Im nächsten Moment klemmt sich das Kind der anderen Mutter die Hand ein, diese Mutter herrscht die Kleine an: »Du hast doch gehört, dass du da nicht anfassen sollst! Warum passt du nicht auf?«, obwohl das Kind schon weint. Ich stehe daneben und höre aus weiter Ferne meine Kindergärtnerin schimpfen, die mich nicht tröstet, sondern meint, ich solle disziplinierter sein, dann würde so was nicht geschehen. Ich glaube, in diesem Moment sprach auch aus meiner schimpfenden Freundin mit weinendem Kind eher ihre eigene Kindergärtnerin oder ein Lehrer, ohne dass sie es wirklich wollte oder bemerkte. Ich denke, es lohnt sich für alle, in solchen Momenten aufzumerken und dies als Reflexionsgelegenheit zu nutzen. Vielleicht auch gemeinsam mit den eigenen Eltern. Welche Unterschiede sind denn besonders auffällig gewesen?

Franziska: Ein offensichtlicher Kontrast zwischen den Gruppen besteht hinsichtlich der Bewertung der selbst erfahrenen Erziehung, also der Erziehungspraxis der Eltern. So thematisiert die Gruppe West die Erziehung ihrer Eltern ausschließlich negativ. Zudem wird diesbezüglich ein Muster deutlich: Die negativ erinnerten Erlebnisse der Eltern-Kind-Interaktion werden der eigenen, positiv bewerteten Erziehungspraxis unmittelbar gegenübergestellt. Die Gruppe Ost dagegen erinnert sich mehrheitlich positiv an die Erziehung im Elternhaus. Beispielsweise werden die Frühstückregeln der Mütter – »Mit leerem Bauch geht man nicht aus dem Haus!« – gern erinnert und in die eigene Erziehung übernommen. Auch erinnert sich ein Gesprächsteilnehmer positiv an die Disziplin und Strukturiertheit seines Vaters, die auch er lebt und für seine Kinder gutheißt. Nur ein Teilnehmer der Gruppe Ost rebelliert gegen seine Eltern und möchte heute alles anders machen als sie. Die als negativ dargestellten Erinnerungen der Gruppe Ost beziehen sich nicht auf das Elternhaus, sondern auf die Institutionen Schule (zum Thema Aufessen) oder Trainingszentren. Möglicherweise kann auch hier – mit Bezug auf Uhlendorff – in einer, durch die Notlage in der DDR und das Zusammenrücken nach der Wende begründeten, weniger starken intergenerationalen Auseinandersetzung eine Erklärung gefunden werden.

Die Distanzierung der Frauen der Gruppe West vom Verhalten der Mütter und Großmüttern unter anderem in Bezug auf die Strafpraxis sowie auf die große Bedeutungszuweisung des Themas Essen kann als Distanzierung von einem bestimmten Frauenbild interpretiert werden. So waren die Generationen der Mütter und Großmütter zu einem großen Teil Hausfrauen, die sich entsprechend um die Kinder, das Kochen und andere Haustätigkeiten kümmerten und die in der alten BRD lange Zeit nicht dieselben Rechte hatten wie ihre Ehemänner. Die in der Gruppe West repräsentierte, junge Müttergeneration geht zum Zeitpunkt der Gruppendiskussion einer regulären Erwerbsarbeit nach. Die Frauen erwähnen im Gespräch mehrmals, dass sie angebotenen Aufstiegschancen im Beruf gerne wahrnehmen würden. Es wird deutlich, dass diese junge Frauengeneration, obwohl sie Kinder hat, nicht ausschließlich ein Dasein als Hausfrau praktizieren möchte. Obwohl sie sich zwar als Baum der Familie bezeichnen, steht das Thema Nahrungsversorgung – im Vergleich zu den eigenen Müttern und Omas – nicht im Mittelpunkt ihres Lebens. Im Mittelpunkt steht die Frage der Vereinbarkeit von Kindern und Beruf, also alles unter einen Hut zu bekommen. Mit der Distanzierung vom Thema Essen distanzieren sie sich also gleichzeitig vom Bild der Frau als ausschließlich versorgende Mutter. Diese Kontrastierung und Abwendung von der Mütter- beziehungsweise Vätergeneration ist in der Gruppe Ost mit einer Ausnahme nicht nachweisbar.

Mandy: Diesen Aspekt haben wir auch schon mit Frauen aus der Dritten Generation Ostdeutschland diskutiert. (Enders/Schulze, 2016) Das Frauenbild in der DDR scheint doch ein emanzipierteres, ein moderneres gewesen zu sein. Allein aus zivilrechtlicher Perspektive waren Frauen im Osten selbstbestimmter und aufgrund der hohen Erwerbsarbeitsquote auch ökonomisch unabhängiger, ich würde behaupten bis heute. Dieses Frauenbild lässt sich auch auf das Selbstverständnis heutiger Mütter übertragen. In unserer Forschung wurde deutlich, dass die Rollenvorbilder der erwerbstätigen, respektive nicht-erwerbstätigen Mütter von damals, noch heute Einfluss auf Haltungen und Erziehungsstile haben. So sind in Ostdeutschland deutlich mehr Mütter in Vollzeit erwerbstätig als in Westdeutschland. Für die ostdeutschen Befragten ist ein egalitäres Partnerschaftsarrangement beider Partner, in welchem die Frauen nach der Geburt eines Kindes wieder in Vollzeit arbeiten, die Kinderbetreuung partnerschaftlich organisiert und sich vor allem auf staatliche Institutionen verlassen wird, sehr viel verbreiteter und selbstverständlicher. (vgl. Klärner/Keim, 2011) Doch aus meiner persönlichen Erfahrung heraus stelle ich fest, dass die modernen Frauen sich zwischen dem Mütter-Vollerwerbsmodell und der Hausfrauenvariante ganz individuell für ein Teilzeitmodell mit hohem Hausfrauenanteil entscheiden.

Judith: Ganz so positiv sehe ich das nicht. Ich denke, Mütter in der DDR hatten zwar durch Erwerbstätigkeit größere Unabhängigkeit im Familiensystem, aber die berühmte Doppelbelastung von Erwerbsarbeit und Hausarbeit war kein Zuckerschlecken. Ich sehe meine eigene Mutter eigentlich immer nur arbeitend vor mir, entweder im Beruf oder im Haushalt. Selten, dass sie etwas für sich tat oder sich einfach nur ausruhte. Dieses Phänomen beobachte ich auch heute bei Müttern, die in Vollzeit arbeiten. Bei den Teilzeitmodellen sieht es auch nicht viel besser aus, da dann der Partner meist Vollzeit arbeitet und nicht im

Haushalt und zur Kinderbetreuung zur Verfügung steht. Heutzutage wird dann die Kinderbetreuung bei arbeitenden Eltern privat organisiert. Das Problem der Doppelbelastung hat die DDR nicht lösen können, aber die heutige Gesellschaft auch nicht. Was dies für die Erziehung der Kinder und ihr Verhältnis zu ihren Eltern bedeutet, wird sich zeigen. Die innerfamiliären Beziehungen treten hinter den Anforderungen der modernen Leistungsgesellschaft in jedem Falle zurück.

Franziska: Genau deshalb fände ich es interessant weiterzumachen, also mit noch mehr Eltern zu sprechen und ihre Beweggründe für bestimmte Erziehungsmethoden, -stile und -ideale zu erkunden. Im Laufe meines Forschungsprozesses ist darüber hinaus deutlich geworden, wie wichtig der Raum für Austausch über Erziehung ist. Es existiert wenig Bewusstsein über den eigenen Erziehungsstil oder die eigenen Grundannahmen.

Judith: Wir sind ja nun alle drei Mütter, und aus meiner Sicht bekommt in dem Moment, wo man selbst Mutter beziehungsweise Vater wird, das Verhältnis zur eigene Mutter beziehungsweise den Eltern noch einmal eine andere Bedeutung. Nicht nur der Rollenwechsel in der Familie muss von allen anerkannt und bewältigt werden, sondern die Perspektive auf bestimmte Ereignisse und Lebensleistungen der Eltern ändert sich. Die Dritte Generation Ost, aber auch die Altersgenossen im Westen stehen nun an dem Punkt, wo die eigenen Eltern als Großeltern relevant werden und wo es dringlich wird, die eigene Erziehung zu reflektieren. Die jungen Eltern müssen entscheiden: Was will ich anders machen? Was will ich beibehalten? Wie sollen sich die Großeltern in die Erziehung meiner Kinder einbringen, wo aber auch nicht? Auch dies kann Thema eines Dialoges mit den eigenen Eltern sein und hat in jedem Falle Bedeutung für die kommende Generation und ihre Rezeption der Vergangenheit.

Literatur

Bertram, Hans (2002): Erziehung ist nicht (nur) Privatsache, in: Wissenschaftszentrum NRW 1/2002, Das Magazin, Bonn, S. 28–30.

Du Bois-Raymond, Manuela (1994): Die moderne Familie als Verhandlungshaushalt. Eltern-Kind-Beziehungen in West- und Ostdeutschland und in den Niederlanden, in: Du Bois-Reymond, Manuela u. a. (Hg.): Kinderleben. Modernisierung von Kindheit im interkulturellen Vergleich, Wiesbaden, S. 137–220.

Ecarius, Jutta (2002): Familienerziehung im historischen Wandel: eine qualitative Studie über Erziehung und Erziehungserfahrungen von drei Generationen, Opladen.

Enders, Judith C./Schulze, Mandy (2016): Feministische Mutterbilder? – Eine Verständigung von Feminismus und Muttersein vor dem Hintergrund ost- und westdeutscher Entwicklungen, in: Dolderer, Maya u.a. (Hg.): O Mother, Where Art Thou? (Queer-)Feministische Perspektiven auf Mutterschaft und Mütterlichkeit, Münster.

Enders, Judith C./Schulze, Mandy (2015): Transformationsprozesse und Auswirkungen auf Geschlechterarrangements – zur Wertorientierung von Frauen der Dritten Generation Ostdeutschland, in: Thomas, Michael/Busch, Ulrich: Transformation im 21. Jahrhundert. Theorien – Geschichte – Fallstudien. Abhandlungen der Leibniz-Sozietät der Wissenschaften Band 39 II, Berlin, S. 571–586.

Gysi, Jutta (1990): Die Zukunft von Familie und Ehe. Familienpolitik und Familienforschung in der DDR, in: Burkart, Günter (Hg.): Sozialisation und Sozialismus, Pfaffenhofen, S. 33–41.

Klärner, Andreas/Keim, Sylvia (2011): (Re-)Traditionalisierung und Flexibilität Intergenerationale Unterstützungsleistung und die Reproduktion von Geschlechterungleichheiten in West- und Ostdeutschland, in: Berger, Peter A./Hank, Karsten/Tölke, Angelika (Hg.): Reproduktion von Ungleichheit durch Arbeit und Familie, Wiesbaden, S. 121–144.

Konietzka, Dirk/Kreyenfeld, Michaela (2010): Familienformen und Lebensbedingungen in Ost und West. Zur sozioökonomischen Lage von Müttern in Deutschland, Frankreich und Russland, in: Krause, Peter/Ostner, Ilona (Hg.): Leben in Ost- und Westdeutschland, Frankfurt am Main/New York, S.123–143.

Liebwein, Sylvia (2011): Erziehungsziele und -stile im Wandel, Vortrag am Institut für Sozialwissenschaften, Universität Düsseldorf, 2016.

Mannheim, Karl (1928): Das Problem der Generationen, in: Kölner Vierteljahreshefte für Soziologie (7), S. 157–185, 309–330.

Monitor Familienforschung (2006): http://www.bmfsfj.de/RedaktionBMFSFJ/Abteilung2/Newsletter/Monitor-Familienforschung/2006-03/Medien/werte,property=pdf,bereich=,rwb=true.pdf (12.04.2016).

Opaschowski, Horst W. (2006): Das Moses-Prinzip. Die 10 Gebote des 21. Jahrhunderts, Gütersloh.

Przyborski, Aglaja (2004): Gesprächsanalyse und dokumentarische Methode. Qualitative Auswertung von Gesprächen, Gruppendiskussionen und anderen Diskursen, Wiesbaden.

Schmitt, Christian/Trappe, Heike (2010): Die Bedeutung von Geschlechterarrangements für Partnerschaftsdauer und Ehestabilität in Ost- und Westdeutschland, in: Krause, Peter/Ostner, Ilona (Hg.): Leben in Ost- und Westdeutschland, Frankfurt am Main/New York, S. 227–243.

Schneewind, Klaus A. (2002): Freiheit in Grenzen – Wege zu einer wachstumsorientierten Erziehung, in: Krüsselberg, Hans-Günter/Reichmann, Heinz (Hg.), Zukunftsperspektive Familie und Wirtschaft. Vom Wert von Familie für Wirtschaft, Staat und Gesellschaft, Grafschaft, S. 213–262.

Uhlendorff, Harald (2001): Erziehung im sozialen Umfeld. Eine empirische Untersuchung über elterliche Erziehungshaltungen in Ost- und Westdeutschland, Opladen.

Warum es sich lohnt zu reden

© Judith C. Enders

Auch wenn das eine Gespräch unmöglich scheint, kann ein anderes wieder aufgenommen werden oder erstmals stattfinden. Was bleibt, ist der Verweis darauf, dass ein Reden über die jüngere Vergangenheit ein wichtiger Teil von Geschichtsbildung und gemeinsamer Entwicklung ist.

Jana Scheuring und Bianca Ely stecken den erinnerungskulturellen Rahmen ab, in dem der Dialog der Generationen stattfindet.

Der abschließende Text von AutorInnen des Vereins Perspektive hoch 3 (Dritte Generation Ost) und Ines Geipel (zweite Generation Ost) geht anhand sorgfältig ausgewählter Begriffe auf aktuelle gesellschaftspolitische Debatten ein. Der Beitrag gibt den Blick auf Begriffe frei, die direkt aus dem Dialog hervorgegangen sind und fächert zukünftige Themen auf, die aus dem Gespräch mit der Elterngeneration erwachsen.

Die Schichten der Erinnerung

Jana Scheuring, 1978 bei Leipzig geboren, und Bianca Ely, 1979 in Ost-Berlin geboren, über Erinnerungskultur

Nicht nur, aber auch im Osten Deutschlands finden rechtspopulistische Strömungen aktuell Zulauf und das in einer Zeit, in der verstärkt schutzsuchende Menschen nach Deutschland kommen. Die aktuellen Entwicklungen erinnern auf erschreckende Weise an rassistische Übergriffe in der Nachwendezeit. Wie viel DDR-Erbe, Erfahrungen und Versäumnisse aus der Nachwendezeit stecken in diesen aktuellen Entwicklungen? Wo verlaufen die Bruchlinien? Ost versus West? Gut situiert versus abgehängt? Alt versus Jung? Die Realitäten sind komplexer und vielschichtiger. Um wirklich Antworten auf diese Fragen zu bekommen bräuchte es eine sozialwissenschaftliche Forschung.

Welche Rolle kann der Dialog der Dritten Generation Ost mit der Elterngeneration dabei spielen? Ist er in der Lage, zivilgesellschaftliche Allianzen gegen rassistische Zuspitzungen zu schaffen? Diese Fragen und der Wunsch, die Gräben nicht weiter einreißen zu lassen, motivieren unser gemeinsames Nachdenken. Uns ist bewusst, dass es keine einfachen Antworten geben kann.

Die Perspektiven der Autorinnen sind eingebettet in ein bestimmtes Generationserleben, das mit der Initiative Dritte Generation Ost eine Überschrift, die Möglichkeit zur Selbstversicherung und einen Streitraum bekommen hat. Die Bezeichnung »Dritte Generation Ost« ist in unserem Verständnis weniger eine soziologische Kategorie als vielmehr ein hilfreiches Label, um geteilten Erfahrungen einen Namen zu geben. Darin liegt eine gewisse Selbstbezogenheit und eine Unbestimmtheit, denn wo fängt diese Generation an und wo hört sie auf? Mit dem Generationenbegriff geht zudem das Risiko einher, Erfahrungen zu homogenisieren. Der gedankliche Rahmen verstärkt zudem die Gefahr, Bedingungen und Ursachen zu übersehen, die nicht im Kontext von Generationen stehen. Dessen sind wir uns bewusst.

Viele Aktive im Umfeld der Dritten Generation Ost haben lange Zeit aktuell-politische Themen gemieden. Es fand eine Aufarbeitung der eigenen Geschichte und ostdeutschen Herkunft statt. Im Umfeld der Dritten Generation Ost waren dabei immer wieder Schwierigkeiten im Dialog mit der Elterngeneration Thema. Der Wunsch nach einem intergenerationalen Dialog kann als der Versuch gesehen werden, eine innerostdeutsche Auseinandersetzung fortzuführen und ein aufgeklärtes Verhältnis zur eigenen Geschichte zu erarbeiten. (vgl. Froese/ Seidler, 2009)

Jana: Mich interessiert, ob und inwiefern die aktuellen zivilgesellschaftlichen Entwicklungen auch etwas mit einer fehlenden innerostdeutschen Selbstverständigung zu tun haben. Erleben wir gerade, dass ein offenes Sprechen – und das schließt den Dialog zwischen den Generationen ein – bisher scheinbar nicht gut gelungen ist? Ich frage mich, was derzeit in Deutschland und im Speziellen in Ostdeutschland passiert und was positive Impulse der Dritten Generation Ost sein könnten.

Bianca: Der Dialog der Dritten Generation Ost mit der Elterngeneration findet ja auf mehreren Ebenen statt. Also ganz konkret erst einmal ich mit meinen Eltern. Dieser Dialog ist eingebettet in gesellschaftliche Rahmenbedingungen, die wiederum auf die Beziehungen im Privaten wirken. Ob der Dialog gelingt oder nicht, ist nicht allein eine Generationenfrage. Es spielt auch eine Rolle, welche Kommunikationsstile eine Familie pflegt oder wie konfliktfähig die Beteiligten sind. Dazu kommen noch historische Deutungen und politische Narrative, die nicht unbedingt geteilt werden.

Das gemeinsame Dach der Dritten Generation Ost hat vielen geholfen, sich mit der eigenen Herkunft auseinanderzusetzen. Dieser Prozess scheint deswegen so wichtig zu sein, weil die Selbstverständigung den Blick für Erbschaften aus der Vergangenheit schärfen kann. Sie schafft auch Gewissheit darüber, mit einer bestimmten Erfahrung nicht alleine zu sein. Gleichzeitig beobachte ich, dass einige ihren Eltern große Verantwortlichkeiten antragen. Sie sollen Auskunft geben und Erklärungen über das Früher zur Verfügung stellen. Das Ganze findet innerhalb einer Eltern-Kind-Beziehung statt, die in der Nachwendezeit ja vielfach ausgehebelt war. Die Wende- und Nachwendezeit war für viele eine Zeit der großen Orientierungslosigkeit, in der nicht alle Eltern immer in der Lage waren, ihre Elternrolle tatsächlich auszufüllen.

Jana: Was für mich die Dritte Generation Ost ausmacht sind geteilte Erfahrungen, nur deshalb erscheint mir ein Sprechen über Generationalität überhaupt sinnvoll. Es lässt sich darauf zusammenschrumpfen: als Kind noch ein Stück weit DDR, aber dann vor allem auch die Zeit der Wende und Gesamtdeutschland erlebt zu haben. Diese Erfahrungen waren sicherlich sehr unterschiedlich gelagert, hier fangen die Differenzen im Generationserleben schon an. Jedoch haben bestimmt die meisten damals als Kinder verstanden, dass gerade Entscheidendes passiert. Kinder sind sensibel für solche Veränderungen und verstehen so etwas emotional. Es braucht jedoch einen Deutungsrahmen, der nur durch Gespräche und Einordnungen von außen gegeben werden kann.

Nach den Erfahrungen, die viele von uns gemacht haben, geschah genau dies im familiären oder institutionellen Rahmen (Schule, Kita) sehr selten. Viele blieben mit diffusen Eindrücken zurück. Gelegentlich verkehrten sich sogar die Rollen zwischen Eltern und Kindern. Vor diesem Hintergrund verstehe ich die Bedürfnisse nach Einordnung und nach Antworten, die sich ganz ähnlich bei vielen unserer Generation finden. Erst als erwachsene Personen verfügen wir offenbar über den Abstand, das Reflexionsvermögen und die Sprache, die Erfahrungen für uns selbst zu sortieren. Zu wissen, dass andere Ähnliches erlebt haben, ist sicherlich hilfreich. Die individuellen Erfahrungen bekommen so eine kollektive und gesellschaftliche Ebene. Meine Idee zum anhaltenden Wunsch nach Antworten durch die Elterngeneration ist, dass die Erfahrung der Wende- und Nachwendezeit und die häufig schwierigen Eltern-Kind-Beziehungen in dieser Zeit bis heute das Weitergehen zum Teil einschränken und ein Verharren in diesem kindlichen Erleben produzieren. Die damaligen Erfahrungen haben sich eingefroren und erscheinen für viele als zentral in der Biografie. Vielleicht beharren deswegen manche auf Erklärungen der Eltern, weil die Verletzungen darüber, dass sie damals nicht ausreichend Orientierung bekommen haben, bis heute nachwirken.

Bianca: Es ist ein Unterschied, ob ich einen Dialog mit meinen Eltern suche oder Forderungen nach Erklärungen stelle. Ein Unterschied liegt in der Rolle und Verantwortung, die wir uns selbst darin zuschreiben. Natürlich gibt es Wissen, das einem tatsächlich nur die eigenen Eltern vermitteln können oder diejenigen, die einen als Kind gekannt haben. Nur mit Menschen, die damals dabei waren, kann ich Erinnerungen an konkrete Erlebnisse durchgehen. Aber es gibt viele andere Quellen, die ich zurate ziehen kann. Wie gestaltete sich ein Alltag in der Diktatur? Mit zeitlichem Abstand lässt sich dieses Wissen beschaffen. Ich kann es mir selbst beschaffen, wenn ich möchte. Kann in Archive gehen oder Menschen dazu befragen. Insofern sind die eigenen Eltern bei Weitem nicht die einzige zur Verfügung stehende Informationsquelle.

Jana: Die fordernde Haltung schränkt den Dialog vermutlich nicht nur ein, sie torpediert ihn. Das bringt auch weiter Trennendes hervor. Gesellschaftliche Spaltungen und Vorwürfe erleben wir heute ganz viele. Mein Anspruch ist eher, wohlwollend nachzuvollziehen, wie es zu den Spaltungen kommt und wie wir sie im Dialog überwinden können. Ich kann für meine eigene Biografie sagen, dass es eine Phase in meiner Kindheit gibt, in der ein Bruch passiert ist oder vielmehr viele Brüche in zeitlicher Dichte. Die sind für mich rückblickend eher spürbar als erklärbar. Sie sind einfach da, aber es gab wenig Worte oder Zuordnungen dafür. Eltern sind dabei nach wie vor wichtige Referenzpunkte, weil sie es auch damals gewesen wären. Aber auch für sie waren diese Prozesse ja schwer einzuordnen.

Bianca: Auch wenn er oftmals vielleicht schnell und einfach formuliert worden ist: Es erscheint ungerecht, angesichts der Verwerfungen der Wende- und Nachwendezeit einen Vorwurf an die Eltern zu formulieren. Ich frage mich, ob ein gewisser Frust über einen schwierigen Dialog nicht auch daher rührt, dass Eltern und Kinder sehr unterschiedliche Dinge im Dialog suchen. Die Bandbreite der Motive, den Dialog über die Frage nach dem Früher zu stellen, ist groß. Darin Tröstendes zu finden kann ein Motiv sein oder sich einander näher zu fühlen. Andere erinnern sich vielleicht und wollen sich dabei abgrenzen von der DDR und den Erfahrungen in dem System. Die Dritte Generation Ost hat vielleicht für sich selbst besser verstanden, was sie für Fragen und Bedürfnisse mit Blick auf die DDR- und Nachwendeerfahrungen hat. Sich zu öffnen für die Fragen und Bedürfnisse der eigenen Eltern, darin liegt ein weiterer Schritt. Dafür eine gemeinsame Sprache zu finden ist keine leichte Aufgabe. Vorwürfe sind leicht formuliert, wenn die Erwartungen hoch sind. Aber sie bringen nicht weiter.

Jana: Das glaube ich auch, denn mit welchen Erschütterungen hatten unsere Eltern zu kämpfen? Von vielen wurde ja der pragmatische Weg gewählt: funktionieren, weitermachen, irgendwie klarkommen. Das alles kann ich heute sehr nachvollziehen und habe Respekt vor vielen Entscheidungen. Was dabei jedoch übersehen wurde, dass Kinder natürlich vieles trotzdem bemerken, erst Recht Verunsicherung bei nahen Bezugspersonen. Sonst machen sie sich ihren eigenen Reim auf die Ereignisse und reagieren in irgendeiner Form darauf. Vielleicht versuchen sie, mehr allein klarzukommen, um die ohnehin belasteten Eltern nicht zusätzlich zu belasten oder tendieren dazu, die weggebrochenen Autoritäten komplett zu ignorieren. Dem Rückgriff auf die Eltern und dem Wunsch nach rückblickenden Erklärungen liegt anscheinend das Gefühl zugrunde, dass sie uns an diesen Stellen noch etwas schulden.

Bianca: Im Gespräch mit anderen unserer Generation, die etwas älter waren und die Wendezeit mit 15/16 Jahren erlebt haben, beschreiben diese dagegen eine starke Abgrenzung von den Eltern und würden vielleicht gar nicht auf die Idee kommen, ihre Eltern heute in der Rolle der Erklärenden zu begreifen. Auch hier kommt unser Verständnis von Generationalität immer wieder ins Wanken. Trotzdem würde ich gern über das Schweigen oder Nicht-Sprechen nachdenken.

Jana: Dazu fallen mir Überlegungen von Ines Geipel ein. Sie gehört einer anderen Generation an und hat die Zeit der DDR als junge Frau erlebt. In einem ihrer Bücher stellt sie fest, dass dieses Schweigen vermutlich wesentlich älter ist und nicht erst in der Wende- und Nachwendezeit eingesetzt hat. Für unsere Generation war es im Alltag nicht offensichtlich, weil Schweigen erst bemerkt wird, wenn eigentlich Wissen nötig ist. Geipel sagt, dass die DDR für sie eigentlich eine Gesellschaft des Schweigens war, in der regelrecht ein Schweige-System existierte. (vgl. Geipel, 2014) Nicht nur konnten die vielschichtigen Ereignisse und eigenen familiären Verstrickungen im Nationalsozialismus in der DDR öffentlich nur mit Auslassungen und Umdeutungen thematisiert werden. Es hat sich im kollektiven und individuellen Erleben durch das autoritäre DDR-Regime noch mehr schwer Besprechbares oben aufgehäuft. Wir können also von einer fehlenden offenen und öffentlichen Kultur des Benennens ausgehen.[8] All dieses Tabuisieren ist spürbar.

Zu bemerken, dass um mich herum, in meinem Körper und in meinem Denken etwas ist, das ich nicht zuordnen kann, das mir eigentlich gar nicht gehört. Es fühlt sich so an, als ob die Dinge unverbunden nebeneinander stehen.[9] Das wäre eine Er-

---

8 Künstlerische Auseinandersetzungen mit dem DDR-Regime und dem Nationalsozialismus gab es natürlich, aber in der Breite waren öffentliche Verhandlungen über historische Deutungen kaum möglich. Erinnerungspolitik war in der DDR vor allem eine gemachte und wich zu großen Teilen eklatant vom individuell sowie kollektiv Erlebten ab. Antifaschistische Widerstandskämpfer gab es in der DDR ganz real sicher wenige.

9 »Es war das bestimmende Gefühl meiner Jugend, dass ich einer Zeit angehörte, in der unwahrscheinlich viel geschah, ich aber nichts

klärung für Schweigen, eine Art der transgenerationalen Weitergabe als emotionale Vererbung.[10]

Roland Jahn bietet noch einen anderen Erklärungsansatz. Er spricht von einem beredten Schweigen, das typisch für die DDR-Gesellschaft war: »Sich durch Schweigen dem verlangten Bekenntnis zu einer Idee des Staates zu entziehen, das war eine alltägliche Entscheidung in der DDR.« Er benennt weiterhin die darin deutlich werdende Gefangenheit »in den Regeln der Diktatur, die wir von Kindheit an einübten. Überzeugt von dem Glauben, dass das Schweigen ein Durchkommen ermöglicht.« (Jahn, 2014) Man könnte also vermuten, dass Schweigen, Nicht-zu-viel-Sagen und Nicht-zu-sehr-Einmischen zu einer Art erlernten kulturellen Praxis geworden war, die sich nicht von einem Tag auf den anderen abschütteln ließ. Durch Wende- und Nachwendezeit scheint alles noch komplexer geworden und mit einer weiteren tektonischen Erlebnisschicht versehen zu sein. Parallel dazu tauchten starke Narrative über DDR, den Osten und die dort lebenden Menschen auf und überschrieben DDR-Biografien beziehungsweise rahmten sie auf eine bestimmte Art. Deshalb wünsche ich mir im intergenerativen Dialog ein gemeinsames Suchen nach geteilten und abweichenden Erfahrungen.

Bianca: Heute erleben wir gesellschaftliche Zuspitzungen, die weitere Spannungen hervorbringen. Deshalb hoffe ich, dass die aktuelle politische Situation auch als Chance verstanden wird, bislang vermiedene Auseinandersetzungen oder verpasste Dialoge neu anzugehen. Aktuell werden uns die Nachwendezeit und die rassistische Gewalt in den 1990er Jahren neu ins Gedächtnis gerufen. Die Dritte Generation Ost hat diese Zeit als Kind oder Teenager erlebt, in einer Phase also, in der ein politisches Bewusstsein gerade entsteht. Heute sind wir ein Teil der

---

darüber in Erfahrung bringen konnte. Ich lief, suchte und fragte. Die Schweige-Zonen waren total.« (Geipel, 2014)

10 Siehe hierzu auch: Lohl/Moré (2014): Unbewusste Erbschaften des Nationalsozialismus.

Zivilgesellschaft. Mir stellt sich dabei die Frage, inwiefern ein Festhalten an der Kinderrolle auch als Weigerung verstanden werden muss, sich selbst als politisches Subjekt zu begreifen. Wenn ich mich selbst in einer passiven Rolle definiere, muss ich keine eigenen Erklärungen hervorbringen. Hier braucht es viel mehr Mut, sich zu positionieren. Einige in unserer Generation suchen gerade heute nach Wegen des Dialogs, weil ihre Eltern zu den »besorgten Bürgern« gehören, vielleicht bei Pegida mitlaufen. Da wird die politische Positionierung zur Motivation, das Gespräch zu suchen.

Jana: Das Verhaftetsein in der Vergangenheit passiert vielleicht aus einem kindlichen Gefühl des Alleingelassenseins und der Kränkung. Diese Perspektive ist berechtigt, mir geht es nicht darum, sie wegzureden. Die Frage ist nur, wie wir trotz oder gerade deshalb weiterkommen? Wie machen wir daraus etwas Konstruktives für die Gegenwart? Mir drängt sich an der Stelle der Vergleich zur 68er-Generation auf, ohne die beiden Diktaturen gleich setzen zu wollen. Aber in der Auseinandersetzung der nachfolgenden Generation gab es rückblickend häufig vor allem zwei Möglichkeiten: Die Identifikation mit den Eltern, die mit einer hohen Loyalität einherging oder die Anklage »Was habt ihr damals getan?«. Es wird ein ähnliches Spannungsfeld in unserer intergenerativen Auseinandersetzung deutlich, wenn auch nicht in derselben Schärfe.

Bianca: Manch ein Dialog funktioniert aber auch aus Selbstschutz nicht. Dass wir bestimmte Fragen nicht stellen aus Angst vor der Antwort. Wie gut können wir die aushalten? Und haben wir das Gefühl, dass uns wirklich zugehört wird? Ein gelingender Dialog setzt ein gemeinsames Erkenntnisinteresse voraus.

Jana: Das gemeinsame Interesse gibt es meiner Meinung nach: herauszufinden und zu verstehen, was in der DDR und dieser Wendezeit eigentlich alles passiert ist. Was das individuell, aber auch kollektiv für Folgen hatte und wie genau es auch heute noch nachwirkt.

Bianca: Zugleich haben sowohl die Dritte Generation Ost als auch die Elterngeneration ein Interesse daran, diese Geschichte hinter sich zu lassen und eben nicht immer wieder darauf zurückgeworfen zu werden. Wie ein Stigma, das man loswerden möchte. Wir wissen, dass es uns geprägt hat. Und zugleich wollen wir diese Erfahrung nicht ständig präsent haben in unserem Alltag.

Jana: Aber das ist doch inzwischen ein Vorteil der Dritten Generation Ost, dass sie ganz offen sagt: Diese Zeit hat uns geprägt. In diesem Sinne ist der erste Schritt schon getan. Es gibt keine Leugnung. Sicher wollen Menschen nicht nur durch einen Aspekt ihres Lebens definiert werden. Und doch scheint mir die aktive Auseinandersetzung mit biografischen Zäsuren, die verursacht durch gesellschaftspolitische Umwälzungen ja auch kollektive sind, ein wichtiger Punkt zu sein. Entweder befassen wir uns aktiv mit dem Erlebten oder es befasst sich mit uns. Das Vergangene ist anwesend, ob wir wollen oder nicht. Wenn wir offensiv damit umgehen, haben wir den Verlauf ein Stück weit in der Hand. Ganz im psychoanalytischen Sinne: Alles was aktiv erinnert und bearbeitet wird, ist an der Oberfläche. Was nicht erinnert wird, geht eine Etage tiefer und ist in unseren Handlungen, unserem Tun anwesend.[11]

Ich glaube, dass wir bundesweit eine schwierige Entwicklung haben. Es gibt aktuell eine rassistische und rechtspopulistische Zuspitzung. Das abwertende Sprechen über marginalisierte Gruppen, das vorher eher verdeckt stattgefunden hat, ist viel lauter und offener geworden. Trotzdem gibt es in dem Ganzen auch eine Ostspezifik. Die ist nur zu verstehen, indem wir uns mit der eigenen und gemeinsamen Geschichte befassen und Erklärungen finden. Ansonsten treibt es uns auseinander. Die vermeintlich anderen, die, die ausgegrenzt werden und auch

11 »Es scheint also so zu sein, dass das was man ›vergisst‹ […] gelebt werden muss. Wesentliches kann also gar nicht zum Verschwinden gebracht werden. Was nicht erinnert wird, muss gelebt werden, und man merkt dabei gar nicht, dass man etwas lebt, was schon längst vergangen ist.« (Erdheim, 2009)

die, die abwertend sprechen und handeln, sind nie woanders, sie sitzen oftmals mit am Tisch. Ich glaube, dass deshalb viele Leute, auch unserer Generation gerade Sorge haben, zur nächsten Familienfeier zu fahren. Das, was sich im großen politischen Rahmen abspielt, ist auch am Kaffeetisch präsent. Dann kann man aufstehen und wieder nach Hause fahren oder nach Möglichkeiten suchen, darüber zu sprechen.

Bianca: Das bringt uns zu der Frage, wo die geeigneten Räume sind, mit diesem Dialog neu anzusetzen. Der Kaffeetisch ist kein einfacher Ort. Aber zumindest ein naheliegender, an dem die Generationen mit Sicherheit zusammenkommen.

Jana: Ich muss kurz zurückspringen, denn mir ist gerade dieser Satz von Annette Simon wieder eingefallen: »Es ist kein schönes Gefühl, aus einer Diktatur zu kommen, die man gar nicht als solche sah. Und nun auch noch feststellen zu müssen, dass man von ihr geprägt ist.« (Simon, 2009) Also sich das einzugestehen. Das hat auch etwas Schambesetztes. Dieses Zitat stammt aus einem Vortrag mit dem Titel »Unsere bösen Kinder. Anmerkungen zur rechten Gewalt in Ostdeutschland« aus den späten 1990er Jahren. Darin schreibt sie von einem Versagen und wendet sich an die Erwachsenen mit der Frage: Was haben wir da nicht geschafft? Halt zu geben, Werte zu vermitteln, Grenzen zu ziehen, einfach einzuschreiten und deutlich zu sagen: Das geht nicht, was hier passiert. Sie schreibt weiter, dass sie sich nicht vorstellen kann, dass das nicht möglich gewesen wäre, wenn die Lehrerin, der Taxifahrer oder die Leute im Supermarkt sich einig darüber gewesen wären, dass ein bestimmtes Verhalten nicht hinnehmbar ist. Aber offenbar gab es so eine Übereinkunft nicht. Auf diesem Weg verselbständigte sich gewalttätiges Handeln.

Bianca: Daher kommt mein Wunsch, dass heute die Alarmglocken angehen. Meldungen über rassistische Übergriffe erinnern mich jedes Mal an die Atmosphäre der 1990er Jahre. In der Zwischenzeit ist viel passiert. Die Generation der Eltern hat sich stabilisiert. Den allermeisten Menschen ist es gelungen, ihre

Orientierungsfähigkeit wieder herzustellen. Insofern findet der Dialog unter anderen Vorzeichen statt. Auf der anderen Seite ist das aber vielleicht auch Teil des Problems. Dass viele Menschen sagen: Jetzt gehts uns gerade mal gut, jetzt haben wir uns freigeschwommen. Nun wollen wir gerade deswegen nicht, dass wieder die nächste Krise von außen heranrollt.

Jana: Ängste vor einer erneuten Erschütterung und Verunsicherung oder vor sozialem Abstieg spielen bestimmt eine Rolle. Das hört sich wie eine Entschuldigung an, ist aber relevant und trotzdem als Erklärung vollkommen unzureichend. Selbst wer Angst hat vor Verunsicherung muss diese Angst nicht in Rassismus kanalisieren, um es mal so deutlich zu sagen. Das ist in Deutschland vielleicht der althergebrachte Weg, der eine gewisse Tradition aufweist. In der Frustration, die sich in Politikerschelte entlädt, steckt außerdem das Gefühl: Da wird über meinen Kopf hinweg entschieden. In diese Richtung lassen sich meiner Meinung nach Fragen einer Ostspezifik stellen. Frühere Diktaturerfahrungen spielen vermutlich eine Rolle: von außen bestimmt zu werden, Umbrüchen ausgeliefert zu sein und das Gefühl zu haben, sich mit Kraft dagegenstemmen zu müssen. Es ist für mich allerdings schwer auszuhalten, dass viele Menschen diese Erfahrung nicht nutzen, um in die Gestaltung zu gehen. Mir scheint, dass viele Menschen im Osten genau das nicht fühlen und irgendwie in einer Ohnmacht-Zeitschleife hängen.

Es gibt viele Ostdeutsche mit eigenen Fluchterfahrungen, die die Sehnsucht nach einer anderen Welt kennen. Der Wunsch nach einem anderen Einkommen, anderen Zielen für die eigenen Kinder, mehr Freiheit – damit können doch gerade auch Menschen im Osten etwas anfangen. Die Ähnlichkeiten bleiben jedoch oft unsichtbar. Mir scheint, dass da ganz viele Ausblendungen stattfinden. Die eigenen Wünsche nach einem besseren Leben werden verdrängt. Was Flucht, Ankommen und Anpassung betrifft gibt es gerade im Osten Deutschlands eine weitere historische Schicht. In der sowjetischen Besatzungszone kam nach 1945 prozentual eine viel größere Zahl an »Heimatvertriebenen«, Flüchtlingen oder Umsiedlern – wie sie in der DDR genannt wurden – unter als in der späteren BRD. Deren Erfahrungen wurden weitgehend verdrängt beziehungsweise nur innerfamiliär erzahlt. Sie wurden eingekapselt in den Individuen und Familien. Sabine Rennefanz schreibt dazu in einem Artikel in der *Berliner Zeitung*, dass Menschen im Osten heute selbst oft diese Verbindungen herstellen. Bei einer Lesung aus ihrem Buch *Die Mutter meiner Mutter* stellten Leute im Publikum die Frage, ob es in Ostdeutschland einen Zusammenhang zwischen einem nicht aufgearbeiteten Trauma von Krieg, Flucht und Vertreibung und dem Erfolg von AfD und Pegida gibt? Auch in der Forschung wird immer stärker diesen Fragen nachgegangen.[12] Eine Verkapselung eigener traumatischer Erlebnisse kann emotionale Härte erzeugen, auch hier findet sich das Phänomen der Weitergabe über Generationen wieder.

Bianca: Ich würde gerne nochmal auf die Frage zurückkommen, was das für Räume sein könnten, in denen Dialog stattfinden kann. Im Privaten kann das Gespräch sehr herausfordernd sein. Wenn im familiären Umfeld dann vielleicht auch noch mit Pegida oder der AfD sympathisiert wird, verwundert es nicht, dass viele heute eine größere Spaltung zwischen den Generationen empfinden. Das Gefühl aus der Nachwendezeit, in einer anderen Welt zu leben als die eigenen Eltern oder die Elterngeneration, verstärkt sich für einige gerade noch einmal. Es scheint auch weiterhin schwierig, eine Ostspezifik in den aktuellen Entwicklungen zu besprechen. Dieser Impuls muss von innen, von Ostdeutschen selbst kommen. Da sehe ich die Dritte Generation Ost in einer Position, dieses Gespräch realistisch führen zu können. Mehr als je zuvor sind zivilgesellschaftliche Akteure gefragt, vor Ort Räume für einen Dialog zu schaffen. Dort findet man das gemeinsame Interesse, weil die Menschen sich natürlich für die Entwicklung in ihrem Ort, ihre Region interessieren. Klar findet das unter erschwerten Rahmenbedingungen statt. Aber die können auch die Motivation erhöhen, miteinander ins Gespräch zu kommen.

12 Siehe hierzu auch Lohl/Moré (2014).

Jana: Ich nehme wahr, dass die Diskurse differenzierter werden. Es gibt viele Menschen, die sich zu Wort melden. Die innerostdeutsche Auseinandersetzung wird seit Langem gefordert und auch geführt. Die Dritte Generation Ost ist ein gutes Beispiel dafür und es gibt zum Beispiel literarische und autobiografische Auseinandersetzungen von Menschen unterschiedlichen Alters. Dadurch wird die Vielfalt der DDR- und auch der Nachwendeerfahrungen nach und nach sichtbar. Wobei die Beschäftigung mit dieser Geschichte schwierig bleibt, da es schmerzhaft und schambesetzt sein kann sich zu fragen: Wie habe ich in der DDR eigentlich gelebt und mir Normalität geschaffen? Welche Umwälzungen hat die Wende 1989/90 eigentlich mir und um mich herum gebracht? Welche Auswirkungen spüre ich heute noch? Was ist mit uns innerfamiliär damals eigentlich passiert? Aber meine Hoffnung ist, dass diese Selbstbefragung Haltungen stärken kann und Handlungsoptionen für die Gegenwart eröffnen. Dafür braucht es jedoch Zeit, Orte, Anlässe und aufmerksame Gegenüber.

Und vielleicht ist somit diese gesellschaftspolitische Zuspitzung eine Chance, so absurd sich das anhört. 25 Jahre sind eine lange und gleichzeitig eine kurze Zeit. Vieles an Auseinandersetzung ist seitdem versäumt worden. Aber immer mehr Menschen finden zur Sprache, und ich kann mir gut vorstellen, dass Foren und Bürgerdialoge geeignete Orte für Auseinandersetzungen sein können. Räume in denen Leute erzählen und sich in einen Selbstverständigungsprozess begeben.

Bianca: Der Blick in die Vergangenheit hat verschiedene Ankerpunkte. Oftmals unterbelichtet ist die Frage, wie Erinnerung an den Nationalsozialismus in der DDR stattgefunden hat. Wie hat das funktioniert, plötzlich den westdeutschen erinnerungskulturellen Diskurs quasi zu adoptieren und zugleich den alten – zumindest öffentlich – komplett abzulegen? In der Analyse dieser Prozesse verbirgt sich meiner Ansicht nach ein großer Erkenntnisgewinn, für Menschen in Ostdeutschland, aber auch in Westdeutschland. Ein gleichberechtigter, innerdeutscher Dialog, der fehlt definitiv. Das sind sehr abstrakte

Fragen, aber ich glaube, die lassen sich anhand konkreter Orte, Erinnerungen und Geschichten besprechen. Vielleicht merken wir in der aktuellen rassistischen Zuspitzung, dass uns dieser innerdeutsche Dialog über Erinnerungsdiskurse in Ost und West und dem vermeintlich geteilten Narrativ nach dem Fall der Mauer genau jetzt fehlt. Sonst würde es wohl leichter fallen, die verschiedenen Schichten der Erinnerungen auseinanderzuhalten. Dort könnte eine Auseinandersetzung jetzt ansetzen: Welche biografischen und kollektiven Erfahrungen spielen für das eigene Selbstverständnis eine Rolle?

Jana: Stimmt, das haben wir bislang nicht erwähnt, dass es im Kern der Auseinandersetzung eigentlich um Identitätsfragen und um Zugehörigkeiten geht.

Bianca: Pegida und AfD machen derzeit genau das. Sie führen eine identitäre Selbstverständigungsdebatte darüber, wer oder was die Deutschen sind. Sie schaffen in dem Sinne ein klares Angebot.

Jana: Ja, und die Frage ist, ob man die Antworten den Rechtspopulisten überlassen will. Da braucht es umso mehr einen Prozess der Selbstverortung und Integration von Teilen der Geschichte, die vielleicht nicht in das eigene Selbstverständnis integriert sind. Und die Suche nach Wegen, die abgeschnittene Empathie zu aktuell schutzsuchenden Menschen wieder herzustellen, deren Lebensverläufe durchaus Parallelen zu eigenen Lebenserfahrungen aufweisen. Eine andere Frage wäre die nach der Überwindung des Opfererlebens, die oft an eine Opferstilisierung grenzt. Eine Ohnmacht, die vielleicht in der eigenen Biografie mal real war. Was bräuchte es, um die Ohnmachtserfahrungen von damals zu überwinden, um zu einer selbstbestimmten Handlungsfähigkeit zu gelangen, die nicht in Rassismus und der Abwertung anderer mündet? Die Anerkennung von Kränkungen, die damals erfahren wurden, scheint mir ein wichtiger Aspekt zu sein, das kann von innen oder außen passieren. Dabei wäre natürlich ein gesamtdeutscher Diskurs auf

Augenhöhe hilfreich. Und die Selbstvergewisserung: Ja, wir haben da Schmerzhaftes erlebt. Aber wir haben weitergemacht und heute stehen wir wieder ziemlich gut da. Insofern könnten wir eigentlich auch etwas abgeben. Das wäre für mich ein konstruktiver Umgang mit dem Erlebten, im dem eine große Selbstaufwertung läge.

Die Autorinnen danken Dr. Heike Radvan für ihre gründlichen und kritischen Anmerkungen.

Literatur

Erdheim, Mario (2009): Die Produktion von Unbewusstheit in der Erinnerungskultur, in: Seidler, Christoph/Froese, Michael J. (Hg.): Traumatisierungen in (Ost)-Deutschland, Gießen.

Geipel, Ines (2014): Generation Mauer. Ein Porträt, Stuttgart.

Jahn, Roland (2015): Wir Angepassten – Überleben in der DDR, München/Berlin.

Lohl, Jan/Moré, Angela (Hg.) (2014): Unbewusste Erbschaften des Nationalsozialismus. Psychoanalytische, sozialpsychologische und historische Studien, Gießen.

Rennefanz, Sabine (2016): Großmutters Wunderland, in: Berliner Zeitung, Magazin, 14./15./16. Mai 2016.

Simon, Annette (2009): »Bleiben will ich, wo ich nie gewesen bin.« Versuch über ostdeutsche Identitäten, Gießen.

Zwei Generationen – acht Begriffe

Stellungnahmen von Ines Geipel sowie VertreterInnen des Vereins Perspektive hoch 3 e.V.

Zwei Generationen Ost suchen den Austausch

Die beiden Bücher *Generation Mauer* von Ines Geipel und *Dritte Generation Ost*, herausgegeben von den MitgründerInnen der gleichnamigen Initiative, weisen bei allen Unterschieden in Sprache und Stil, Motiven und Mission eine ganz wesentliche Gemeinsamkeit auf: Sie stellen Gefühlslagen und Standpunkte von Menschen dar, die in der DDR aufgewachsenen sind. Dabei bedienen sich die AutorInnen der Bücher jeweils des Begriffs der Generation, ohne für alle Gleichaltrigen sprechen zu wollen. Sie nehmen aber in Anspruch, dass das, was sie bewegt, nicht rein individuell ist. So sind »Generation Mauer« und »Dritte Generation Ost« in einem soziologischen Sinn Eltern und Kinder. Den Wunsch nach einem gemeinsamen Gespräch gab es schon länger. In *Generation Mauer* stellt Ines Geipel explizit die Frage nach der Kluft zwischen der Zweiten und Dritten Generation Ost; es folgten persönliche Treffen, eine Podiumsdiskussion – und die Idee, sich schriftlich auszutauschen. Dafür verständigten sich die Schreibenden auf acht Schlüsselbegriffe, zu denen Gedanken formuliert werden sollten: Archiv, Buchenwald, Ungarn, NSU, Pegida, Ich und Wir, Angela Merkel, 2039. So sind zu jedem Begriff zwei Texte entstanden, die einander gegenüberstehen.

Diese Themen folgen keiner klaren Ordnung, sondern sind Motive unserer Gespräche. Sie können unmöglich die ganze Bandbreite der Beschäftigung mit DDR und Ostdeutschland, aktuellen Entwicklungen und dauerhaften Prägungen, Individuellem und Gesellschaftlichem abdecken. Aber sie geben einen Eindruck von der Vielfalt und den Spannungslinien, die sich auftun, wenn VertreterInnen unterschiedlicher Generationen Selbstverortung unter dem Eindruck monumentaler Geschichte, alltäglicher Erregung und persönlicher Erfahrung versuchen.

Archiv

Anne Langer für Perspektive hoch 3: Ihr jungen Leute, geht ins Archiv! Eine Aufforderung von Opfern der SED-Diktatur. Wir sollen uns wie sie durch die Aktenberge graben, gebrochene Biografien lüften, ihre Erinnerungen weitertragen. Sie wollen nicht vergessen sein mit ihrem Leid, sie suchen in uns Anwälte ihrer Art der Aufarbeitung.

Das Archiv der Akten, der harten Fakten, spiegelt schwarz auf weiß den Ballast, den sie in sich tragen. Daneben existiert in bunten Bildern das Archiv der persönlichen Erinnerungen. Harmlose Alltagsszenen bilden den Rahmen der konstatierenden Erzählung: die Pioniernachmittage oder der Urlaub an der Ostsee. Es geht um nichts weniger als die eigene Identität. Lebensleistungen wollen nicht durch die Frage entwertet werden, wie man in einer Diktatur glücklich sein konnte. Die Archive werden öffentlich gegeneinander ausgespielt. Unrechtsstaat gegen Ostalgie.

Wir suchen dagegen nach Geschichte zwischen Verdammung und Verklärung, nach den Abdrücken der Diktatur im Alltagsleben vor dem Mauerfall – und danach. Eine Zeit, an die wir uns selbst lebhaft erinnern. Und tatsächlich kehren wir auf dieser Suche oft in unsere Familien zurück: Der Gesichtsausdruck der eigenen Mutter, als sie in den 1990er Jahren erkennt, dass die Studienfreundin der IM in ihrer Stasi-Akte ist. Der heutige Karriereweg des Onkels, hätte er ein Studium aufnehmen dürfen. Die Abschiedsumarmung der Lieblingstante, bevor sie in den Westen ging und erst wieder kam, als wir längst nicht mehr wussten, wie sie aussieht. Ihre Geschichten reichen bis hierher, bis zu uns. Nehmen wir deshalb Rücksicht und verschonen die Älteren mit allzu unbequemen Fragen?

Wir wollen alle Arten der Erinnerung sammeln. Sie gilt es zu bewahren, denn nicht mehr lang, dann sind wir die Zeitzeugen. Wir werden mitbestimmen, woran sich unsere Kinder später erinnern, an einem 3. Oktober.

Ines Geipel: »Studie IV«, der Schwarzweißfilm von Peter Weiss aus dem Jahr 1954. Ein Mann kramt in einem Kästchen nach Papieren, in der Hoffnung, sie könnten ihm seine Situation und seine Empfindungen erklären. Er lässt sie ungelesen. Stattdessen sieht man, wie seine Hände die Blätter zerreißen und er die Reste aus dem Fenster wirft. In der Folgeszene steht der Mann oben am Fenster, während die leuchtenden Fragmente langsam an der Hauswand entlang zum Boden segeln.

Die Stille des Moments als Blaupause für das Absintern von Geschichte, von Gelebtem und Erinnerungen, von Sprache und Bildern. Peter Weiss hatte vor, mit »Studie IV« die Befreiungsgeschichte eines Mannes zu filmen. Aber wie und womit sich befreien, wenn Geschichte mit unwiderruflicher Sogkraft zerknüllt und geschreddert in die Tiefe trudelt? Schwindendes, weißes Papier, das trotz allem etwas vom Weiß der Leere, der aufgeblendeten Hoffnung, des Unmarkierten, des Unverbundenen hat. Schneestöberndes Weiß als historischer Nullpunkt, das im inneren Archiv der Gefühle, der Sinne landet. Aber was macht es da? Und wo liegt der Schnittpunkt zwischen dem inneren Archiv des Selbst und den öffentlichen Gedächtnisarchiven? Braucht es ihn?

Ja, genau ihn. Diesen Schnittpunkt als Reservoir, als Katalysator, als denkbaren Umkehrpunkt, um mittels Schicksalen, Fakten, Dokumenten, Belegen, um mittels konkretem Wissen also, zum Auslöser für den Ausweg oder eben für die eigene Befreiung zu werden. Sicherlich birgt jedes Archiv seinen Zweifel in sich. Vom persönlichen Archiv der Gefühle weiß man das. Es stimmt auch für die öffentlichen Archive. Auch sie haben Leerstellen, auch sie bestehen aus Ausschnittwissen, auch hier können Wahrheit und Lüge bis zur Unkenntlichkeit verwischt sein. Und dennoch: Die modernen digitalen Gedächtnisse, die alles verzeichnen und behalten, sprengen jede subjektive Erinnerung. Unsere Gefühlsarchive wiederum nehmen liebend gern die Wiederholungsspur. Insofern braucht es sie, die analogen Wissensmagazine, als stabile Gegengedächtnisse, als Wegweiser, Leitplanken, als mutmaßliche Korrektive.

Buchenwald

Tobias Sachsenweger für Perspektive hoch 3: Lenas Mutter war 1972 mit ihrer Schulklasse in Buchenwald. Sie erinnert »Nackt unter Wölfen« und sowjetische Kriegsfilme zuvor. Ihre Tante war 1978 dort. Der Vater von Lena schon 1970. Zwar erinnert er sich an ein DDR-Ritual, jedoch auch an die starke Berührung eines Zwölfjährigen durch das Gesehene. Neben seiner Lehrerin war jemand aus der Patenbrigade der Klasse dabei, ein Mitarbeiter der Magdeburger Staatssicherheit, dessen Tochter dieselbe Klasse besuchte. Buchenwald in der DDR, das war beengter Blick auf Geschichte. Erinnert wurde zwar an die NS-Gewalt, doch Priorität galt eigenen Opfern. Hier ging es nicht nur um Geschichte nach fünfter Grundrechenart, sondern um Funktionalisierung. Die Ermordeten waren neben der Freundschaft zur Sowjetunion das Beste, was die »Sieger der Geschichte« besaßen, waren moralische Legitimation der DDR selbst. Die erodierte lange vor 1989 und wurde nicht nur in radikalen Szenen als Langspielplatte mit Riss verlacht.

Lena und wir sind jener Enge der Geschichte bis auf frühe Heldenberichte entgangen. Wir kennen Buchenwald nicht als zentralen Gedenkort und kamen auch ohne Rituale zum Abitur. Es ist für uns Teil des NS-Lagersystems; Orte, denen keine historische Erzählung genügt. Doch die DDR war nicht gleich vorbei. Lenas Lehrern der 1990er waren die europäischen Juden kein Herzensthema. Den Erwachsenen rundum war die historische Komplexität wenig präsent. Wir waren freier. Einsicht in historische Verläufe war uns ebenso möglich wie Leben zwischen West und Ost. Jedoch liegt hier auch Konfliktstoff. Nicht selten sind die Momente, in denen wir auf blinde Flecken treffen. Unmut kommt da auf, belehrend wirken wir. Widerwille gegen Belehrung ist spürbar, da über ein halbes Leben Vieles gelehrt und mit 1989 schlicht entwertet wurde. Mitunter machen wir verlegen, lassen die eigenen Eltern als unsensibel für historische Realitäten zurück. Jedoch, Geschichte ist so beladen. Es lohnt, Reibung dafür auszuhalten.

Ines Geipel: Man möchte die Worte besonders fragil halten, weil alles um dieses Memorialmassiv automatisch Wuchtringe schlagt: Buchenwald – das DDR-Gründungsfundament, der Staatsmythos und zugleich sein Gedächtnissiegel. Ein Begriff aus Schicksal und Schmerz, Verbrechen und Leid, Opfer und Täter, Erinnerung und Schuld. Kompakt steht das einem vor Augen, wie ein Block. Dabei sehe ich mich als 14-Jährige über das Lagergelände von Buchenwald stolpern. Die Berge toter Häftlinge und Thälmann und die Bilder der Lager-Doku und unser Jugendweiheschwur. Dieses graue, hilflose Zusammenstehen, unser gemeinsames Frösteln.

Buchenwald, der offizielle und zugleich in jeden Ostdeutschen versenkte Erinnerungsmonolith. Ein Monument ohne Widerrede. Dabei dürfte es keinen Ort in Deutschland geben, an dem sich rote und braune Gewaltwelten so nahe kamen und im Nachhinein derart kategorisch wieder getrennt wurden. Gemeint sind hier u. a. die Einbeziehung der Roten Kapos in die Tötung von Häftlingen durch Giftspritzen oder die Dienste der deutschen Kommunisten für die SS, wobei betont wird, dass sich all das unter den Extrembedingungen eines deutschen Konzentrationslagers ereignete. Dennoch hätte Buchenwald als der denkbar ungeeignetste Ort für eine Großinszenierung gelten müssen, da mit ihm die Lüge zum emotionalen Fundament eines Staates gemacht wurde. Doch die Gedächtnisplatte wurde gelegt und mit ihr jede individuelle Verantwortung geschluckt. All das hatte hermetische Wirkung. Etwas schloss sich ab.

Und Buchenwald heute? Da bleibt vor allem die Frage, wie so etwas überhaupt möglich war: Wie konnte man einem Staat derart kalkuliert ein falsches Politherz einbauen, das ja aber schlug und ein Regime über Jahrzehnte beatmete? Wie konnte es in der Folge zu den zahllosen Auflagen der Umgruppierung und Entstellung von historischer Wahrheit kommen? Und warum hat sich – öffentlich zumindest - an dieser Kernlüge, trotz umfassender historischer Forschung seit 1989 nichts geändert?

Ungarn

Stephanie Maiwald für Perspektive hoch 3: Die flache Beschaffenheit des Plattensees entlastete die elterliche Aufsichtspflicht. Durch die engen Zeltstädte, die sich um seine Ufer schmiegten, jagten wir in den Sommerferien andere Indianerkinder mit »Weltpass« oder dem bundesrepublikanischen. Der Balaton als exotischer Sehnsuchtsort, der vertraut nach Zuhause schmeckte.

Als der Grenzzaun zu Österreich im Mai 1989 durchtrennt wurde, ergab sich für unsere Eltern ein kurzes Zeitfenster mit Chance zur Flucht. Unter uns auch die Säuglinge, die von ihren verzweifelten Müttern über den hohen Zaun der deutschen Botschaft in Budapest gestreckt wurden. Wir wurden ohne unser Zutun im kollektiven Fotogedächtnis verewigt und staunen über den Mut unserer Eltern.

Auf der Suche nach uns selbst fragen wir nach dem, was uns eint und trennt vom Blick der Gleichaltrigen in Osteuropa. Wir streben nach Möglichkeiten der Mitbestimmung und gesellschaftlicher Teilhabe. Niemand von uns hat damit gerechnet, dass wir als letzte kindliche Zeugen der Mauer mit ansehen müssen, dass an Europas Grenzen wieder Stacheldraht ausgerollt wird. In Budapest regieren Autokraten.

Warum empfinden unsere eigenen Eltern keine empathische Verbundenheit mit denjenigen, die neu nach Deutschland kommen? Waren sie doch selbst vor den Repressionen einer Diktatur geflohen oder haben später ihr Schicksal in kleine Koffer gepackt, um sich wirtschaftlich zu verbessern. Ohne Zweifel sind sie die Heldinnen und Helden der Friedlichen Revolution. Wir als ihre Erben tragen für nicht weniger Verantwortung als für den Frieden und den Zusammenhalt in Europa. Wir haben dafür ein großes Geschenk im Gepäck, das wir den Zentrifugalkräften, die auf unseren Kontinent wirken, entgegensetzen können: unsere Freiheit.

Ines Geipel: Ich kann nicht Ungarn denken, ohne an meine Flucht zu denken. An das tagelange Warten in Budapest, an den Vorortzug Richtung Sopron, die wissenden Blicke der Bäuerinnen im Abteil, ihren selbstverständlichen Schutz, an meine Angst, den Schweiß, später das Hasten durch den Grenzwald. Ungarn ist Wärme, Sehnsucht, Steppe, Bäder und Brücken, die Anwesenheit von Schönem und natürlich Szuzsa, die erste Freundin.

Ich kann nicht Ungarn denken, ohne an Viktor Orbán zu denken, an die manifeste Rechte, ihren nationalen Pathos, an den neuen, offenen Antisemitismus im Land, an Sondersteuern, Medienkrieg, unausgegorene Gesetze und vor allem an geschlossene Grenzzäune. An ein Land mit dem Egoismus des ewig Zukurzgekommenen, das seinen Mythos von Großungarn träumt, selbstsicher davon ausgehend, immer nur Opfer gewesen zu sein.

Wie wenig Zeit es braucht, denke ich, für eine solche Veränderung. Kaum mehr als zwanzig Jahre. Aber stimmt mein Blick? István Szabós Film »Hinter der Tür« von 2012 spielt im Ungarn der 1960er Jahre. Der Krieg ist kaum zwanzig Jahre her. Der Volksaufstand von 1956 war praktisch gestern. Man lebt leise und argwöhnisch miteinander. Ungarn ist eine Diktatur. Die Menschen verteidigen ihren Schmerz, ihre Verstörungen, ihre Geheimnisse und Traumata in ihrem Inneren, hinter der Tür.

Hinter der Tür gibt es noch eine Tür, genau genommen einen Safe. In ihm liegt die Kernerzählung des Films, verbunkert wie in einer Krypta, die gleichwohl an jedem Kaffeetisch über Halbsätze, Stottern und Schweigen ausbricht. Sie handelt vom nicht aufgelösten Schuldschock über die ungarische Katastrophe. Die Auslieferung der ungarischen Juden erfolgte spät, ab März 1944. In kürzester Zeit aber wurden 564 000 von ihnen ermordet. Eine Katastrophe unter maßgeblicher Beteiligung der Ungarn selbst.

Im Film gibt es für das, was geschehen ist, keine Sprache. So bleibt es, auch über den Film hinaus. Keine Aufarbeitung, kein Vermessen des Abgrunds. Nur die Zeit gibt Zeugnis: Wieder sind reichlich zwanzig Jahre vergangen.

Tobias Sachsenweger für Perspektive hoch 3: »So bis zur siebten, achten Klasse hab ich den ganzen roten Quatsch hier mal geglaubt. Im Prinzip ab achte Klasse war so ein Vakuum gewesen. Da war mir schon klar, dass das alles nicht hinhaut hier.« Die Worte des jungen Ost-Berliners stammen aus den späten 1980er Jahren. Mangels offizieller Glaubwürdigkeit hatte sich ein Teil der letzten DDR-Jugend längst abgewandt und ihre Identitäten anderswo gesucht. Bei vielen Jugendlichen gab es dieses gefühlte Abseits am Ende der DDR. Mit 89 wurde die Identitätssuche kaum weniger, sie erhielt andere Koordinaten und gewann an Wut noch hinzu. Bei Massenarbeitslosigkeit, Abstiegserfahrungen, Desorientierung und Unsicherheit gab es viele junge Menschen, die sich in rechtsradikalen Identitäten fanden. Insbesondere die ersten, wenig gefestigten Jahre nach 1989 machten dafür bereit. Viele Jugendliche durchliefen eine weitere oder neu gezündete Radikalisierung, deren Dispositionen teils bis heute aktiv gelebt und vorgelebt werden.

Eine Aufzeichnung aus jener Zeit, abseits von Berlin: Magdeburg hatte 1989 zwar die Demokratie gewonnen, jedoch den Status als Industriestadt verloren. Menschen hatten Brüche erfahren, über der Stadt lag Schwere trotz aller Erneuerung. Ein Jugendklub in MD-Nord – einer Neubausiedlung der 1970er – bot im Frühjahr 1993 einen Ausflug in den Heidepark an. Michael war 13 und von den etwa 25 anderen kannte er niemanden. Darunter war auch eine kleine Gruppe von Skins, vielleicht 16 Jahre alt, auch Mädchen waren dabei. Natürlich hielt Michael Distanz. Die Gruppe war immer zusammen, die bedrückende Lage zu Hause schien sie nicht zu berühren. Weil Michael die Erwachsenen damals als schwach empfand, fiel ihm die Entschlossenheit der Gruppe auf. Alles, was sie taten, war mit ungekannter Sicherheit verbunden, das war beeindruckend. Als hätten sie mit Problemen und Niederlagen nichts zu tun und bewegten sich außerhalb. Gern wüsste er, was aus ihnen geworden ist, hält Vieles für möglich.

Ines Geipel: Der 4. November 2011. Die Ceska vom Typ 83, Kaliber 7,65 als Mordwaffe. Die Geschichte von Uwe Mundlos, Uwe Böhnhardt und Beate Zschäpe aus Jena, die mehr als zehn Jahre raubend und mordend durch Deutschland zogen. Die auftauchten, vollstreckten und verschwinden, ohne Text, als gäbe es sowieso nichts mehr zu sagen. Die Brutalität ihrer Taten ist unbestreitbar. Sie haben unser Land verändert. Doch die Gesichter der Drei sind vor allem Gesichter von Angst, Haltlosigkeit, verlorenem Schmerz und der stummen Sinnlichkeit des Ostens. Es sind die Gesichter der Einheitskinder. Ihre kindlichen Spielräume waren die emotionalen Müllhalden ihrer Eltern und Großeltern. Sie wurden nicht satt da, zogen sich in virtuelle Welten zurück, spielten sich von Level zu Level, vor allem mit Ideologien, die die Tabus aus dem Spiel trieben und sie enthemmten. Ihre Gesichter sagen, dass sie etwas finden wollten: ihre Form, in der Welt zu sein. Was sie lernten war, dass alles ein Spiel ist, selbst das Töten.

Jeder kennt die Geschichte der Pausenbrote auf dem Schulhof. Man kaut und kaut sie, kriegt sie aber einfach nicht runter. Den unverdaulichen Pausenbroten entsprechen Bilder, die man nicht einfach wegblinzeln kann. Die Geschichte des parzellierten Amoks des Jenaer Mord-Trios ist wie ein Blasensystem, das aus den Tiefen des kollektiven Bewusstseins lange Abgelegtes an die Oberfläche treiben lässt. Interessant ist, wann die giftigen Einschlüsse oben landen und wann sie platzen. Interessant ist auch der Zusammenhang mit der politischen Oberflächenstruktur. Er erzählt sich wie ein Tagesbericht über den Zustand unserer Gesellschaft.

Der NSU bietet sich an für verschiedene Synonyme. Bei dem einen ist es der tiefe Staat, bei dem anderen das extreme Endstück der politischen und emotionalen Entwurzelung der dritten Generation Ost, der Nächste spricht von Seelenlähmung, wieder einer von einer strategisch-politischen Beute. Der Prozess gegen Beate Zschäpe in München läuft. Heißt auch: Wir wissen es nicht.

Pegida

Anne Langer für Perspektive hoch 3: Pegida läuft durch Dresden. Seit über einem Jahr schon. Unsere ostdeutschen Mitbürger haben in der Ablehnung des Fremden ein Wir-Gefühl wiederentdeckt, das nach Rostock und Hoyerswerda zwischenzeitlich vergessen schien. Der unverhohlene Hass der »Wir-sind-nicht-rechts-aber-besorgt-Bürger« macht uns wütend – wie sollen wir dem entgegentreten? Es helfen weder Argumente noch gesunder Menschenverstand.

Wenn der Osten dieser Tage in den Schlagzeilen erscheint, dann fast ausschließlich negativ. Wir werden pauschal mitverurteilt für die Parolen skandierenden Demonstranten auf Dresdens Straßen. Dabei schlägt fremdenfeindliches Denken und Handeln im ganzen Land aus. Die Ergebnisse der Landtagswahlen und ungezählte Angriffe auf Flüchtlingsunterkünfte belegen dies auf erschreckende Weise.

Also doch kein spezifisch ostdeutsches Problem? Wir könnten es uns mit dieser Erklärung bequem machen. Aber das ist zu einfach. Denn mit einem Gefühl des Unbehagens erkennen wir, dass Pegida sehr nah und greifbar ist. Wie viel es mit uns zu tun hat, merken wir spätestens beim nächsten Familienfest, wenn sich der eigene Onkel als besorgter Bürger entpuppt und ihm niemand widerspricht. Seine Skepsis gegenüber politischen Eliten gab es schon 1989. Jetzt wiederholt sie sich auf verquere Art und Weise. Pegida, das sind nicht »die da«. Das ist unbequem und frustrierend.

Wir könnten versuchen, diese Gesinnung zu ergründen. Mit biografischen Brüchen unserer Verwandten, mit dem Gefühl des Zukurzkommens, mit Altersarmut im Osten. Müssen wir aber nicht. Denn wir sind dafür verantwortlich, den Mund aufzumachen gegen das, was da in Dresden, in Bautzen, in unseren Heimatstädten passiert. Wir widersprechen – nicht erst beim nächsten Familienfest.

Ines Geipel: Die Hauptklientel von Pegida, sagt eine Studie, ist männlich, um die 50, konfessionslos, nicht parteigebunden, gut ausgebildet, berufstätig. Ihr Anfangstext ging in etwa so: Wir sind Patrioten, das heißt, die Richtigen. Wer nicht ist wie wir muss weg. Deutschland geht unter, aber wir sind da, um es zu retten. Es sind ausgemachte Sportfreaks, Gutverdiener, die es endlich ein bisschen geschafft haben, Bängliche und Neider, Discohelden und Rocker, die ihr FDJ-Hemd irgendwie immer noch unter der Lederjacke tragen, hie und da auch mit krimineller Vergangenheit, wie das Pegida-Gesicht Lutz Bachmann, Jahrgang 1973, der sich seiner Verurteilung wegen 16-fachen Einbruchs mit Diebstahl nur mittels Flucht nach Südafrika entziehen konnte.

Sächsische Mittelschicht, die sich unmissverständlich zur Bewegung ernannt hat. Wobei sie vor allem die Inkarnation von Nicht-Bewegung ist, weil ein völkisches Revival. Nichts geht außer kerndeutsch und national. Die Sätze, die Pegida aus sich herausplatzt, sind durchweg Mehrgenerationensätze, etwas zwischen Kitschkommunismus und stockbraunem Gedöns. Als ob die Söhne die Sätze ihrer Großväter und Väter aus ihren Körpern herausschreien und erst damit aufhören, wenn auch wirklich alles draußen ist. Was ich höre, ist das, was ich schon zu lange kenne und jeder kleinere Dresdner Stasi-Offizier draufhatte: den alten Rassistenton, die alte Ideologie des Dagegenseins, die alte Berufungshybris. Heute heißt das: Wir sind Underdogs, das Ostding ist Kult, jetzt gehen wir Wessis klatschen.

Pegida als Untote, als der alarmistische Leierkasten alter Ideologien, und das barocke Dresden als Restaurationsbühne für ihr sich selbstradikalisierendes Stück. Mittlerweile hören sich die Sätze der Pegidisten schon deutlich anders an: Wer Deutschland nicht liebt, soll Deutschland verlassen. Wenn ich könnte, würde ich mein Volk zu den Waffen rufen. Das Stück läuft, und es wird nicht vom Ausbruch aus dem historischen Autismus handeln.

Ich und Wir

Michael Hacker für Perspektive hoch 3: In der DDR stand das öffentliche Leben unter dauerhafter Beobachtung, das Hinaustreten eines Einzelnen wurde registriert und auch sanktioniert. Zum Beispiel konnte die Entscheidung gegen die obligatorische Jugendweihe den Lebenslauf entscheidend beeinflussen. Das kollektivierte Wir diktierte, ob die eigenen Bedürfnisse berechtigt waren oder nicht. Strenge, von außen gezogene Demarkationslinien zeichneten die Handlungsmöglichkeiten unserer Eltern vor. Schon als Kinder erlernten sie den Unterschied zwischen Denken und öffentlichem Sprechen. Ich und Wir schienen oft unvereinbar.

Wir profitieren von den Entfaltungsmöglichkeiten, die sich in unserer Gesellschaft bieten: reisen in der Welt umher, arbeiten im Ausland, leben unsere Sexualität aus – Privilegien, um die uns unsere Eltern manchmal beneiden. Gleichzeitig straucheln wir unter dem Druck der vielen Möglichkeiten. Als Schmied des eigenen Glückes scheint man selbst dafür verantwortlich zu sein, ob das Leben gelingt oder nicht. Die Scheu vor Verantwortung für sich und andere markiert unsere individuellen Grenzen. Manchmal ertappen wir uns dabei, wie wir der trügerisch glitzernden Warenwelt erliegen. Wir treten offenen Auges in die kapitalistische Falle, obwohl wir nicht wollen, dass das für eine freiheitliche Gesellschaft so wichtige Unterscheidenkönnen zum oberflächlichen Unterscheidenmüssen wird.

Unsere Zeit ist geprägt von politischen und wirtschaftlichen Krisen, von sozialer Spaltung und der Bedrohung menschlicher Lebensgrundlagen. Was wir brauchen, das ist ein neues Gleichgewicht zwischen Individuum und Gesellschaft. Dafür ist beides unerlässlich: ein starkes Gemeinwesen und selbstbewusste Bürgerinnen und Bürger.

Ines Geipel: »Vom Ich zum Wir« lautete der große Verheißungsimperativ der DDR. Ich war in diesem Staat nicht vorgesehen. Ich gab es nicht, war dekadent, sollte nicht auftauchen. Wenn doch, wurde es attackiert, weggefangen, zerstört. Noch immer stockt mir der Atem, wie wenig es in diesem Land brauchte, um anzuecken oder gegriffen zu werden, wenn ein Ich auf sein Ich bestand. Wie viel Kreativität, Ideen, wie viel Leben dabei kaputt gingen.

Das Problem des Einzelnen und der Masse. Die Erfahrungen beschleunigen sich. Und sie tun das rasant. Wir, die Kinder, die in den 1960er Jahren im Ost-Schatten der Mauer sozialisiert wurden, galten als die Fackelträger des Kommunismus. Das war unser politischer Auftrag. »Wir sind Soldaten, Kämpfer fürs Glück«. So sangen wir es, über Jahre hinweg, klassenweise.

Die Glücksritter von heute tragen Sprengstoffgürtel. Auch sie singen. Der Text ist im Grunde derselbe. Was anders ist: Wenn einer von ihnen seinen Todesgürtel wegwirft, weil er leben will, muss er sterben. Man hatte ihn ausgewählt. Oder er sich. Er hatte einen Auftrag. Sein Ich wurde geadelt und dabei zugleich gelöscht.

Wir hatten Glück. Mit 1989 war unser Glücksrittertum *passé*. Wir waren der Utopie samt ihres enormen Negativen entkommen. Und dann? Waren wir jung und mit dem Herbst 1989 zugleich schon Geschichte. Ein Erfahrungsplus, aber auch eine innere Zeichnung. Manche politische und private Hypothek wog schwer. Die Mauerkinder hatten zwar keinen realen Krieg mehr erlebt, wurden aber zu einer Generation der inneren Kriege, in die sich die Erfahrungen der Großeltern und Eltern als unerlöstes Geschichtsmassiv hineinschoben.

Also, wie ist es: Bleibt das Ich für immer eine offene Flanke? Lässt sich die abgetriebene innere Freiheit in der Freiheit noch lernen? Gibt es ein Wir, das nicht destruktiv ist und den vielen Ichs in ihm ihren Platz lässt?

Angela Merkel

Henrik Schober für Perspektive hoch 3:

Angie, Angie,
When will those clouds all disappear?
Angie, Angie,
Where will it lead us from here?

(»Angie«, The Rolling Stones)

Es ist unklar, wann aus dem »Mädchen« die »Mutti« wurde. Dazwischen lag eine pubertäre Phase, in der sie sich mit halbstarken amerikanischen Präsidenten blicken ließ und verbal über die Stränge schlug. Aber heute ist der Wandel vollzogen.

Begonnen hatte Angela Merkel ihre Karriere als Ziehkind von Helmut Kohl, und wenn der wohlwollend und von oben herab auf sein »Mädchen« blickte, dann blickte er so auch auf den Osten, auf unsere Eltern, auf uns. Heute passt der Begriff »Mutti« zuallererst für unsere Generation. Wir könnten biologisch ihre Kinder sein und wurden von ihr geprägt.

Mutti ist besonnen, machtbewusst, christlich, nahbar, konservativ, unterschätzt. Viele Eltern sind so, aber die kennt man. Über Merkel hingegen weiß man viel, aber man kennt sie nicht. Sie tischt Hausmannskost auf und serviert Konkurrenten ab. Manchmal wünschen wir uns, dass sie auf den Tisch haut.

Es ist paradox, dass gerade sie, die so wenig von sich preisgibt, genau darüber definiert wird. Aber würden wir in Angela Merkels Politik die Handschrift der ostdeutschen Pfarrerstochter erkennen, wenn wir nicht wüssten, woher sie kommt?

Sie genießt hohes Ansehen, aber wofür sie wirklich steht, sagt sie uns selten. Das macht uns unruhig. Was braucht es für die tatsächliche Gleichstellung von Mann und Frau? Soll man mit Pegida sprechen oder nicht? Hat sie eine Vorstellung von der Zukunft Europas? Angela Merkel tut Wichtiges, ohne sich wichtig zu tun. Das schätzen wir. Aber sie prägt auch seit zehn Jahren Land und Leute wie lange niemand mehr. Das muss sie annehmen.

Ines Geipel: Nicht nur die Medien lieben es, den Merkel-Code zusammengesetzt zu bekommen. Ja, ihre protestantische Zivilität, ihre Kernfähigkeit des Beharrens, ihr »Charisma des Alltags«, wie Bill Clinton Merkels Stil nannte. Klingt nach: keinen Schmus brabbeln, mal schön die Narzissmen weglassen, stattdessen klarkriegen, was geht und was nicht und das dann umsetzen. Klingt aber auch nach dem, was der ersten Frau an der Spitze Deutschlands immer wieder vorgehalten wurde: einen sorgsam austarierten, auf Wählerumfragen schielenden Gefälligkeitskurs zu fahren. Ihre Politik sei wie ein Schiff, hieß es hartnäckig, das auf Sicht fahre. Sitze man drin, wisse man nicht, wohin es gehe.

Spätestens mit Merkels neuer Flüchtlingspolitik ist das Schnee von gestern. Unbeirrter kann man keine Politik machen. Eine Frau nicht im Wind, sondern im Sturm, sich allein als Bollwerk gegen jeden und alles stemmend, mit einem Führungsstil, den man bislang nur Männern zuschreiben wollte. Merkel als Charakter, als Leadertyp, unabhängig, unverwechselbar Ich-sagend, mit einer Politik der inneren Freiheit, die in Deutschland auch noch das Prinzip Versorgungsstaat aufkündigte. Ein Schritt, der nicht nur Angstpopulisten aller Couleur zusammenschweißte, sondern die ganze Bandbreite deutscher Affekte aufrief. So viel Aufarbeitung im Sekundentakt war nie. Merkels Politik der offenen Grenzen als innerdeutsches Katharsisprogramm?

In jedem Fall hängt an dem Konzept der neuen Deutlichkeit auch ihre neue Reputation. Keine Rede mehr von der Ostfrau, kein Sexualchauvinismus. Gerade weil der Widerstand gegen Angela Merkel in Deutschland derart giftig ist, geht ohne sie politisch praktisch nichts mehr. Hört sich an wie eine gelungene Revolution. Blöd nur, dass auch die ihr schon wieder Kompromisse abverlangt.

2039

Stephanie Maiwald und Henrik Schober für Perspektive hoch 3: Per Jubiläums-App schicken Menschen aus aller Welt digitale Botschaften auf die große transparente Projektionsfläche am Brandenburger Tor. Im Kuratorium der Feierlichkeiten sitzen Deutsche, Polen, Tschechen, Ungarn – aber wer das noch betont, der wird müde belächelt; sie sind alle europäische Staatsbürgerinnen und Staatsbürger.

Ein Bild im Retrolook erscheint auf der Fläche: Altkanzlerin Merkels berühmte Geste, Daumen und Finger diamantförmig aneinandergelegt. Damit wird ein Foto von Schulkindern eingerahmt, die eine große einfarbige Landkarte halten. »Bisschen viel Pathos«, denken wir. Aber es ist wahr, seit den 2010er Jahren hat eine demografische Veränderung eingesetzt, die Gesellschaft ist deutlich vielfältiger und jünger als zuvor. Die alten europäischen Grenzen werden heutzutage vornehmlich dazu genutzt, unterklassige Fußballligen einzuteilen.

Es erscheint ein ergrauter Edward Snowden. Whistleblower kämpfen gegen neue Grenzen – gezogen zwischen den Teilhabenden, die im Gegenzug ihre privaten Daten Unternehmen und Staaten preisgeben, und jenen, die sich weigern und ausgeschlossen sind. Sie sind Obdachlose im virtuellen Raum ohne Bankkonto, E-Mailadresse und Krankenversicherung. Ja, unsere Kinder wachsen nicht nur in einer jungen und entgrenzten Gesellschaft auf, sondern auch in einer transparenten, hedonistischen, individualisierten, unsicheren. Das kommt uns bekannt vor.

Der Gedanke schwebt noch im Raum, als wir von einer Videoinstallation kalt erwischt werden: Aufnahmen von Brandanschlägen, Angriffen auf Asylsuchende, Pöbeleien und Aufmärschen. Der Zeitstrahl 1989–2039 darunter macht deutlich, dass wir nicht aufhören dürfen, gegen Rassismus vorzugehen. Wir haben gelernt, dass Angst durch Unwissenheit entsteht, dass Aufklärung und Aufarbeitung zusammengehören und dass es kein Widerspruch ist, offene Fragen zu stellen, obwohl man feste Überzeugungen hat. Aber mischen wir uns ausreichend ein?

Ines Geipel: Wie die Welt in einem Viertel Jahrhundert aussieht? Keine Ahnung, was ich gesagt hätte, wenn mich 1988 jemand nach 2013 gefragt hätte. Nicht viel vermutlich, einfach, um die eigenen Fluchtpläne nicht zu verraten. Mag sein, wir sind Kleinmütige im Vorausschauen dessen, was uns am Herzen liegt. Die Liebe kennt keine Regel und eine gelungene Revolution keine Prognose. Es gibt keine objektive Schlüsselgewalt für das Wunder.

Dennoch sind wir in der Lage, Erhofftes vorauszuträumen, Horizonte zu bilden, unsere Illusionen so intensiv zu beatmen, bis sie sich wie Realitäten anfühlen. Wir sind Meister des inneren Glückssponsorings. Doch meine Prognose für den Herbst 1989 lediglich ein Jahr zuvor, im Jahr 1988, wäre zur echten Bauchlandung geworden. Ich konnte mir den schönsten Glücksfall der Geschichte schlicht nicht vorstellen. Meine Phantasie war nicht auf der Höhe der Zeit. Ich war zu stark an die eigene Erfahrung gebunden.

Dasselbe gälte auch für 2039, ein Jahr, in dem 100 Jahre Beginn des Zweiten Weltkrieges und 50 Jahre Mauerfall in eins fielen, als bewegten sich Katastrophe und Wunder auf der Doppelspur. Und ist es nicht so? Ist angesichts einer kreuzgefährlichen, disparaten Welt entschieden, was auf ihr die Oberhand behält? Diktaturen sind vor allem Verantwortungsentlastungen. An ihrem Ende stehen oft Leere, innere Ortlosigkeit und ein falscher politischer Frieden. Besser, es nicht zu genau zu wissen, als durch Haltung mühsam werden.

Inneres Glückssponsoring trägt zwangsläufig die Gegenseite in sich, bei der die Angst vor dem Vorstellbaren unser politisches Handeln bestimmt. Die Welt im Jahr 2039 ist ohne Not auch als Apokalypse vorstellbar. Aber ist Freiheit nicht vor allem eine Investition in das glücklich Unwahrscheinliche? In die Orientierung an dem, was nicht Mainstream ist? Ins Herausverlangen aus dem, was einem die Nächsten oder das Naheliegende ins Gefühlsarchiv legen wollen? In die Empathie gegenüber dem, was Menschen aus Zwangsverhältnissen jeder Art loskommen lässt?

Kocht Kaffee und backt Kuchen – statt eines Schlusswortes

Judith C. Enders, Mandy Schulze und Bianca Ely

Mit seinen Eltern muss sich jede/r irgendwann auseinandersetzen. Nicht nur in der Phase des Erwachsenwerdens, sondern auch wenn eigene Kinder geboren werden und sich dadurch die Rollen in der Familie verändern. Das Gleiche gilt, wenn das Leben der Eltern langsam zu Ende geht und die Verantwortlichkeiten für die Eltern auf die Kinder übergehen. Da gibt es nichts anzufangen oder abzuschließen, da gibt es nur ein stattfindendes Miteinander und Wachsen oder eben nicht. Eltern und Kinder bleiben wir immer.

Dieses Buch ist aus der Erkenntnis heraus entstanden, dass *Wer wir sind, was wir wollen* zu einem großen Teil von unseren Eltern beeinflusst wurde. Sie haben uns großgezogen, sich mit uns gefreut und mit uns gelitten. Sie sind es, die unsere Haltungen manchmal nicht verstehen und deren Ansichten wir für veraltet halten könnten. Und sie sind es, die den größten Teil ihres Lebens in der DDR verbracht haben. Fast wie Zeitzeugen können sie uns einen Einblick gewähren in eine Lebenswelt, die es nicht mehr gibt. Sie spiegeln uns nicht nur, wie wir geworden sind, sondern auch, was aus uns werden könnte.

Kocht Kaffee und backt Kuchen, schreibt Briefe, nehmt den Telefonhörer in die Hand und setzt euch zusammen! Hört zu! Habt Verständnis für die Komplexität des Lebens und die einfachen Wahrheiten – aber kein falsches. Gebietet Einhalt, wo es nötig ist und zeigt, dass die Welt sich nicht grundsätzlich geändert hat. Weiterhin gilt es, sich tagtäglich zwischen dem Richtigen und dem Falschen zu entscheiden und seinen eigenen Platz zu finden. Gespräche können dafür gute Navigationsgeräte sein.

Anhang

Dank

Wir danken den vielen Menschen, die an der Entstehung dieses Buches beteiligt waren. Vor allem Anne Kupke, Dörte Grimm, Juliane Bethge, Juliane Dietrich, Tim Köhler, Tobias Sachsenweger und allen Autorinnen und Autoren, die den Mut gefunden haben, mit ihren Eltern das Gespräch zu suchen oder über dessen Unmöglichkeit zu reflektieren. Unser Dank gilt unserer Lektorin Johanna Links und dem Ch. Links Verlag, ohne die dieses Buch nicht entstanden wäre.

Autorinnen und Autoren

Kathrin Bahr, 1979 in Ost-Berlin geboren. Durch die Arbeitstätigkeit ihres Vaters verbrachte sie als Kind zwei Jahre in Mosambik. Nach dem Abitur ging sie nach Israel, um dort einen Freiwilligendienst zu absolvieren. Seit 2011 ist sie an der University of Massachusetts Amherst, wo sie ihre Doktorarbeit über das Alltagsleben von DDR-Bürgern in Mosambik schreibt.

Bianca Ely, 1979 in Ost-Berlin geboren, Soziologin und Politikwissenschaftlerin. Seit 2011 mit der Initiative Dritte Generation Ost assoziiert. Arbeits- und Interessensschwerpunkte: Erinnerungskultur und Geschichtspolitik, Rassismus und Migration.

Dr. Judith C. Enders, 1976 in Altenburg geboren und in Wittstock/Dosse aufgewachsen. Sie ist Politikwissenschaftlerin und promovierte 2007 zu Wissensnetzwerken in der Klimapolitik. Sie lebt in Berlin, ist Mutter eines Sohnes und Mitbegründerin der Initiative Dritte Generation Ost und des Vereins Perspektive hoch 3. Sie engagiert sich im Transition-Dialogue auch über deutsche Grenzen hinaus.

Marie G., 1978 in Ost-Berlin geboren. Nach dem Abitur Ausbildung zur Buchbinderin, verschiedene Praktika im In-und Ausland. Seit 2003 Buch- und Papierrestauratorin in Berlin.

Isabel Gebel, 1980 in Borna geboren, zog 2001 nach Dortmund und danach nach München. Sie ist Steuerfachwirtin, Personalfachkauffrau und Mutter einer Tochter.

Kathi Geiger*, 1971 in West-Berlin geboren – reiste 1987 mit einer Jugendgruppe ins DDR-Ferienlager am Scharmützelsee. Sie studierte Politikwissenschaften und arbeitete am Wissenschaftszentrum Berlin für Sozialforschung. Sie lebt mit Mann und Kind in Wilmersdorf, wo das BStU-Paket seit neun Jahren ungeöffnet auf dem Hängeboden liegt – zwischen Vater (noch in Ost-Berlin lebend) und Sohn herrscht Funkstille.

Ines Geipel, 1960 in Dresden geboren, ist Schriftstellerin und Professorin für Verssprache an der Berliner Hochschule für Schauspielkunst Ernst Busch. Sie floh 1989 nach ihrem Germanistik-Studium aus Jena nach Westdeutschland und studierte in Darmstadt Philosophie und Soziologie. Sie lebt in Berlin und hat vielfach zu nervösen Nachwendethemen publiziert.

Amanda Groschke, 1978 in Hoyerswerda geboren, in Cottbus aufgewachsen, lebt in Berlin. Sie studierte Politik- und Sozialwissenschaften. Der Schwerpunkt ihrer Arbeit liegt seit 2012 im Bereich Konzeption, Moderation, Prozessdesign und in der Auseinandersetzung mit Gestaltungsspielräumen für gesellschaftlichen Wandel, z. B. in der Silent Climate Parade e.V.

Michael Hacker, 1979 in Hoyerswerda geboren und aufgewachsen, studierte Kultur- und Sozialwissenschaften in Leipzig und lebt heute mit Familie in Berlin. Mitbegründer des Vereins Perspektive hoch 3 und Mitherausgeber von *Dritte Generation Ost. Wer wir sind, was wir wollen* (Ch. Links Verlag, 2013).

Lydia Heller, 1973 in Schwerin geboren und in einer Kleinstadt in Nordwestmecklenburg aufgewachsen. Nach dem Abitur 1991 Ausbildung zur Industriekauffrau in Lübeck, danach Studium der Publizistik, Politikwissenschaften und BWL in Berlin. Sie arbeitet als Autorin, Reporterin und Moderatorin, vor allem für Deutschlandradio Kultur und Deutschlandfunk. Sie schreibt Radiofeatures über Umwelt, Technik und Forschung.

Stefan Kretschmann*, 1977 in Wittstock geboren. Er lebt heute in Berlin und arbeitet als Sozialassistent.

Daniel Kubiak, 1982 in Ost-Berlin geboren, lebt heute mit zwei Kindern und seiner Frau in Berlin Lichtenberg. Nach einer Ausbildung zum Systemgastronom Studium der Sozialwissenschaften. Er promoviert derzeit an der Humboldt-Universität zu Berlin über deutsch-deutsche Identitätsbildung von jungen Menschen, die nach 1990 geboren wurden.

Anne Langer, 1985 geboren, aufgewachsen in Cottbus, lebt heute in Berlin. Kulturwissenschaftlerin und Mitbegründerin des Vereins Perspektive hoch 3 e.V.

Claudia Liebenberg (geb. Neumann), 1976 in Karl-Marx-Stadt (heute Chemnitz) geboren und aufgewachsen. Sie studierte Sozialpädagogik. Nach beruflichen Tätigkeiten in Wien, London und Brüssel und einem Master in European Management lebt sie seit 2009 in Berlin und arbeitet in der Auslandsabteilung der Bundesagentur für Arbeit. Sie ist verheiratet und hat zwei Kinder.

Anja M., 1978 in Dessau geboren und aufgewachsen. Nach der Wende Abitur in Dessau und Studium in Halle/Saale. Sie lebt seit 2004 in Berlin. Master Studium und später berufliche Tätigkeit im Kulturmanagement und in der Denkmalpflege.

Dr. Hans-Joachim Maaz, 1943 in Niedereinsiedel/Böhmen geboren, Psychiater, Psychoanalytiker und Buchautor (u. a. *Der Gefühlsstau. Ein Psychogramm der DDR*), Gründer der Stiftung Beziehungskultur, die unter anderem emotional gesunde Beziehungen von Kindern und Erwachsenen sowie sozialen Gruppen fördert, wobei das Verstehen der eigenen Biografie für das Verständnis der eigenen Anteile in Beziehungskonflikten als zentrales Kriterium gilt.

Stephanie Maiwald, 1979 in Frankfurt am Main geboren, Kulturwissenschaftlerin, aufgewachsen in Zürich und Frankfurt/Main. Leitete bis 2016 die Kulturabteilung der Schweizerischen Botschaft in Berlin. Sie ist Mitgründerin des Vereins Perspektive hoch 3 und Mitherausgeberin von *Dritte Generation Ost. Wer wir sind, was wir wollen* (Ch. Links Verlag, 2013). Heute lebt sie wieder in der Schweiz.

Dr. Ingrid Miethe, Erziehungs- und Politikwissenschaftlerin, Professorin für Allgemeine Erziehungswissenschaft an der Justus-Liebig-Universität Gießen.

Maike Nedo 1971 in Karl-Marx-Stadt (heute Chemnitz) geboren, arbeitet für einen Berliner Verlag und veröffentlicht in *der freitag, DUMMY, fluter*. Sie lebt mit ihrer Familie in Berlin.

Wolfgang Neumann, 1947 in Steinbeck/Mecklenburg geboren und in Karl-Marx-Stadt (heute Chemnitz) aufgewachsen. Studium Konstruktiver Ingenieurbau an der Technischen Universität Dresden. Ab 1975 Bauplanungsingenieur im Ingenieurbüro Leichtchemie in Karl-Marx-Stadt. Ab 1990 Baudezernent im Landkreis Chemnitz und Brückenbaureferent im Regierungspräsidium Chemnitz. Seit 2012 im Ruhestand. Wolfgang Neumann ist verheiratet und hat drei Kinder.

Franziska Olm, 1976 in Halle/Saale geboren. Studium der Theater-, Musik- und Literaturwissenschaften in Leipzig und Schauspielstudium an der Universität der Künste Berlin. Sie arbeitet als Coacherin für intuitive, natürliche Geburtsvorbereitung (HypnoBirthing), als Sprecherin, Schauspielerin und Autorin. Sie lebt in einer Patchworkfamilie mit drei Kindern und ihrem Mann in Berlin.

Jakob Prings*, 1970 in Bergen/Rügen geboren. Arzt, Psychoanalytiker. Studium der Medizin in Göttingen. Ausbildung am Max-Planck-Institut für Psychiatrie in München und am Institut für Psychotherapie in Berlin. Praxis für Psychoanalyse und psychodynamische Organisationsberatung. Leitender Angestellter eines forschenden Arzneimittelherstellers.

Franziska Roggenbuck, 1985 in München geboren und aufgewachsen. Nach dem Abitur zog sie nach Berlin und studierte Erziehungswissenschaften. Seit 2014 absolviert die junge Mutter eine Weiterbildung zur Kinder- und Jugendtherapeutin.

Tobias Sachsenweger, 1979 in Magdeburg geboren und aufgewachsen. Studium der Film- und Medienwissenschaft in Niedersachsen, daraufhin freiberufliche Tätigkeiten und akademische Arbeit in den Medienwissenschaften. Lebt seit längerem in Berlin.

Jana Scheuring, 1978 bei Leipzig geboren, studierte in Leipzig und Paris Politikwissenschaften und Philosophie. Seit einigen Jahren mit den Fragen beschäftigt, die auch von der Dritten Generation Ost aufgeworfen wurden, deshalb im Geiste assoziiert. Arbeits- und Interessensschwerpunkte: diskriminierungskritische und diversitätsbewusste Erwachsenenbildung, Antisemitismus und Rassismus, queer-feministische Zugänge.

Henrik Schober, 1980 in Worms geboren, Politikwissenschaftler, hat den Mauerfall aus der Perspektive eines Dorfes in Südhessen erlebt und fand es völlig normal, dass Deutschland wieder eins wurde. Mittlerweile ist ihm bewusst, dass nichts normal ist und keine Entwicklung einfach so passiert. Deshalb engagiert er sich im Verein Perspektive hoch 3.

Thomas Schubert, 1970 in Ost-Berlin geboren. Er war 1989 Soldat und studierte 1990–1997 Philosophie, Geschichte und Kulturanthropologie in Berlin. Er ist selbständig und arbeitet für verschiedene Museen, u.a. im Einstein-Haus in Caputh. Seit zehn Jahren lebt er in Potsdam und restauriert dort ein Haus.

Mandy Schulze, 1976 in Löbau geboren, studierte Betriebswirtschaftslehre, Soziologie und Erziehungswissenschaften und promoviert an der Humboldt-Universität zu Berlin. Sie ist Mitbegründerin der Initiative Dritte Generation Ost und des Vereins Perspektive hoch 3 und engagiert sich im Transition-Dialogue auch über deutsche Grenzen hinaus.

Dr. Anja Staemmler, 1982 in Ost-Berlin geboren. Studium der Internationalen Beziehungen und Promotion in politischer Philosophie. Derzeit tätig am Wittenberg-Zentrum für Globale Ethik. Sie lebt mit Familie in Berlin.

Axel Watzke, 1975 in Ost-Berlin geboren. Er studierte Kommunikationsdesign an der Kunsthochschule Berlin-Weißensee. Seit 2005 Inhaber und Geschäftsführer der Kommunikationsagentur anschlaege.de.

Andreas Wolf, 1972 in Halle/Saale geboren und in der Nähe von Halle aufgewachsen. Er lebt dort bis heute in einem Ortsteil von Landsberg (Sachsen-Anhalt), studierte Hochbau (Bautechniker) und ist Betriebswirt und Handwerksmeister in der Baubranche. Er ist selbständig tätig.